Forschung und Praxis
an der FHWien der WKW

Reihe herausgegeben von
FHWien der WKW
Wien, Österreich

Die Schriftenreihe der FHWien der WKW richtet sich an Fach- und Führungskräfte in Unternehmen, an Experten und Expertinnnen aus Wissenschaft und Wirtschaft sowie an Studierende und Lehrende. Zu den vorrangigen Themengebieten zählen Unternehmensführung, Finanzwirtschaft, Immobilienwirtschaft, Journalismus und Medien, Kommunikationsmanagement, Marketing und Sales, Personal und Organisation ebenso wie Unternehmensethik und Hochschuldidaktik. In den einzelnen Bänden werden neue Entwicklungen und Herausforderungen der wirtschaftlichen Praxis mit innovativen Ansätzen untersucht. Aufbauend auf den Ergebnissen der vielfältigen Forschungs- und Entwicklungsaktivitäten werden wissenschaftlich fundierte Handlungsempfehlungen und Werkzeuge für die Praxis vorgestellt. Durch die systematische Verbindung von Wissenschaft und Praxis unterstützt die Reihe die Leser und Leserinnen in der fundierten Erweiterung ihres Wissens und ihrer Kompetenzen in aktuellen Handlungsfeldern der Wirtschaftspraxis.

Weitere Bände in dieser Reihe: http://www.springer.com/series/13442

Daniela Ortiz • Marie Czuray • Markus Scholz
Hrsg.

Verantwortungsvolle Unternehmensführung im österreichischen Mittelstand

Vision und Praxis

Hrsg.
Daniela Ortiz
FHWien der WKW
Wien, Österreich

Marie Czuray
FHWien der WKW
Wien, Österreich

Markus Scholz
FHWien der WKW
Wien, Österreich

ISSN 2510-2281   ISSN 2510-229X (electronic)
Forschung und Praxis an der FHWien der WKW
ISBN 978-3-658-25327-1   ISBN 978-3-658-25328-8 (eBook)
https://doi.org/10.1007/978-3-658-25328-8

Die Deutsche Nationalbibliothek verzeichnet diese Publikation in der Deutschen Nationalbibliografie; detail-
lierte bibliografische Daten sind im Internet über http://dnb.d-nb.de abrufbar.

Vorwort und Einführung: Verantwortungsvolle Unternehmensführung im Mittelstand

Der Mittelstand[1] wird häufig als Herz der österreichischen Wirtschaft bezeichnet (BMDW 2018). 99,6 Prozent der in Österreich ansässigen Betriebe sind kleine und mittlere Unternehmen (KMU), sie beschäftigen die meisten Mitarbeiterinnen und Mitarbeiter, sie bilden aus und tragen in Summe am stärksten zur Bruttowertschöpfung in Österreich bei.[2]

Mittelständische Unternehmen sind häufig besonders stark in der jeweiligen Region verankert und pflegen enge Beziehungen zu ihren internen und externen Stakeholdern (siehe dazu unter anderem Spence 2016). Die Verbundenheit mit den unterschiedlichen Anspruchsgruppen führt oft zu einer starken Adressierung gesellschaftlich relevanter Themen. Beispiele dafür sind die langfristige Ausrichtung des Unternehmens, eine hohe regionale Zugehörigkeit, familienfreundliche interne Strukturen sowie partnerschaftliche Beziehungen zu Zulieferbetrieben und Kundschaft. Gleichwohl wird die Berücksichtigung gesellschaftlicher und ökologischer Aspekte – im Sinne einer „verantwortungsvollen Unternehmensführung" – nicht ausschließlich als karitativ oder philanthropisch, sondern vielmehr als Instrument zur Erreichung der langfristigen Unternehmensziele erachtet. Zu diesen Zielen zählen etwa die Sicherung oder Steigerung der persönlichen und unternehmerischen Reputation sowie die Aufrechterhaltung einer gesunden Rentabilität (siehe dazu unter anderem Gorgievski et al. 2011).

Die Übernahme von Verantwortung in gesellschaftlichen und ökologischen Belangen erhält damit eine betriebswirtschaftlich relevante und strategische Komponente. In der wissenschaftlichen Fachliteratur wird diese Art der verantwortungsvollen

---

[1] Laut dem deutschen Institut für Mittelstandsforschung (IfM) stellt der Begriff „Mittelstand" eine Besonderheit im deutschsprachigen Raum dar. Mittelständische Betriebe zeichnen sich durch die Einheit von Eigentum und Leitung aus. Für die Zugehörigkeit eines Unternehmens zum Mittelstand ist also nicht dessen Größe ausschlaggebend. Vielmehr sind es dessen qualitative Merkmale, wie unter anderem dass die Unternehmerin bzw. der Unternehmer einen maßgeblichen persönlichen Einfluss auf alle unternehmerischen Prozesse ausübt und selbst das Risiko trägt. Laut dem IfM sind die Begriffe Mittelstand, Familienunternehmen, Eigentümerunternehmen und familiengeführte Unternehmen als Synonyme anzusehen (https://www.ifm-bonn.org/definitionen/).

[2] Gemessen an den Faktorenkosten. Die Bruttowertschöpfung nach Faktorenkosten von österreichischen KMU betrug im Jahre 2017 128 Mrd. Euro, das ist ein Anteil von 61 Prozent an der gesamten Bruttowertschöpfung (https://www.kmuforschung.ac.at/zahlen-fakten/kmu-daten/).

Unternehmensführung deshalb häufig als *strategic corporate responsibility* oder *strategische Unternehmensverantwortung* bezeichnet (siehe dazu insbesondere Heikkurinen 2018; Porter und Kramer 2006, 2011). Strategische Nachhaltigkeitsansätze unterscheiden sich von bloßen operativen Managementansätzen unter anderem durch folgende Aspekte (siehe dazu Baumann-Pauly et al. 2013; Ortiz et al. 2018; Porter und Kramer 2006, 2011; Zadek 2004):

- Formulierung einer unternehmerischen Vision und eines Leitbildes sowie deren Integration in das Kerngeschäft
- Einbindung unterschiedlicher Stakeholder bei der Entwicklung von neuen Produkten und Dienstleistungen
- Systematische Kontrolle der eigenen Wertschöpfungskette
- Messung der positiven und negativen Konsequenzen der Geschäftstätigkeiten für externe Stakeholder.

Vorstellung der Beiträge

Das übergeordnete Ziel des hier vorliegenden Sammelbandes besteht in einer möglichst unmittelbaren und anschaulichen Beschreibung diverser Ansätze verantwortungsvoller Führung im österreichischen Mittelstand. Zielgruppe dieses Sammelbandes sind Führungskräfte und Fachbeauftragte in Unternehmen, Behörden, Non-Profit-Organisationen (NPOs), Nicht-Regierungsorganisationen (NGOs) und Verbraucherverbänden. Der Sammelband wird zudem in der Hochschulehre eingesetzt, um Prinzipien eines verantwortungsvollen und nachhaltigen Managements im Bewusstsein und Handeln der Studierenden zu stärken. Im Folgenden werden diesbezüglich theoretische Überlegungen und konkrete Praxisbeispiele sowie verschiedene Perspektiven auf das Thema vorgestellt.

Der erste Teil dieses Buches beschreibt die Verbindung von Führung und Verantwortung und erläutert, welchen Chancen und Herausforderungen durch die globalen Nachhaltigkeitsziele (*UN Sustainable Development Goals; Global Goals*) Unternehmen zunehmend gegenüberstehen sowie welche Erwartungen von unterschiedlichen Seiten an sie herangetragen werden. Dabei werden Strategien und Maßnahmen der Führungsebene (z. B. Verhaltensweisen, Kommunikation, Entscheidungsmechanismen) dargelegt, die verantwortungsvolles Handeln in der gesamten Organisation fördern und fordern.

Im zweiten Teil werden die aktuellen politischen und gesetzlichen Rahmenbedingungen auf österreichischer und europäischer Ebene beschrieben sowie ein möglicher Ausblick auf zukünftige Entwicklungen gegeben. Die Autorinnen schildern zudem ihre eigenen Praxiserfahrungen und beschreiben, welche Aspekte aus ihrer Sicht notwendige Voraussetzungen für verantwortungsbewusstes Wirtschaften sind.

In den darauffolgenden Beiträgen liegt der Fokus auf nachhaltig erfolgreichen Unternehmen, welche als Best-Practice-Beispiele in ihrer jeweiligen Branche bekannt sind. Die entsprechenden Beiträge beschreiben – teilweise sehr persönlich – die Motive und Hintergründe, warum sich die Autorinnen und Autoren mit welchen Strategien auseinandersetzen, welche Ideen und Erfahrungen sie dabei prägten und wie sie Verantwortung unternehmerisch umsetzen.

Der dritte Teil behandelt Motive und Ziele von Eigentümerinnen und Eigentümern. Dabei werden die Perspektiven von großen Familienunternehmen sowie von mittleren und kleinen Betrieben im Handel, Bausektor, Lebensmittel- und Kosmetikbereich dargestellt. Das Verständnis von verantwortungsvoller Unternehmensführung sowie die eigenen unternehmerischen Prozesse werden in Hinblick auf negative und positive Wirkungen auf Umwelt und Gesellschaft beleuchtet. Da die prägende Rolle der Unternehmensleitung oder Gründerperson im Mittelpunkt dieses Buchprojekts steht, wird in diesem Teil auch auf Werte eingegangen, die den Begriff verantwortungsvolle Unternehmensführung definieren.

Im vierten Teil beschreiben die Autorinnen und Autoren, wie Prinzipien der unternehmerischen Verantwortung in Prozessen und Abläufen konkret Anwendung finden. Sie zeigen auf, welche Ressourcen im Unternehmen mobilisiert werden, welche Rolle die Einbindung von Mitarbeitenden spielt, welche Maßnahmen zur internen und externen Kommunikation umgesetzt werden und inwiefern unternehmerische Netzwerke dabei unterstützen. Geschäftsführerinnen und Geschäftsführer, deren Betriebe bereits formalisierte Maßnahmen implementieren (z. B. Zertifizierungen und Berichte), schreiben über diesbezügliche Chancen und Hürden. In diesem Teil werden die Blickwinkel von Unternehmen in der Lebensmittel-, Dienstleistungs-, Bau-, Handwerks- und Gesundheitsbranche dargestellt.

Zusammenfassend können wir festhalten, dass „verantwortungsvolle Unternehmensführung im Mittelstand" in der Praxis durchaus heterogen verstanden und implementiert wird. Dieses Buch strebt daher auch keine allgemeine Definition dieses Konzeptes an. Es bietet jedoch einen anwendungsorientierten Überblick darüber, wie strategisch orientiertes, verantwortungsvolles Management – ausgehend von konkreten Gegebenheiten im österreichischen Mittelstand – formuliert und umgesetzt werden kann.

Wir wünschen Ihnen eine interessante Lektüre.

DANKE!

Unser großer Dank gilt den Autorinnen und Autoren dieses Sammelbandes. Ohne ihre Bereitschaft, ihr Wissen und ihre Erfahrungen zu teilen, diese unentgeltlich und mit Sorgfalt zu Papier zu bringen, wäre dieses Publikationsprojekt nicht möglich gewesen.

Wir bedanken uns außerdem beim Verlag Springer Gabler und hier besonders bei Isabella Hanser und Katharina Harsdorf für das entgegengebrachte Vertrauen und die gute Zusammenarbeit.

Dieses Buchprojekt entstand im Rahmen des von der Stadt Wien geförderten „Kompetenzteams für nachhaltiges, strategisches und chancenorientiertes Management von KMU" am Center for Corporate Governance & Business Ethics (CGBE) des Research Cluster SMEs & Family Businesses der FHWien der WKW. Den verantwortlichen Personen und den fördernden Organisationen möchten wir danken.

Zum erfolgreichen Abschluss dieses Buchprojekts haben im Hintergrund auch unsere Kolleginnen und Kollegen des Research Clusters sowie der Abteilung Human Resources & Legal beigetragen. Auch ihnen danken wir herzlich.

Vielen Dank besonders an Michael Zipperer, Daniel Maurer, Birgit Lang, Maria Riegler, Ilona Semertzoglou und Maria Schiestl für ihre wohlwollende und wertvolle Unterstützung.

Daniela Ortiz, Marie Czuray und Markus Scholz

Center for Corporate Governance & Business Ethics
Research Cluster SMEs & Family Businesses
FHWien der WKW
T: +43 (1) 476 77-5765
cgbe@fh-wien.ac.at
www.fh-wien.ac.at
www.ccgbe.at

Literatur

Baumann-Pauly, D., Wickert, C., Spence, L. J., & Scherer, A. G. (2013). Organizing corporate social responsibility in small and large firms: Size matters. *Journal of Business Ethics, 115*(4), 693–705.

Bundesministerium für Digitalisierung und Wirtschaftsstandort (BMDW). (2018). Mittelstandsbericht 2018. Bericht über die Situation der kleinen und mittleren Unternehmen der österreichischen Wirtschaft. https://www.parlament.gv.at/PAKT/VHG/XXVI/III/III_00232/imfname_728882.pdf. Zugegriffen am 11.10.2019.

Gorgievski, M. J., Ascalon, M. E., & Stephan, U. (2011). Small business owners' success criteria, a values approach to personal differences. *Journal of Small Business Management, 49*(2), 207–232.

Heikkurinen, P. (2018). Strategic corporate responsibility: A theory review and synthesis. *Journal of Global Responsibility, 9*(4), 388–414.

Institut für Mittelstandsforschung Bonn. (2019). Definitionen. https://www.ifm-bonn.org/definitionen/. Zugegriffen am 11.10.2019.

KMU Forschung Austria. (2019). KMU-Daten. https://www.kmuforschung.ac.at/zahlen-fakten/kmu-daten. Zugegriffen am 11.10.2019.

Ortiz-Avram, D., Domnanovich, J., Kronenberg, C., & Scholz, M. (2018). Exploring the integration of corporate social responsibility into the strategies of small- and medium-sized enterprises: A systematic literature review. *Journal of Cleaner Production,* Vol. 201. 254–271.

Porter, M. E., & Kramer, M. R. (2006). Strategy and society: The link between competitive advantage and corporate social responsibility. *Harvard Business Review, 84*(12), 78–92.

Porter, M. E., & Kramer, M. R. (2011). Creating shared value: How to reinvent capitalism – And unleash a wave of innovation and growth. *Harvard Business Review, 89*(1), 62–77.

Spence, L. J. (2016). Small business social responsibility: Expanding core CSR theory. *Business & Society, 55*(1), 23–55.

Zadek, S. (2004). The path to corporate responsibility. *Harvard Business Review, 82,* 125–132.

Vorwort von Walter Ruck, Präsident der Wirtschaftskammer Wien

„Wer nichts weiß, muss alles glauben", hat Marie von Ebner-Eschenbach gesagt und hat mit einem Satz die essenzielle Bedeutung von Bildung formuliert. Unser Ziel als Gesellschaft muss es sein, den nächsten Generationen die beste Bildung zu ermöglichen und unsere Erfahrung weiterzugeben. Auch Unternehmensführung will gelernt sein. Unternehmerisches Denken und Handeln zu fördern wie auch breites Verständnis dafür zu vermitteln – das ist der Anspruch, den die FHWien der WKW als Bildungseinrichtung ebenso verfolgt wie die Wirtschaftskammer Wien als Interessenvertretung.

Warum es wichtig ist, diese Eigenschaften frühestmöglich zu kultivieren? Weil Unternehmertum und Führungsverständnis für unsere Gesellschaft unerlässlich sind! Denn verantwortungsvolle Unternehmensführung hat nicht nur einen wirtschaftlichen Aspekt, sondern vor allem einen sozialen. Wie stark diese Symbiose ausgeprägt ist, beweist der unternehmerische Mittelstand tagtäglich. 249.000 Klein- und Mittelbetriebe in Österreich beschäftigen über 1,7 Millionen Menschen. Bei rund 80 Prozent dieser Unternehmen handelt es sich um Familienbetriebe. Studien zeigen laufend, dass die Mitarbeiterfluktuation in Familienunternehmen generell gering ist. Fast ein Drittel aller Beschäftigten sind über zehn Jahre im Betrieb.

Aus meiner eigenen Erfahrung als Unternehmer und als Interessenvertreter für Wiens Wirtschaft kann ich sagen: Verantwortungsvolle Unternehmensführung ist unser Geschäft! Ein Grund für das beständige Betriebsklima in Österreichs Klein- und Mittelunternehmen ist eine bestimmte Wertehaltung, die in Familienbetrieben sehr ausgeprägt ist. Zu diesen Werten zählen unter anderem Zuverlässigkeit, Ehrlichkeit, Gradlinigkeit, Handschlagqualität und Fleiß. Geleitet von diesem Kompass wird sowohl die Unternehmens- als auch die Mitarbeiterführung beeinflusst. In familiären Mittelbetrieben ist auch ein weiterer Schlüssel für erfolgreiche Unternehmensführung zu finden – nämlich das Team regelmäßig in Unternehmensfragen einzubeziehen. Selbstständiges Denken und Agieren ist für die Mitarbeiter ebenso wichtig wie für die Unternehmer selbst. Diese Erkenntnis ist das Fundament für erfolgreiches Management.

Aber was bedeutet verantwortungsvolle Unternehmensführung eigentlich? Was ist damit verbunden? Österreichs Unternehmerinnen und Unternehmer übernehmen tagtäglich

Verantwortung. Nicht nur für sich, sondern vor allem für ihre Mitarbeiter und Mitarbeiterinnen und ihren Betrieb. Zudem sind über 96 Prozent aller Ausbildungsbetriebe Klein- und Mittelunternehmen. Indem sie Jugendlichen mit der Lehre im Betrieb eine fundierte Ausbildung geben, nehmen sie eine enorme gesellschaftspolitische Verantwortung wahr. Die heimischen Klein- und Mittelbetriebe finanzieren den Großteil unseres Sozialsystems, erwirtschaften 63 Prozent aller Umsätze und sichern damit den Wohlstand im Land. Sie sind das Rückgrat unserer Gesellschaft.

Damit der unternehmerische Mittelstand auch in Zukunft diese tragende Säule bleiben kann, sind Rahmenbedingungen notwendig, die erfolgreiches Wirtschaften erleichtern und unterstützen. Verantwortungsvolle Unternehmensführung basiert vor allem auf Stabilität und Planbarkeit. Heimische Betriebe müssen sich darauf verlassen können, dass gesetzliche Bestimmungen und Fristen eingehalten werden. Ein wettbewerbsfähiges Steuersystem ist ebenso entscheidend wie ein weiterer Bürokratieabbau, Vereinfachungen bei der Lohnverrechnung oder flexible Arbeitszeiteinteilung. Jede Maßnahme, die das Unternehmertum stärkt, führt dazu, dass die erfolgreiche Unternehmensführungskultur in Österreichs Klein- und Mittelbetrieben bestehen bleibt und sich ausbreiten kann.

Verantwortungsvolle Unternehmensführung prägt unsere Arbeits- und Lebenswelt. Indem das Center for Corporate Governance & Business Ethics dieses wichtige Thema aufgreift, trägt es dazu bei, die künftigen Weichen für die Implementierung dieser Erfolgsstrategie zu stellen. Denn wie der französische Literat und Unternehmensberater Daniel Goeudevert sagt: *„Unternehmensführung ist nicht die Beschäftigung mit Gegenwartsproblemen, sondern die Gestaltung der Zukunft."*

DI Walter Ruck
Präsident der Wirtschaftskammer Wien

Vorwort von Margarete Schramböck, Bundesministerin für Digitalisierung und Wirtschaftsstandort

Unternehmerische Verantwortung ist kein neues Konzept. Unternehmen haben sich schon immer zu einer mehr oder minder weitreichenden Verantwortung gegenüber der Gemeinschaft bekannt. Oft war dieser Impuls feudal geprägt, manchmal entsprang er religiösen und moralischen Vorstellungen. Dennoch ist ein gesellschaftlich verantwortliches unternehmerisches Verhalten – aus dem englischen Sprachraum hat sich der Begriff „Corporate Social Responsibility" (CSR) eingebürgert – aber keine Selbstverständlichkeit, sondern eine ständige Herausforderung.

Das heutige Verständnis von unternehmerischer Verantwortung sieht diese als untrennbar mit der Geschäftstätigkeit des Unternehmens und seinen Beziehungen zur Gemeinschaft verbunden. Sie ist kein Beiwerk, keine Randerscheinung, sondern integraler Bestandteil des Unternehmenszwecks, was bedeutet, dass bei jeder unternehmerischen Aktivität nicht nur das wirtschaftliche Ergebnis, sondern auch ihre Auswirkungen auf die Umwelt und die soziale Umgebung beachtet werden müssen.

In Österreich ist die vom BMDW geförderte Unternehmensplattform „respACT" (das steht für **resp**onsible **act**ion) der Knotenpunkt dieses internationalen Netzwerkes für Expertise und Erfahrungsaustausch und unterstützt Unternehmen dabei, ökologische und gesellschaftliche Ziele eigenverantwortlich zu erreichen.

KMU sind sowohl in Österreich als auch in der EU die häufigste Unternehmensform. Sie haben durch ihre engen Beziehungen zu Mitarbeitern und Mitarbeiterinnen, der lokalen Gemeinschaft und ihren Geschäftspartnern und -partnerinnen oft eine von Natur aus verantwortungsvolle Führung ihres Unternehmens mit oft informellen und intuitiven Prozessen.

Die Europäische Kommission hat sich des Themas CSR in Bezug auf Kleinunternehmen schon früh angenommen, da KMU unerlässlich sind, um die EU-Ziele für Wachstum und Beschäftigung zu erreichen. Sie hat eine Reihe von Projekten in diesem Bereich kofinanziert, um Erkenntnisse darüber zu gewinnen, wie KMU am besten unterstützt und ermutigt werden können, und einige nützliche Broschüren darüber veröffentlicht.

Das vorliegende Werk der FHWien der WKW arbeitet sehr fundiert die unterschiedlichen Motive und Herangehensweisen für CSR in der diversen KMU-Landschaft heraus. Allgemein gilt aber, dass KMU sich durch eine klare strategische Ausrichtung einen langfristigen Wettbewerbsvorteil verschaffen können, ihre Kosten bei gleichzeitiger Verringerung der Umweltbelastung optimieren können und ihre Maßnahmen verbesserte Image- und Reputationsaussichten bringen können.

Dr. Margarete Schramböck
Bundesministerin für Digitalisierung und Wirtschaftsstandort

Inhaltsverzeichnis

Über die Herausgeberinnen und den Herausgeber

 **Dr. Daniela Ortiz** ist stellvertretende Leiterin des Center for Corporate Governance & Business Ethics der FHWien der WKW. Sie leitete bis Anfang 2019 das „Stadt Wien Kompetenzteam für nachhaltiges, strategisches und chancenorientiertes Management von KMU" an diesem Center. Zuvor lehrte und forschte sie in Rom und Innsbruck. Sie promovierte 2014 an der philosophischen Fakultät der Päpstlichen Universität vom Heiligen Kreuz zu den Grundgedanken der sozialen Marktwirtschaft.

 **Marie Czuray, M.A.** ist seit 2014 wissenschaftliche Mitarbeiterin am Center for Corporate Governance & Business Ethics der FHWien der WKW. Zuvor studierte sie Soziologie und Publizistik- und Kommunikationswissenschaft an der Universität Wien und arbeitete in Kopenhagen, Prag und Wien im Kommunikations- und Kulturbereich.

 **FH-Prof. Dr. Markus Scholz** leitet das Center for Corporate Governance & Business Ethics und das Center for Strategy & Competitiveness an der FHWien der WKW. Außerdem forscht und lehrt er am INSEAD Social Innovation Centre sowie an der London School of Economics. Markus Scholz ist Botschafter der Giving-Voice-To-Values-Initiative und berät eine Reihe von internationalen öffentlichen und privaten Organisationen mit einem Fokus auf die Themen Environmental, Social and Governance (ESG).

Teil I

Ethical Leadership im Mittelstand – Prinzipien einer zukunftsorientierten Unternehmensführung

Verantwortungsvolle und menschenzentrierte Unternehmensführung

Bernd Vogel

Zusammenfassung

Eine verantwortungsvolle, menschenzentrierte und vom Unternehmenszweck getriebene Unternehmensführung fokussiert auf den nachhaltigen Umgang mit Menschen, Leistung und Gesellschaft. Unsere Studie zur Zukunft von Arbeit und Führung zeigt: Mitarbeiter und Mitarbeiterinnen bis hin zu Top-Managern und -Managerinnen haben Ansprüche an den gesellschaftlichen Zweck, die Daseinsberechtigung von Unternehmen. Damit transformiert sich die Rolle der Geschäftsführung.

Der Beitrag beleuchtet zwei strategische Aufgaben: Entwicklung des nachhaltigen Unternehmenszwecks sowie die Gestaltung einer radikalen Menschenzentrierung für eine kontinuierliche Sinnstiftung, organisationale Energie und Höchstleistung. Der Beitrag stützt sich auf das Führungskonzept organisationaler Energie. Der Umgang mit der Energiematrix, die Mobilisierung von organisationaler Energie und der Energieerhalt als langfristige, verantwortungsreiche Führung setzen menschenzentrierte Nachhaltigkeit erfolgreich um.

Für sämtliche Unternehmen wird künftig eine verantwortungsvolle, menschenzentrierte und vom Unternehmenszweck getriebene Unternehmensführung noch stärker im Fokus stehen. Diese Art der Führung legt die Basis für hochenergetische und leistungsstarke Unternehmen und Nachhaltigkeit in Bezug auf Menschen, Leistung und Gesellschaft.

B. Vogel (✉)
Henley Business School - University of Reading, Oxfordshire, UK
E-Mail: bernd.vogel@henley.ac.uk

© Springer Fachmedien Wiesbaden GmbH, ein Teil von Springer Nature 2019
D. Ortiz et al. (Hrsg.), *Verantwortungsvolle Unternehmensführung im österreichischen Mittelstand*, Forschung und Praxis an der FHWien der WKW,
https://doi.org/10.1007/978-3-658-25328-8_1

Dieser Beitrag skizziert zwei praktische strategische Aufgabenfelder Führungskräften kleiner und mittlerer Unternehmen (KMU), um erfolgreich und dauerhaft eine nach innen und außen gerichtete, verantwortungsvolle Unternehmensführung umzusetzen:

1. *Verfolgen eines nachhaltigen Unternehmenszwecks als Daseinsberechtigung des Unternehmens*
2. *Führung mit radikaler Energie- und Menschenzentrierung für eine kontinuierliche Sinnstiftung, Zugehörigkeit und Höchstleistung von Mitarbeitern und Mitarbeiterinnen.*

Im Folgenden werden zunächst zwei wesentliche Führungstrends aus der Studie „Work 2028 – Trends, Dilemmas, Choices" (Vogel et al. 2018) vorgestellt, die den Rahmen für zukünftige verantwortungsvolle Führungsarbeit bilden. Im Anschluss werden anhand des Konzepts der „Führung mit organisationaler Energie" (Bruch und Vogel 2011) die zwei strategischen Aufgabenfelder von KMU-Führungskräften vorgestellt.

1.1 Trends 2028 im Bereich Führung und Arbeit als Rahmen für verantwortungsvolle und nachhaltige menschenzentrierte Führung

In der Studie „Work 2028 – Trends, Dilemmas, Choices" (Vogel et al. 2018), einer Kooperation des Henley Centre for Leadership, Henley Business School, mit der Deutschen Telekom und Detecon International, haben wir basierend auf Interviews mit 50 Vertretern und Vertreterinnen von Wirtschaft und Gesellschaft aus verschiedenen Ländern insgesamt 16 Trends für die Welt der Arbeit und Führung im Jahr 2028 identifiziert. Für eine nachhaltige, verantwortungsvolle und menschenzentrierte Unternehmensführung sind unter anderem zwei Trends prägend:

A cry for societal purpose – businesses are at a junction with respect to long-term societal meaning
Unsere Interviewpartner und -partnerinnen gehen davon aus, dass in zehn Jahren Mitarbeiter, Mitarbeiterinnen, Führungskräfte sowie externe Anspruchsgruppen von ihren Unternehmen einen gesellschaftlichen Zweck, eine grundlegende Daseinsberechtigung einfordern werden. Um im Jahr 2028 überleben zu können, muss ein Top-Management Geschäftsmodelle implementiert haben, die nachhaltig die Relevanz des Unternehmens für die Wirtschaft und die Gesellschaft ausdrücken.

Dazu gehört auch eine fundamentale Menschenzentrierung im Unternehmen und im Zusammenspiel mit den Kooperationspartnern außerhalb der Unternehmengrenzen, um mögliche soziale Spannungen und Spaltungen in der Gesellschaft zu adressieren, die die Existenz von Unternehmen gefährden. Führungskräfte werden alte, tradierte Geschäftsmodelle und Verhaltensweisen radikal infrage stellen müssen, um klar zu definieren, was der Beitrag ihres Unternehmens ist.

Top management as central hub – transitioning into the nurturing nucleus of an organization

Wie in größeren Unternehmen werden die Hierarchien auch in KMU immer flacher und durchlässiger. Das heißt nicht, dass das Top-Management im Jahr 2028 an Bedeutung verlieren wird, sondern vielmehr, dass es sich fundamental verändern wird. Die Geschäftsführung wird sich nicht mehr als Unternehmensspitze verstehen, sondern sich als Kern bzw. Drehkreuz definieren, das die Aktivitäten, Prozesse und Ideen im Unternehmen moderiert. Nicht detailbesessene Vorgaben werden dominieren, sondern die Entwicklung nachhaltiger Rahmenbedingungen, die erfolgreiche und vernetzte Mitarbeiter und Mitarbeiterinnen, Abteilungen oder Business Units ermöglichen und befähigen.

Diese Rahmenbedingungen umfassen auch die Gewährleistung einer radikalen Human- und radikalen Menschenzentrierung, die die Mitarbeiter und Mitarbeiterinnen Sinnstiftung und Zugehörigkeit in ihrer Arbeit finden lässt sowie Leistung und kontinuierliches Lernen ermöglicht. Genau aus diesem Grund wird das Management erfolgreicher Unternehmen dem Unternehmenszweck und der Relevanz des Unternehmens dauerhaft Aufmerksamkeit widmen und sich gegebenenfalls als Unternehmen immer wieder neu erfinden.

1.2   Verfolgen eines nachhaltigen Unternehmenszwecks als Daseinsberechtigung des Unternehmens

Das erste strategische Aufgabenfeld der Geschäftsführung besteht darin, den nachhaltigen Unternehmenszweck oder, vereinfacht, die dauerhafte Daseinsberechtigung des Unternehmens in der Gesellschaft zu (re-)definieren. Ein KMU, das dies als fundamentale Aufgabe erkannt hat, ist Ella's Kitchen, ein internationales KMU aus Großbritannien, das Babynahrung herstellt und vertreibt (Ahmadi und Vogel 2017). Ella's Kitchen wurde im Jahr 2006 von Paul und Alison Lindley gegründet und veränderte in der Folge in vielen Ländern den Babynahrungsmittelmarkt. Ella's Kitchen gewann Preise für Produktinnovationen und wurde zugleich regelmäßig als herausragender Arbeitgeber prämiert.

Was ist der entscheidende Erfolgsfaktor von Ella's Kitchen? Die Firma wird von einer klar formulierten, langfristigen Daseinsberechtigung angetrieben. In den Worten von Paul Lindley (Ahmadi und Vogel 2017): „Unsere Mission ist es, bei jungen Menschen gesunde Essgewohnheiten zu fördern, die sie ein Leben lang haben, indem wir eine Auswahl an geschmackvoller, natürlicher und gesunder, zu 100 Prozent organischer Nahrung für Babys und Kinder anbieten." Auf diese Mission – gesunde und nahrhafte Kindernahrung zu vertreiben und damit gleichzeitig die Ernährungsgewohnheiten von Kindern nachhaltig positiv zu beeinflussen – sind alle Aktivitäten des Unternehmens ausgerichtet.

Was heißt das für Unternehmen?

Eine aus gesellschaftlicher Perspektive langfristige Daseinsberechtigung ist der Kern verantwortungsvoller Führung eines KMU und drückt die im Unternehmen geteilte Ambition und Richtung des KMU aus. Mary Parker Follett hat Anfang des letzten Jahrhunderts die

Wirkungskraft einer gemeinsamen Mission herausgearbeitet: „Leader and followers are both following the invisible leader – the common purpose" (Führungskräfte und deren Gefolgschaft folgen alle dem unsichtbaren Führer – einem gemeinsamen Zweck). Ein Unternehmenszweck als klar formulierte Daseinsberechtigung übernimmt eine wesentliche Führungsfunktion, indem sie die Richtung des Unternehmens angibt und zugleich Führungskräfte, Mitarbeiter und Mitarbeiterinnen mobilisiert.

Entscheidend ist, welcher Anspruch an den Unternehmenszweck und die Mission gestellt wird. Die Geschäftsleitung kann dabei zwischen einer Führung, die nur auf das Streben nach, zumeist kurzfristigen Ergebnissen (Grint 2005) fokussiert (z. B. Wachstumsziele oder Marktanteile), oder einer Führung, die auch die Qualität, Bedeutung und gesellschaftliche Relevanz der gemeinsamen Unternehmensziele berücksichtigt, wählen (Kempster et al. 2011). Bei letzterer Ausprägung berücksichtigt die Geschäftsleitung beispielsweise die beabsichtigten (positiven) und unbeabsichtigten (negativen und positiven) Auswirkungen auf wichtige Interessengruppen. Nur dadurch und wie im Beispiel von Ella's Kitchen kann ein KMU eine langfristig tragfähige Daseinsberechtigung entwickeln.

Ein nachhaltiger Unternehmenszweck und die erarbeitete Daseinsberechtigung des Unternehmens kann den Rahmen für das zweite strategische Aufgabenfeld einer KMU-Geschäftsleitung bilden: Führung mit radikaler Energie- und Menschenzentrierung.

1.3 Führung mit radikaler Energie- und Menschenzentrierung für eine kontinuierliche Sinnstiftung, Zugehörigkeit und Höchstleistung von Mitarbeitern und Mitarbeiterinnen

1.3.1 Verantwortungsvolle, nachhaltige Energie- und Menschenzentrierung mit dem Konzept organisationale Energie greifbar zu machen

Das zweite strategische Aufgabenfeld des Top-Managements ist die Implementierung einer radikalen Menschenzentrierung im Unternehmen, die bei den Mitarbeitern und Mitarbeiterinnen kontinuierlich Sinn stiftet, Zugehörigkeit erzeugt und Höchstleistung ermöglicht und dadurch auch langfristig zur Milderung oder Vermeidung gesellschaftlicher Spannungen beiträgt. Pfeffer (2010) stellt dar, dass in den Unternehmen Nachhaltigkeit und damit verantwortungsvolle Unternehmensführung bereits einen hohen Stellenwert hat. Allerdings liegt der Schwerpunkt häufig auf ökologischen Themen; die menschliche bzw. soziale/gesellschaftliche Komponente von Nachhaltigkeit wird dagegen vielfach vernachlässigt. Dies zeigen steigende Stress- oder Burnout-Fälle bei den Mitarbeitern und Mitarbeiterinnen sowie Führungskräften bzw. kollektive Burnouts ganzer Abteilungen. Um derartige Entwicklungen frühzeitig zu identifizieren und zu verhinden, muss eine verantwortungsvolle, nachhaltige Menschenzentrierung durch Führung messbar und gestaltbar werden.

KMU können das Energizing Leadership Framework[6] (ELF) und das Konzept der Führung mit organisationaler Energie (Bruch und Vogel 2011) nutzen, um in ihren Unternehmen

Menschenzentrierung greifbar zu machen. Unsere Forschungsergebnisse zeigen auch, dass eine wesentliche Ursache für Unterschiede zwischen nachhaltigen, sich schnell und erfolgreich verändernden Unternehmen und statischen, durch Veränderung überforderten Firmen im Ausmaß an vorhandener organisationaler Energie liegt (Bruch und Vogel 2011).

Was ist organisationale Energie?
Organisationale Energie ist die Kraft, mit der Unternehmen Dinge bewegen (Dutton 2003); sie zeigt sich in der Vitalität, Intensität und Geschwindigkeit der Arbeits-, Veränderungs- und Innovationsprozesse, das heißt durch die kollektive Energie der Mitarbeiter, Mitarbeiterinnen und Führungskräfte (Bruch und Vogel 2011). Organisationale Energie zeigt sich in dem Ausmaß, in dem Unternehmen das emotionale, kognitive und verhaltensbezogene Potenzial der Mitarbeiter und Mitarbeiterinnen zur Verfolgung gemeinsamer Ziele aktiviert haben (Cole et al. 2012; Vogel und Bruch 2011).

Die kollektive Energie der Mitarbeiter, Mitarbeiterinnen und Führungskräfte beeinflusst maßgeblich die Produktivität und Leistungsfähigkeit von Organisationen und hängt eng mit deren Erfolg sowie mit einer hohen Mitarbeiterzufriedenheit zusammen. Unternehmen können sich auch stark bezüglich ihrer Energie unterscheiden; sie können träge, veränderungsresistent und den Mitarbeitern und Mitarbeiterinnen als belastend und ermüdend erscheinen. Daher kann das Ausmaß organisationaler Energie auch als Indikator fungieren, wie verantwortlich und nachhaltig KMU den Umgang mit Menschen und deren Leistung gestalten.

Wie funktioniert die Energiematrix?
Um verantwortungsvolle, nachhaltige Menschenzentrierung im Detail anhand des Konzepts der organisationalen Energie greifbar zu machen, können KMU mit der Energiematrix arbeiten (Abb. 1.1). Der Energiezustand des Unternehmens als Ganzes kann sich von dem Energiezustand einzelner Teams unterscheiden. Diese lassen sich durch zwei Dimensionen – Intensität und Qualität der organisationalen Energie – voneinander abgrenzen. Die Kombination der beiden Dimensionen ermöglicht es, bei Unternehmen oder Teams vier unterschiedliche Energiezuständen zu unterscheiden: angenehme Energie, resignative Trägheit, korrosive Energie und produktive Energie (Bruch und Vogel 2011).

- *Angenehme Energie* manifestiert sich im Unternehmen in niedriger, positiver Energie sowie hoher Zufriedenheit und Identifikation mit dem Status quo, verbunden mit eher geringer Handlungsintensität. Ein hohes Maß an angenehmer Energie führt einerseits zu einer reduzierten Veränderungsfähigkeit von Unternehmen; andererseits dienen Phasen angenehmer Energie auch zur Erholung der menschlichen Kraftreserven.
- *Resignative Trägheit* ist charakterisiert durch ein geringes Aktivitätsniveau sowie eine reduzierte Interaktions- und Kommunikationsintensität im Unternehmen und äußert sich in Form von negativen Emotionen wie Enttäuschung, Müdigkeit, Frustration oder Apathie. Die Ursachen können langwierige, wenig erfolgreiche Veränderungsprozesse, längere Phasen mäßiger Unternehmensleistungen oder dauerhafte Arbeit an der Belastungsgrenze sein.

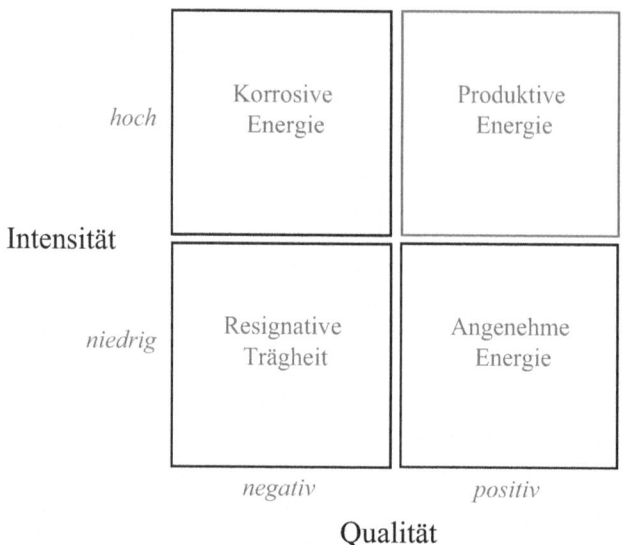

Abb. 1.1 Die Energiematrix (Bruch und Vogel 2009)

- *Korrosive Energie* weist ein hohes Maß an Aktivität, Wachheit und emotionaler Involviertheit auf. Allerdings ist die mobilisierte Energie negativ und nach innen ausgerichtet und nicht auf die Erreichung der gemeinsamen Ziele und Aktivitäten. Korrosive Energie ist geprägt durch destruktive Tätigkeiten, wie mikropolitische Aktivitäten, Zynismus, interne Kämpfe und Spekulationen, die den Unternehmenserfolg beeinträchtigen und nachhaltig den Menschen und ihren Potenzialen schaden.
- *Produktive Energie* zeigt sich in der Kanalisierung von Emotionen, Aufmerksamkeit und Anstrengungen im Hinblick auf die Erreichung gemeinsamer Ziele. Erfolgskritische Initiativen werden mit großer Kraft vorangetrieben, sodass Unternehmen mit einer hohen produktiven Energie eine erhöhte Profitabilität sowie höhere Innovations- und Wachstumsraten erreichen. Unternehmen, die nachhaltig mit Menschen arbeiten und hohe Leistungsbereitschaft erreichen wollen, können sich in ihrer strategischen Führungsarbeit daher auf produktive Energie als Zielzustand konzentrieren.

Wie KMU organisationale Energie mithilfe der Energie-Matrix langfristig analysieren und messen können

Die Geschäftsführung eines KMU wird in der Regel den Energiezustand ihres Unternehmens intuitiv erahnen. Eine regelmäßige Messung der Energie des Unternehmens und zentraler Firmeneinheiten erlaubt es jedoch, über die Zeit ein genaues Energieprofil zu erstellen. Führungskräfte, Mitarbeiter und Mitarbeiterinnen können daraus abgeleitete Führungsstrategien und -instrumente umsetzen, die sowohl nachhaltig das Potenzial der Mitarbeiter als auch die Leistungsfähigkeit des Unternehmens berücksichtigen.

Unternehmen können den Organizational Energy Questionnaire (OEQ; Bruch und Vogel 2011) einsetzen – ein standardisiertes, häufig zur Anwendung kommendes Befragungsinstrument zur Messung und Analyse des Energieprofils von Unternehmen, Unternehmensbereichen, Abteilungen oder Teams. Durch den regelmäßigen Einsatz des OEQ in Mitarbeiterbefragungen, als Puls-Check in Veränderungsprozessen oder als Energy-Check in Managementteams können Trends sowie positive und negative Schwankungen in der Energie und im Humanpotenzial identifiziert und entsprechend globale und lokale Führungsaktivitäten umgesetzt werden. Die beiden folgenden Abschnitte zeigen im Detail, wie KMU mit spezifischen Führungsaktivitäten organisationale Energie mobilisieren und auch erhalten.

1.3.2 Wie KMU organisationale Energie erzeugen und steigern können

Die Drachen-Strategie (Slaying the Dragon)
In KMU, die ein hohes und komfortables Energielevel aufweisen, es nicht schaffen, gleichzeitig produktive Energie zu erzeugen, und daher von lähmender Selbstzufriedenheit oder resignativer Trägheit bedroht sind, ist es die Aufgabe von Führungskräften, die menschlichen Kräfte zu mobilisieren. Ist das Unternehmen zugleich in einer kritischen wirtschaftlichen Lage, sollte die Geschäftsführung auf die Drachen-Strategie setzen, die die Kräfte der Mitarbeiter, Mitarbeiterinnen und Führungskräfte in Unternehmen im Zeichen von existenziellen Bedrohungen aktiviert.

Diese Strategie ist darauf gerichtet, gemeinsame Emotionen, mentale Agilität und die Anstrengungen des Unternehmens darauf zu konzentrieren, eine externe Bedrohung zu überwinden und dadurch letztendlich die Leistungsfähigkeit der KMU zu steigern und die schwierige Geschäftslage zu überwinden. Die Strategie umfasst drei einander überschneidende Führungsaufgaben:

- Aufgabe 1: Identifizieren, interpretieren und definieren des Kerns der Bedrohung für das KMU
- Aufgabe 2: Mobilisierende, auf verschiedene Zielgruppen im KMU abgestimmte Kommunikation, die Emotionen und Bewusstsein für die gemeinsame Bedrohung erzeugt
- Aufgabe 3: Stärkung des kollektiven Selbstvertrauens, dass die Firma die Bedrohung erfolgreich überwinden kann

Insbesondere in KMU kann das Management darauf bauen, dass die Mitarbeiter und Mitarbeiterinnen die schwierige Situation der Firma richtig interpretieren und die dringende Notwendigkeit zum Handeln erkennen. Unsere Erfahrung zeigt, dass oben genannte Führungsaktivitäten positiven Stress im Unternehmen erzeugen und gesunde produktive Energie mobilisiert – als ersten Schritt in Richtung nachhaltige Leistungsfähigkeit des Unternehmens. Unter dem Aspekt einer nachhaltigen Unternehmensführung ist es für das

Management jedoch wichtig zu beachten, dass die „Drachen"-Strategie ein zeitlich be-
grenztes Führungsinstrument ist, da sich der mobilisierende Effekt von Bedrohungen mit
der Zeit abnutzt. Mitunter besteht auch die Gefahr, dass es zu einer verstärkten Orientierung auf kurzfristige Geschäftserfolge kommt.

Die Prinzessinnen-Strategie (Winning the Princess)

Wenn in KMU angenehme Energie oder resignative Trägheit dominieren und das Unternehmen einen positiven Geschäftsverlauf hat, ist die Drachen-Strategie nicht wirksam.
Es besteht kein mobilisierendes Bedrohungsszenario. Eine nicht vorhandene Bedrohung zu
postulieren, würde dem Vertrauen ins Management nur schaden und wäre mit nachhaltiger
verantwortungsvoller Führung nicht vereinbar.

Die Strategie „Winning the Princess" (die Prinzessin gewinnen) gründet auf der Annahme, dass produktive Energie besonders hoch sein kann, wenn Führungskräfte, Mitarbeiter und Mitarbeiterinnen eine faszinierende Zukunftschance wahrnehmen und diese als
Fokus für ihre Führungsstrategie nutzen (Bruch und Vogel 2011). Die KMU-Geschäfts-
führung kann hier am ersten strategischen Aufgabenfeld – Verfolgen eines nachhaltigen
Unternehmenszwecks als Daseinsberechtigung des Unternehmens – anknüpfen. Eine
verlockende Innovation, ein sich entwickelnder Markt, eine neue Unternehmensvision
oder die Formulierung der Existenzberechtigung, der tief verankerte Zweck eines KMU,
können Handlungswillen und positive Kräfte freisetzen. Bei der Formulierung einer solchen faszinierenden Zukunftschance berücksichtigt eine verantwortungsvolle Führung die
Qualität der gemeinsamen Ziele einer Organisation, zugleich die gesellschaftliche Verantwortung des Unternehmens sowie den nachhaltigen Nutzen für die Kunden und Kundinnen. Die Strategie arbeitet mit drei Schritten:

- Aufgabe 1: Identifizieren, interpretieren und definieren einer faszinierenden Zukunftschance für das Unternehmen
- Aufgabe 2: Kommunikation der Zukunftschance, die Leidenschaft in allen Führungskräften, Mitarbeitern und Mitarbeiterinnen erzeugt
- Aufgabe 3: Stärkung des Selbstvertrauens der Menschen, die Zukunftschance zu erreichen

KMU sollten sich entweder auf die Strategie „Drachen töten" oder „Die Prinzessin gewinnen" konzentrieren, um die jeweils aktuelle Geschäftssituation zu berücksichtigen und
nicht den strategischen Führungsfokus der Organisation zu verwässern. Sequenziell kann
ein KMU nach einer erfolgreichen Drachen-Strategie eine Prinzessin-Strategie verfolgen.
Damit geht die Geschäftsleitung auch wieder von einer kurzfristigen Ausrichtung zu einer
langfristigeren und nachhaltigen Unternehmensausrichtung über.

Überwindung korrosiver Energie zur Entgiftung von KMU

Um eine nachhaltige und verantwortungsvolle Führung zu etablieren, sollten KMU korrosive Energie früh und entschlossen adressieren. Bei korrosiver Energie weisen KMU ein
hohes Maß an Aktivität, Wachheit und emotionaler Involviertheit auf; allerdings haben

Führungskräfte und Mitarbeiter sowie Mitarbeiterinnen negative Energie mobilisiert, die sich durch nach innen ausgerichtete destruktive Tätigkeiten, mikropolitische Aktivitäten, Wut, Kämpfe oder Spekulationen zeigt und oft anderen in der Firma schadet. Korrosive Energie ist ansteckend und untergräbt schnell Vertrauen und Arbeitsbeziehungen (Bruch und Vogel 2011), sodass Zusammenarbeit, menschliches Potenzial und Unternehmenserfolg dauerhaft beeinträchtigt werden können. Dennoch ignorieren Führungskräfte diese negativen Kräfte häufig. Sie distanzieren sich bewusst, selbst dann, wenn einzelne Führungskräfte oder das Führungsteam die Ursache korrosiver Energie sind.

Führungskräfte können aber klar definierte Führungsaufgaben angehen, um das Unternehmen oder Bereiche zu entgiften (Bruch und Vogel 2011):

- *Aufgabe 1: Identifikation von korrosiven Kräften.* Organisationen müssen eine existierende Korrosion in der Firma akzeptieren, sich direkt damit auseinandersetzen und negative Energie frühzeitig identifizieren und analysieren.
- *Aufgabe 2: Korrosive Energie beseitigen.* Destruktive Energie kann nicht direkt in produktive Energie übertragen werden. Daher sollten Führungskräfte zunächst die Intensität negativer Kräfte – die zerstörerischen Einflüsse im Unternehmen – verringern.
- *Aufgabe 3: Entwicklung einer neuen Identität.* Erst wenn sich die Korrosion beruhigt hat, können Führungskräfte die Organisation neu mobilisieren, indem sie gemeinsam beispielsweise eine starke organisatorische Identität und einen starken Unternehmenszweck entwickeln.

1.3.3 Energieerhalt als langfristige, verantwortungsvolle Führungsaufgabe für menschenzentrierte Nachhaltigkeit

Führungsstrategien wie die Drachen- oder Prinzessinnen-Strategie mobilisieren KMU und bewirken erfolgreich Hochleistung über einen längeren Zeitraum. Die Mobilisierung birgt jedoch das Risiko von Überhitzung, übermäßiger Beschleunigung von Prozessen, Aktivitäten und Veränderungen. Dies kann bei einzelnen Führungskräften und Mitarbeitern sowie Mitarbeiterinnen zu Burnout oder Resignation führen, aber auch in ganzen Unternehmensbereichen oder Teams kollektive Stresssymptome, Burn-out oder Ermüdungserscheinungen hervorrufen.

Eine wesentliche Aufgabe der Geschäftsleitung von KMU, die sich als Ermöglicher und Befähiger von erfolgreichen und vernetzten Unternehmen versteht, ist es daher, die menschliche Komponente von Nachhaltigkeit (Pfeffer 2010) konsequent zu adressieren. Erst dann können KMU in ihrer Branche langfristig Spitzenleistungen erreichen, Agilität erhalten, weiterwachsen und damit langfristig ihren Untenehmenszweck und die Daseinsberechtigung für die Gesellschaft verfolgen.

Die Führungsstrategie des Energieerhalts bezieht sich auf Führungsaktivitäten, die einer Organisation helfen, ein hohes Maß an Aktivität, Wachsamkeit und emotionaler Beteiligung langfristig aufrechtzuerhalten (Bruch und Vogel 2011). Dies erfordert – auch im

Sinne des oben genannten zweiten Trends für Führung im Jahr 2028 – eine drastische Änderung des Selbstverständnisses der Geschäftsführung: Die Geschäftsleitung oder einzelne Führungskräfte dürfen nicht die einzige Quelle für Energie, Innovation oder Wachstum sein. Eine Abhängigkeit des Unternehmenserfolgs von der Schubkraft der Gründerperson oder des CEO stellt im Gegenteil einen Risikofaktor für ein Unternehmen dar, sobald diese Einzelperson oder die engere Unternehmensspitze ausfallen.

In diesem Sinne verlagert sich die Führungsaufgabe der Geschäftsleitung dahingehend, Rahmenbedingungen für langfristige, ökologische und gesellschaftlich nachhaltige Hochleistungen zu gestalten. Nachhaltige Energie verlangt nach einem Netzwerk von Batterien im gesamten Unternehmen statt einer einzelnen treibenden Kraft an der Spitze eines KMU, sodass viele, wenn nicht alle Manager, Managerinnen, Mitarbeiter und Mitarbeiterinnen eine Quelle produktiver Energie und eines proaktiven Gefühls der Dringlichkeit sind (Bruch und Vogel 2011). Top-Führungskräfte ermöglichen eine Organisation mit vielen dezentralen Batterien, indem sie die Komponenten eines verantwortungsvollen und vitalisierenden Managementsystems entwickeln und aufeinander abstimmen: *vitalisierende Strategieprozesse*, *Führungssysteme*, *Strukturen* und *Kultur* (Bruch und Vogel 2011).

KMU können zum Beispiel ihre Unternehmenskultur und ihre spezifischen Werte als Aspekte positiver Arbeitsbedingungen nutzen (Haertel und Ashkanasy 2010) und dadurch Rahmenbedingungen schaffen, die den Übergang zu einer radikalen Menschenzentrierung unterstützen. Wenn KMU spezifische und vitalisierende Werte identifizieren, die eine starke und positive Organisationskultur bilden, kann dies nachhaltig zu hoher kollektiver Energie und Leistung der Firma führen (Bruch und Vogel 2011).

Exemplarisch können wir auf Ella's Kitchen (Ahmadi und Vogel 2017) schauen. Werte formulieren den Rahmen und die Erwartungen an die Aktivitäten der Mitarbeiter und Mitarbeiterinnen und stellen dadurch das Wohlbefinden und die Leistungsfähigkeit der Mitarbeiter und Mitarbeiterinnen *und* gleichzeitig das Erreichen des gemeinsamen Unternehmenszwecks ins Zentrum. Alle fünf Werte von Ella's Kitchen („We're childlike", „We think differently", „We're good to each other", „We want to win!" und „We're business-minded") regen positiv zum intensiven Denken und Handeln an, beeinflussen das emotionale Klima und förden Sinnstiftung bei den Mitarbeitern und Mitarbeiterinnen.

Allerdings bestehen Spannungen zwischen einzelnen Werten, wie zum Beispiel „Wir sind gut zueinander" („We're good to each other") und „Wir sind geschäftstüchtig" („We're business-minded"). Die Spannungen sind bewusst eingebaut, denn sie entsprechen der Geschäftsrealität der Firma. Mitarbeiter und Mitarbeiterinnen sowie Führungskräfte sind nicht immer in der Lage, mögliche Reibungen in Bezug auf die gelebten Werte auszugleichen. Stattdessen sollen paradoxe Ansprüche an Ella's Kitchen und die Mitarbeiter und Mitarbeiterinnen transparent werden. Durch durch das Wertegerüst bei Ella's Kitchen werden positive Konflikte und Spannung erzeugt, die die Mitarbeiter und Mitarbeiterinnen und die Organisationen langfristig zu besseren Entscheidungen, Prozessen und Ergebnissen antreiben, aber das Unternehmen auch verantwortungsvoll, menschenzentriert und nachhaltig fördert.

1.4   Fazit

Dieser Beitrag hat praktische Werkzeuge für eine verantwortungsvolle, menschenzentrierte und vom Unternehmenszweck getriebene Unternehmensführung in KMU aufgezeigt, die energetische und leistungsstarke Unternehmen sowie einen nachhaltigen Umgang mit Menschen und Leistung ermöglichen. Geschäftsleitungen von KMU, die für sich diesen Anspruch formulieren, sollten zwei strategische Aufgabenfelder vor Augen haben: *1. Verfolgen eines nachhaltigen Unternehmenszwecks als Daseinsberechtigung des Unternehmens*, und *2. Führung mit radikaler Energie- und Menschenzentrierung für eine kontinuierliche Sinnstiftung, Zugehörigkeit und Höchstleistung von Mitarbeitern und Mitarbeiterinnen.* Für das zweite strategische Aufgabenfeld haben wir drei weitere Führungsaktivitäten vorgestellt, die KMU umsetzen können. So können KMU erfolgreich verantwortungsreiche, menschenzentrierte und vom Unternehmenszweck getriebene Unternehmensführung angehen.

Literatur

Ahmadi, A., & Vogel, B. (2017). Ella's Kitchen: Strategic positive leadership with purpose and value-driven collective energy. In R. Koonce, P. Robinson & B. Vogel (Hrsg.), *Developing leaders for positive organizing: A 21st century repertoire for leading in extraordinary times* (S. 307–320). Bingley: Emerald.

Bruch, H., & Vogel, B. (2011). *Fully charged: How great leaders boost their organization's energy and ignite high performance.* Boston: Harvard Business Review Press.

Bruch, H., & Vogel, B. (2009). *Organisationale Energie – Wie Sie das Potenzial Ihres Unternehmens ausschöpfen* (2. Aufl.). Wiesbaden: Gabler.

Cole, M. S., Bruch, H., & Vogel, B. (2012). Energy at work: A measurement validation and linkage to unit effectiveness. *Journal of Organizational Behavior, 33*(4), 445–467.

Dutton, J. E. (2003). *Energize your workplace: How to create and sustain high-quality connections at work.* San Francisco: Jossey-Bass.

Grint, K. (2005). *Leadership: Limits and possibilities.* New York: Palgrave Macmillan.

Haertel, C. E. J., & Ashkanasy, N. M. (2010). Healthy human cultures as positive work environments. In N. M. Ashkanasy, P. M. Wilderom & M. F. Peterson (Hrsg.), *Handbook of organizational culture and climate* (S. 85–100). Thousand Oaks: Sage.

Henley Centre for Leadership, Deutsche Telekom und Detecon Consulting. (2018). *Studie Work 2028 – Trends, Dilemmas, Choices.*

Kempster, S., Jackson, B., & Conroy, M. (2011). Leadership as purpose: Exploring the role of purpose in leadership practice. *Leadership, 7*(3), 317–334.

Pfeffer, J. (2010). Building sustainable organizations: The human factor. *Academy of Management Perspectives, 24*(1), 34–45.

Vogel, B., & Bruch, H. (2011). Organizational energy. In K. Cameron & G. Spreitzer (Hrsg.), *The Oxford handbook of positive organizational scholarship* (S. 691–702). New York: Oxford University Press.

Vogel, B., Heidelberger-Nkenke, O., Moussavian, R., Kalkanis, P., Wilckens, M., Wagner, M., & Blanke, K. (2018). *Henley Centre for Leadership, Deutsche Telekom & Detecon International Report, Work 2028: Trends, dilemmas & choices.*

Prof. Dr. Bernd Vogel ist Professor in Leadership und Gründungs-
direktor des Henley Center for Leadership an der Henley Business
School, University of Reading, Großbritannien. Zuvor war er als
Projektleiter im „Organisational Energy Program" (OEP) und Lec-
turer an der Universität St. Gallen. Er promovierte an der Universität
Hannover. Bernd Vogel war Visiting Scholar an der Marshall School
of Business, University of Southern California und Visiting Professor an der IESE Business School sowie an der Claremont Graduate
University.

Bernd Vogels Forschung und Praxis konzentriert sich auf Füh-
rung der Zukunft, neue Formen und Praktiken engagierter Führung;
Mobilisierung, Ausrichtung und Erhalt von Energie in Organisatio-
nen und Führungsteams; Entwicklung von Leadership und Follo-
wership-Fähigkeiten, Emotionen in Organisationen und Change
Leadership. Sein aktuellstes Buch ist „Developing Leaders for
Positive Organizing: A 21st Century Repertoire for Leading in
Extraordinary Times", während das Buch „Fully Charged: How
Great Leaders Boost Their Organization's Energy and Ignite High
Performance" den Kern seiner Arbeit umreißt. Er hat in internatio-
nalen und renommierten Zeitschriften publiziert und Fallstudien zu
Führung in multinationalen Unternehmen entwickelt.

Bernd Vogel unterrichtet in MBA- und Executive Education-Pro-
grammen für die Henley Business School. Er ist zertifizierter Executive Coach und berät, unterrichtet und ist Keynote Speaker für eine
Vielzahl von globalen Unternehmen und Universitäten.

Co-Produktion verantwortungsvoller Unternehmensführung

2

Stefan Krummaker

Zusammenfassung

Die Ausbreitung von destruktiver Führung in Unternehmen wird durch die Passivität von Mitarbeitenden begünstig. In vielen Unternehmen und in der Führungsausbildung dominiert noch immer ein traditionelles Bild von Führen und Folgen. Führungskräfte entscheiden, delegieren und motivieren, und die Geführten setzen um. Um mehr verantwortungsvolle Führung im Unternehmen zu entwickeln, bedarf es eines anderen Führungsbilds, das verantwortungsvolle Führung als Co-Produktion zwischen Führungskräften und Geführten versteht. Geführte nehmen hier eine proaktive Rolle ein. Sie zeigen Eigeninitiative, geben Führungskräften Feedback und übernehmen Verantwortung. Damit wird verantwortungsvolle Führung zur Gemeinschaftsaufgabe und Gemeinschaftsverantwortung. Der Buchbeitrag stellt zunächst verantwortungsvolle Führung als Co-Produktion vor und zeigt danach, wie Geführte entwickelt werden können, mehr proaktives Verhalten zu zeigen.

2.1 Das traditionelle Führungsverständnis als Hemmschuh einer verantwortungsvolleren Führung in Unternehmen

Beim Studium der unzähligen Berichte über Führungsverhalten, das Unternehmen in die Nähe oder tatsächlich in den Abgrund geführt hat, drängt sich immer wieder die Frage auf, wie es so weit kommen konnte und warum niemand etwas dagegen unternommen hat. Managementfehlverhalten wird in der angloamerikanischen Literatur häufig unter der

S. Krummaker (✉)
Queen Mary University of London, London, UK
E-Mail: s.krummaker@qmul.ac.uk

© Springer Fachmedien Wiesbaden GmbH, ein Teil von Springer Nature 2019
D. Ortiz et al. (Hrsg.), *Verantwortungsvolle Unternehmensführung im österreichischen Mittelstand*, Forschung und Praxis an der FHWien der WKW, https://doi.org/10.1007/978-3-658-25328-8_2

Überschrift „Dark Side of Leadership" diskutiert. Die Terminologie ist recht bunt und beinhaltet konzeptionelle Betrachtungen wie z. B. „Destructive Leadership", „Toxic Leadership", „Bad Leadership" und „Tyrannical Leadership" (vgl. zur Übersicht Brown und Mitchell 2010). Ein derartiges Managementfehlverhalten ist häufig nicht geplant, sondern entsteht durch eine Serie von opportunistischen oder falschen Führungsimpulsen (Conger 1990). Brown und Mitchell (2010) merken an, dass diese Konzepte, auch wenn sie es nicht explizit betonen, alle unethisches Managementverhalten beschreiben, und zwar ein Verhalten, das moralisch unangemessen und/oder sogar gesetzeswidrig ist (Jones 1991).

Wird ein derartiges unethisches Führungsverhalten nicht erkannt oder geduldet, entsteht ein Ansteckungsprozess, im Zuge dessen dieses Verhalten immer sichtbarer, korrosiver und von mehr und mehr Führungskräften und Mitarbeitenden geteilt wird, bis die damit verbundenen Praktiken zur neuen Norm im Unternehmen werden. Wenn man Mitarbeitende im Nachhinein auf ihr Verhalten und ihre Unterstützung anspricht, hört man häufig, dass sie lediglich ausgeführt haben, was von ihnen erwartet wurde und dass es schließlich nicht ihre Aufgabe sei, Führungsentscheidungen infrage zu stellen.

Wie können sich also Mitarbeitende ethisch verhalten, wenn es ihre Führungskräfte nicht tun? Dieser Frage sind die beiden Führungsforscher Mary Uhl-Bien und Melissa Carsten nachgegangen (Uhl-Bien und Carsten 2007). Als Grundproblem identifizieren sie das traditionelle Verständnis von Führen und Folgen: Die Führungskraft führt, die Geführten folgen. Von klein auf lernen Menschen Machtdistanzen kennen und werden mit einem hierarchischen Verständnis von Führen und Folgen sozialisiert. Es wird von ihnen erwartet, dass sie hierarchisch höher gestellten Personen Respekt zollen und ihnen gehorchen. Dieses Verständnis von Führung findet sich explizit und implizit auch in den meisten Führungstheorien und dem Führungsverhalten in Unternehmen wieder.

Insbesondere im Mittelstand ist dieses traditionelle Führungsverständnis noch immer stark verbreitet. Häufig herrscht ein vom Gründer geprägtes autokratisch-patriarchisches Führungsklima. Wichtige Entscheidungen werden zumeist an der Unternehmensspitze getroffen und verkündet. Oftmals besteht ein kollektiv geteiltes Verständnis und Einvernehmen im Unternehmen, diese Entscheidungen ohne ein grundlegendes Hinterfragen umzusetzen. Sehr häufig lässt sich beobachten, dass dieses Verhaltensmuster auch nach einer Neuausrichtung des Führungsverhaltens an der Unternehmensspitze, wie zum Beispiel beim Wechsel der Geschäftsleitung, bestehen bleibt.

Vor ein paar Jahren bat mich der neu ernannte Geschäftsführer eines österreichischen kleinen und mittleren Unternehmens (KMU) um Unterstützung bei der Führung seines Top-Managementteams. Nach vielen Jahren autokratischer Führung übernahm er das Unternehmen als neuer Geschäftsführer und war überrascht, dass sein kooperativer Führungsstil andere Führungskräfte überforderte. Er stellte Fragen, statt fertige Antworten zu liefern, und lud Führungskräfte ein, Ideen einzubringen sowie an Entscheidungen teilzuhaben. Der Geschäftsführer berichtete mir, dass ihm eine ausgeprägte Passivität entgegengebracht wurde. Die Führungskräfte waren es schlicht nicht gewohnt, zu gestalten und zu entscheiden, da in der Vergangenheit lediglich die Erwartung bestand, Entscheidungen der Geschäftsleitung umzusetzen. Eigeninitiative war weder erwartet noch wurde sie belohnt, sondern, dort, wo sie gezeigt wurde, regelmäßig vom vorherigen Geschäftsleiter verworfen worden. Mit der Zeit entwickelte sich eine Kultur der kollektiven „gelernten Hilflosigkeit" (Overmier und Seligman 1967) und Kraftlosigkeit im Unternehmen. Die Mitarbeitenden, inklusive der oberen Führungsriege, blickten bildlich gesprochen nach oben zum Geschäftsführer und erwarteten klare Antworten und Anweisungen.

Untersuchungen haben gezeigt, dass ein derartiges Führungsklima zentrale Erfolgsgrößen wie Produktivität, Produktqualität und den Return on Investment (ROI) negativ beeinflusst sowie dazu führt, dass Mitarbeitende immer passiver werden und innerlich kündigen (Martinko und Gardener 1982). Ein unethisches Managementverhalten wird in einem solchen Führungsklima von den Mitarbeitenden häufig entweder nicht wahrgenommen oder unreflektiert übernommen und in ihren Bereichen fortgeführt. Selbst wenn das Ausmaß des unethischen Verhaltens erkannt wird, stellt sich aufgrund der gefühlten Kraftlosigkeit kein einlenkendes Handeln ein (Spreitzer 1995). Es findet kein Whistleblowing (z. B. Near und Miceli 1985) statt und keiner ist im Unternehmen bereit, seinen eigenen Werten Gewicht zu verleihen (Gentile 2010).

In den folgenden Abschnitten zeige ich, wie durch die Entwicklung eines Führungsverständnisses, das die Mitarbeiter und Mitarbeiterinnen nicht als passive Befehlsempfänger, sondern als Co-Produzenten von Führung versteht (Shamir 2007), ein verantwortungsvolles Führungsklima im gesamten Unternehmen entstehen kann, das unethischem Verhalten aktiv entgegenwirkt oder es erst gar nicht entstehen lässt. Führung geht hierbei nicht nur von Führungskräften aus, sondern entsteht aus dem gemeinsamen Beitrag von Führungskräften und Geführten im Führungsprozess. Dadurch wird verantwortungsvolle Führung, wie auch von Maak und Pless (2006) betont, zu einem ethischen und relationalen Phänomen, das in sozialen Austauschprozessen zwischen denjenigen entsteht, die Führung gestalten und von Führung beeinflusst werden.

2.2   Der Einfluss der Geführten auf den Führungsprozess

Führung ist in den meisten Führungskonzepten als unidirektionaler Einflussnahmeprozess definiert, der von Führungskräften ausgeht, mit dem Ziel, Geführte dahingehend zu beeinflussen, dass sie die Erreichung der Unternehmensziele unterstützen (Yukl 2012). Geführten wird dabei eine eher passive Rolle zugesprochen – sie müssen angewiesen, motiviert und inspiriert werden, damit sie die erwartete Leistung erbringen. Dieses Führungsverständnis bildet bis heute den Grundstein der Führungsausbildung in Unternehmen und an Hochschulen.

Ein typisches „Grundlagen-Führungsprogramm" in der unternehmerischen Führungskräfteentwicklung zum Beispiel diskutiert die Rolle der Führungskraft, die Führungsstile, die Delegation von Aufgaben und Feedback sowie den Umgang mit unterschiedlichen Mitarbeitern und Mitarbeiterinnen. Zumeist werden diese Programme mit Elementen der sogenannten transformationalen Führung (Bass 1985) angereichert, der die Annahme zugrunde liegt, dass Werte, Motive und Einstellungen von Mitarbeitenden transformiert

werden müssen, damit diese insbesondere in Zeiten von Wandel Veränderungen unterstützen. Dass Mitarbeitende auch aus Eigenantrieb und Eigeninitiative handeln, wird
kaum thematisiert. Es ist daher keine Überraschung, dass Führungskräfte diese Führungskonzepte häufig unreflektiert in der Praxis umsetzen und das damit verbundene Bild
einer vermeintlich idealtypischen Führungskraft, die anleitet, kontrolliert, motiviert und
transformiert, mit Leben füllen. In Bachelor-, Master- und MBA-Programmen werden
zumeist ähnliche Führungskonzepte diskutiert. Dies führt häufig dazu, dass ein soziali-
siertes Rollenbild, das Studierende von Geführten als passive Empfänger von Führung
haben, eine weitere Bestätigung erfährt und somit die Ausgangsposition für das eigene
Verhalten im Arbeitsleben liefert.

Obwohl Führungsforscher wie Hollander und Webb (1955) sowie Steinle (1978) bereits früh darauf hingewiesen haben, dass Geführte den Führungsprozess und damit das
Verhalten von Führungskräften mit beeinflussen, wird diese Perspektive in der Führungs-
forschung und Führungsausbildung zumeist vernachlässigt. Dies überrascht insbesondere
hinsichtlich der transformationalen Führung, die vom Urvater des Konzepts, James Mac-
Gregor Burns, bereits 1978 als Prozess definiert wurde, in dem sich Führungskräfte und
Geführte gemeinsam „transformieren" (Burns 1978). Es dauerte fast 25 Jahre, bis die ersten Führungsforscher den Einfluss von Geführten in der transformationalen Führung genauer untersuchten (z. B. Dvir und Shamir 2003; Howell und Shamir 2005).

In der Literatur wird der Einfluss von Geführten auf den Führungsprozess zumeist unter dem Oberbegriff Followership diskutiert (vgl. zur Übersicht der unterschiedlichen kon-
zeptionellen Ansätze z. B. Krummaker und Vogel 2011; Uhl-Bien et al. 2014). Carsten
et al. (2010) bieten eine Definition an, die Followership sowohl als von Geführten gezeig-
tes Verhalten gegenüber Führungskräften als auch als sozial-konstruiertes Rollenschema
definiert. Letzteres beschreibt, wie Geführte ihre Rolle verstehen und interpretieren. Das
Geführtenverhalten wird dabei von der Rolleninterpretation beeinflusst. Verstehen sich
Geführte aufgrund ihrer Sozialisation, Ausbildung und Erfahrung als „klassische Unter-
gebene", zeigen sie ein eher passives Verhalten im Führungsprozess. Es fehlt damit ein
kritischer Gegenpol im Führungsprozess, der dazu führen kann, dass Führungskräfte die
ihnen entgegengebrachte Passivität als Zustimmung interpretieren und darauf mit weite-
rem ähnlich gerichtetem Führungsverhalten reagieren. Häufig entsteht hierbei ein sich
selbst verstärkender Spiraleffekt, der zu immer mehr Passivität führt und die Ausbreitung
etwaigen destruktiven Verhaltens begünstigt.

Shamir (2007) bietet eine Perspektive an, die sich von den traditionellen Rollenverständnissen löst und den Geführten einen ähnlich starken Einfluss auf den Führungsprozess zu-
spricht wie Führungskräften. Er konzeptualisiert Führung als reziproken Prozess, der vom
Verhalten, den Fähigkeiten sowie den Persönlichkeitseigenschaften beider Interaktionspart-
ner geprägt ist. Bildlich gesprochen wird Führung aus den Beiträgen von Führungskräften
und Geführten co-produziert. Damit wird Führung zur Gemeinschaftsaufgabe und Gemeinschaftsverantwortung. Das bedeutet aber nicht zwangsläufig, dass Geführte und Führungskräfte einen gleichgewichtigen Anteil bei der Co-Produktion von Führung haben.
Die Stärke des jeweiligen Einflusses ist dabei abhängig von der Interaktionssituation, dem

Rollenverständnis und dem Entwicklungsstand der beteiligten Personen (Krummaker und Vogel 2011). In der Praxis zeigt sich, dass Führungskräfte aufgrund ihrer Positionsmacht und gelernten Beeinflussungsmechanismen den Führungsprozess häufig dominieren. Je mehr Führungskräfte allerdings lernen sich zurückzunehmen und Geführte als Sparrings-partner verstehen und entsprechend dabei unterstützen, mehr proaktives Verhalten zu zeigen, desto mehr kann sich diese Führungsbeziehung zu einer quasi-gleichberechtigten Beziehung entwickeln. Damit wird die Qualität der Führungsbeziehung zur wichtigsten Ressource für Führungskräfte und Geführte und empowert beide Beziehungspartner (Howell und Shamir 2005). In einer quasi gleichberechtigten Führungsbeziehung besteht eine viel höhere Wahrscheinlichkeit, dass Geführte unethisches Verhalten frühzeitig erkennen und versuchen, dem gegenzusteuern.

2.3 Co-Produktion verantwortungsvoller Führung in der Führungsausbildung

Vor dem Hintergrund des zentralen Stellenwerts von Geführten im Führungsprozess habe ich vor mehr als zehn Jahren entschieden, die Einflussnahme von Geführten konsequent in allen Führungsausbildungsformaten zu thematisieren. Dabei fange ich früh in der Hochschulausbildung an und diskutiere mit den Studierenden intensiv die Einflusskraft, die sie als zukünftige Geführte auf ihre Vorgesetzten haben. Viele Studierende arbeiten nebenbei und haben bereits Führungsverhalten beobachtet, das sie nach eigenen Aussagen als „irgendwie nicht richtig" eingeschätzt haben, wie zum Beispiel einen despektierlichen Umgang mit Kunden und Kundinnen, die Bevorzugung und Ausgrenzung bestimmter Kollegen und Kolleginnen oder sexuelle Belästigungen. In nahezu allen Fällen fühlten sich die Studierenden zu macht- und kraftlos, um einzugreifen. Die Diskussion von Handlungsstrategien für diese konkreten Situationen, zum Beispiel das Einbeziehen anderer Mitarbeiter und Mitarbeiterinnen zur Konfliktlösung oder Whistleblowing, werden von den Studierenden oftmals mit sehr großem Interesse und Verwunderung aufgenommen. Viele sind überrascht, wie schlagkräftig vermeintlich simple Strategien sein können. Einen sehr wertvollen Beitrag liefert in diesem Zusammenhang auch die Diskussion des Giving-Voice-to-Values-Ansatzes (Gentile 2010), bei der mich Markus Scholz (FHWien der WKW) im letzten Jahr mit einem halbtägigen Workshop unterstützte.

In Master- oder (Executive) MBA-Programmen und Firmenprogrammen starte ich die Diskussion zum Einfluss von Geführten auf den Führungsprozess häufig mit dem TED Talk von Derek Sivers (2010) „How to Start a Movement". Sivers kommentiert hier ein Video, in dem eine größere Gruppe Jugendlicher auf einer Wiese sitzt, während ein anderer Jugendlicher tanzt. Der Tanzende wird zunächst ignoriert, bis einer der Jugendlichen, der zuvor auf der Wiese saß, hinzustößt und mittanzt. Dabei animiert er die anderen mit Gesten mitzutanzen. Ein dritter Jugendlicher kommt hinzu und das tanzende Trio erlangt nun die Aufmerksamkeit der gesamten Gruppe. Es fangen weitere Jugendliche an zu tanzen und nach und nach strömen weitere hinzu, bis nahezu alle tanzen.

Sivers (2010) vergleicht den ersten Tanzenden mit einer Führungskraft und bezeichnet den ersten Mittänzer als First Follower. Er betont, dass dieser erste Folgende einen einsamen Verrückten in eine Führungskraft verwandeln kann. Wie von Shamir (2007) argumentiert, entsteht durch das Zusammenspiel des Verhaltens (das Tanzen), den Fähigkeiten (dem Tanzstil) und den Persönlichkeitseigenschaften (Mut und Ausdauer) der beiden Akteure ein Einflussprozess, der andere Jugendliche motiviert mitzutanzen. Ohne den ersten Folgenden wäre die kollektive Tanzbewegung nicht entstanden. Sivers betont weiter, dass die anderen Jugendlichen im weiteren Verlauf weniger vom Initiator inspiriert wurden, sondern vielmehr durch die ersten und zweiten Folgenden. Dies zeigt auch, dass Geführte eher andere Geführte nachahmen als Führungskräfte. Damit kommt dem ersten Mittänzer eine zentrale Rolle zu. Für den Initiator ist er eine zentrale Person, die ihn als Führungskraft anerkennt und empowert und somit seine Initiative unterstützt. Sivers schließt mit den Worten, dass Führung „überglorifiziert wird" und man sich mehr mit der zentralen Rolle von Geführten beschäftigten sollte.

Der Geschäftsführer des oben erwähnten österreichischen KMU hat dieses Video in einem Executive MBA Programme kennengelernt, in dem ich Leadership und Followership unterrichtet habe. Er erkannte in dem Video das Führungsverständnis, das er im Unternehmen etablieren wollte, und zeigte es zunächst seiner oberen Führungsriege, um eine Diskussion über Führung und aktiveres Verhalten im Unternehmen zu stimulieren. In einem nächsten Schritt wurde ich von dem Geschäftsführer eingeladen, zwei Führungskräfteworkshops zu moderieren. Im ersten haben wir diskutiert, wie die obere Führungsriege einen aktiveren Beitrag zur Unternehmensführung leisten kann. Zentrale Elemente dieses Workshops waren die Klärung von gegenseitigen Erwartungen und Rollenverständnissen sowie eine ausführliche Diskussion darüber, wie eine gemeinsame Führung konkret aussehen kann und auf welchen Werten sie basieren soll. Der zweite Workshop fand ein paar Monate später statt und hatte zum Ziel, Führungsstrategien zu entwickeln, die die Mitarbeitenden auf allen Ebenen und in allen Funktionsbereichen inspirieren und dazu auffordern, erlerntes passives Geführtenverhalten abzulegen. Es wurde deutlich, dass hierfür ein radikaler Wandel von einem dominant unterweisenden Führungsverhalten zu einem Führungsstil notwendig war, der durch Fragen statt Anweisungen, Vertrauen, Wertschätzung, Loslassen, Inspiration und viel Zeit für die individuelle Entwicklung von Mitarbeitenden geprägt ist. Letzteres fiel einigen Führungskräften nicht leicht, bedurfte Zeit sowie vielfältiger Führungsentwicklungsmaßnahmen und individueller Führungskräftecoachings.

Nach den Führungskräfteworkshops führte der Geschäftsführer die Diskussion über mehr Engagement und Verantwortungsmaßnahmen im gesamten Unternehmen weiter. Er zeigte den TED Talk auf der Weihnachtsfeier und verankerte den Wert Engagement in den schriftlich formulierten Unternehmenswerten. Er erklärte den Mitarbeitenden bei jeder Gelegenheit, das Engagement im Unternehmen nicht nur bedeutet, Initiative zu zeigen, sondern auch Verantwortung zu übernehmen und Entscheidungen zu treffen. Zudem zeigte er anhand konkreter Beispiele, wie die Mitarbeitenden sich engagierter verhalten konnten und welche Effekte das für das Unternehmen haben konnte. Diese Aktivitäten bildeten den Auftakt für einen Kulturveränderungsprozess, der nach meinen letzten Informationen langfristig zu mehr Engagement auf allen Ebenen im Unternehmen führte.

2.4 Effective Follower als Co-Produzenten von verantwortungsvoller Führung

Ein wichtiger erster Schritt bei der Entwicklung von mehr proaktivem Engagement ist die Identifikation und die darauf aufbauende Förderung von First Followern im Unternehmen. Kelley (1988) bezeichnet diese Geführten auch als Effective Follower. Um effektive Geführte gezielter von ineffektiven Geführten abzugrenzen, spannt Kelley eine Matrix entlang der Dimensionen „unabhängig-kritisches Denken/unkritisch-abhängiges Denken" und „aktiv/passiv" auf (vgl. Abb. 2.1).

Effective Follower sind proaktiv und unabhängig-kritisch. Sie zeigen Eigeninitiative, Risikobereitschaft, übernehmen Verantwortung und sind bereit, Vorgesetzten auch kritisch-konstruktives Feedback zu geben. Effective Follower empfinden keine größere Machtdistanz zwischen sich und ihren Vorgesetzten, sondern begegnen Vorgesetzten respektvoll auf Augenhöhe. Sie sind exzellente Teamplayer, werden von ihren Kollegen und Kolleginnen geschätzt und sind, ähnlich wie der erste Mittänzer in dem TED Talk, Vorbilder für Veränderungen. Sie haben zudem ein hohes Verpflichtungsempfinden gegenüber dem Unternehmen, sind ehrlich, durchsetzungsstark, problemlösungsorientiert, enthusiastisch, selbstbewusst, fokussiert und glaubwürdig sowie in der Lage, sich selbst zu führen. Effective Follower bieten sich aber nicht ständig an und stehen auch nicht bildlich gesprochen täglich bei den Führungskräften im Büro, um ihre Meinung kundzutun und sie für ihre Ideen zu gewinnen. Vielmehr haben sie ein feines Gespür dafür, wann es wichtig und richtig ist, Eigeninitiative zu zeigen und Führungskräften Feedback anzubieten, oder wann sie Aufgaben ohne weitere Diskussionen ausführen sollten.

Yes-People haben ein traditionelles Geführtenverständnis, das von Unterstützung und Ehrerbietung gegenüber Führungskräften geprägt ist. Sie zeigen stark konformistisches Verhalten, scheuen Konflikte, widersprechen Führungskräften nicht und zeigen nur sehr

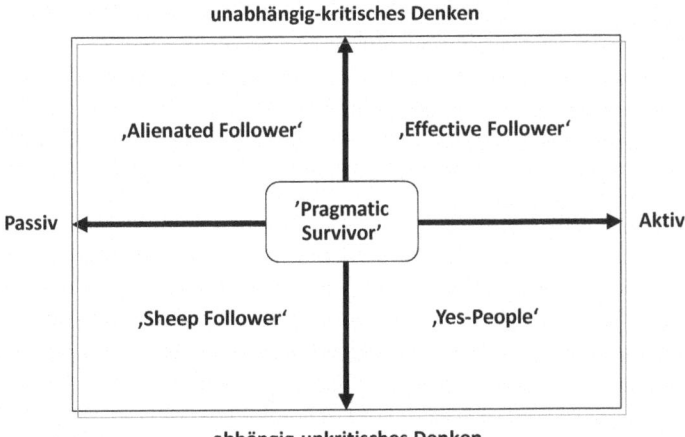

Abb. 2.1 Kelley-Matrix

vorsichtig Initiative, wenn sie von Führungskräften aufgefordert werden. Bei kritischer Nachfrage ziehen sie ihre eignen Ideen und Vorschläge schnell wieder zurück und schwingen auf den Kurs der Führungskraft ein. Yes-People fühlen sich abhängig von Führungskräften und erwarten von ihnen, motiviert und inspiriert zu werden sowie, dass Führungskräfte alle relevanten Entscheidungen im Unternehmen treffen und hierfür Verantwortung übernehmen. Yes-People unterstützen Führungskräfteentscheidungen aktiv und überzeugen leidenschaftlich andere im Unternehmen, diese ebenfalls mitzutragen. Kelley (1988) betont, dass Führungskräfte mit einem geringen Selbstbewusstsein Yes-People bevorzugen, da sie ihnen ein Gefühl von Stärke geben.

Die als Sheep Follower bezeichneten Geführten sind Yes-People sehr ähnlich. Sie unterstützen Führungskräfte allerdings nicht aktiv, sondern führen lediglich aus. Sheep Follower erledigen ihre Aufgaben nach Vorschrift und zeigen auch bei Aufforderung kaum Eigeninitiative, da dies nach ihrem Rollenverständnis nicht ihre Aufgabe ist oder sich bei ihnen über die Zeit gelernte Hilflosigkeit entwickelt hat. Wenn die ihnen übertragenen Aufgaben erledigt sind, werden sie nicht aktiv, sondern warten darauf, dass ihnen neue Aufgaben übertragen werden. Führungskräfte begegnen Sheep Follower häufig mit einem ausgeprägten Mikromanagement und einer hohen Kontrollorientierung. Ich habe in Führungskräfteworkshops und Führungscoachings immer wieder festgestellt, dass Sheep Follower insbesondere von autokratischen Führungskräften bevorzugt werden, da sie ohne Diskussionen Führungsanweisungen und delegierte Aufgaben umsetzen.

Die von Kelley (1988) als Alienated Follower bezeichneten Geführten sind unabhängig-kritisch, verhalten sich aber passiv. Sie äußern Kritik und Bedenken nicht direkt gegenüber Führungskräften, sondern kommentieren Führungsentscheidungen zumeist zynisch und ungläubig, wenn sie sich mit Kollegen und Kolleginnen austauschen. Die Entfremdung dieser Geführten ist häufig ein Resultat von Enttäuschungen, die sie im Austausch mit Führungskräften gemacht haben, wie zum Beispiel, dass ihre Ideen in der Vergangenheit kein Gehör fanden oder sie bei Beförderungen oder internen Bewerbungen nicht berücksichtigt wurden. Die Negativität dieser Geführten kann andere anstecken und sich somit zu einer unterschwelligen Opposition entwickeln, die der Führungskraft immer mehr Vertrauen entzieht und sie damit signifikant schwächt.

Pragmatic Survivor sind in der Mitte der Matrix angesiedelt. Diese Positionierung soll zeigen, dass diese Geführten ihr Fähnchen nach dem Wind ausrichten. Sie haben häufig kein ausgeprägtes Verpflichtungsempfinden gegenüber Führungskräften und dem Unternehmen, sondern ziehen Energie daraus, ihr Eigeninteresse durchzusetzen. Wenn sie der Meinung sind, dass Führungskräfte sie dabei unterstützen können, verhalten sie sich wie Effective Follower oder Yes-People. Wenn nicht, schließen sie sich den Alienated Followern an und hoffen darauf, dass geschwächte Führungskräfte ihren Interessen dienlich sind. Ähnlich wie früher Kanarienvögel im Tagebau gelten Pragmatic Survivor als Indikator für ein sich änderndes Wetter im Unternehmen. Sie sind die Ersten, die Führungskräften ihre Unterstützung entziehen, wenn sich die Dinge im Unternehmen anders entwickeln als erwartet.

Es wird deutlich, dass eine quasi gleichberechtigte Co-Produktion von verantwortungsvoller Führung ohne Effective Follower nicht möglich ist. Das konformistische Verhalten von Yes-People wird von Führungskräften als Bestätigung und Rechtfertigung ihres Verhaltens wahrgenommen und begünstigt einen Spiraleffekt, in dem sich Führungskräfte immer kraftvoller fühlen und ihr Verhalten immer stärker replizieren. Howell und Shamir (2005) sprechen in diesem Zusammenhang von einem sich einstellenden Gefühl des Over-Empowerments, bei dem Führungskräfte ihr kritisches Urteilsvermögen immer mehr verlieren. Kritisches Feedback von Effective Followern wird ignoriert, mit der Konsequenz, dass diese Geführten das Unternehmen entweder verlassen oder sich zu Alienated Followern entwickeln. Gleichzeitig wenden sich immer mehr Pragamatic Survivor den Führungskräften zu, da sie glauben, dass die Stärke der Führungskräfte ihnen hilft, ihre eigenen Ziele zu verwirklichen. Mit der zunehmenden vermeintlichen Stärke der Führungskräfte werden zudem die Sheep Follower immer passiver. Es gelangt somit immer weniger kritische Kapazität in den Führungsprozess – bis zu dem Punkt, an dem es im Unternehmen keine Gegenbewegungen mehr bei falschen Führungsentscheidungen oder Fehlverhalten gibt.

Ich nutze die Kelley-Geführtenmatrix seit vielen Jahren in der Führungskräfteausbildung in KMU. Nachdem ich die Matrix vorgestellt habe, bitte ich die teilnehmenden Führungskräfte zunächst, ihre direkt unterstellten Mitarbeitenden in der Matrix einzuordnen. Dabei bin ich immer wieder überrascht, wie wenige Mitarbeitende als Effective Follower gesehen werden. Die meisten werden als Yes-People oder Alienated Follower eingeordnet. Die Erklärungsmuster sind häufig ähnlich. Die Führungskräfte wünschen sich weniger Yes-People, betonen aber, dass ihre Mitarbeiter und Mitarbeiterinnen kaum bereit sind, Initiative und Verantwortung für zum Beispiel Projekte zu übernehmen. Alienated Follower werden häufig damit erklärt, dass diese Mitarbeiter und Mitarbeiterinnen in der Vergangenheit aktiv waren, aber irgendwann angefangen haben, Veränderungen nur noch widerwillig zu unterstützen, und sich immer mehr zurückgezogen haben.

Häufig frage ich die Teilnehmenden danach, wie viele Effective Follower sie gern in ihrem Team bzw. Bereich hätten. Während bis vor wenigen Jahren häufig das Argument zu hören war, dass zu viele Effective Follower zu Chaos und langsamen Entscheidungsprozessen führen, da zu viele Personen an Entscheidungen mitwirken wollen und man sich daher gegenseitig auf die Füßen trete, vernehme ich heutzutage immer öfter, dass man nicht genug Effective Follower haben kann. Dieser Meinungsumschwung ist weniger auf ein gestiegenes Bewusstsein von gemeinsam geteilter verantwortungsvoller Führung zurückzuführen, sondern auf die Erkenntnis, dass aufgrund gestiegener Komplexität und Arbeitsbelastung Effective Follower eine zentrale Entlastungsfunktion für Führungskräfte übernehmen. Führungskräfte können auch komplexere Aufgaben delegieren und sich somit mehr aus dem operativen Tagesgeschäft herausnehmen und sich strategischen Aufgaben widmen. Gerade Führungskräften, die sich stark überlastet fühlen, empfehle ich regelmäßig, mehr in die Entwicklung von Effective Followern zu investieren. Im nachfolgenden Abschnitt zeige ich ein paar Vorschläge auf, wie Effective Follower gezielt entwickelt werden können.

2.5   Entwicklung und Förderung von Effective Followern durch mehr Zeit für Mitarbeiterführung

Nach der Erläuterung des TED Talks von Derek Sivers (2010) und Kelleys (1988) Geführtenmatrix drehe ich die Betrachtungsperspektive häufig um und bitte die teilnehmenden Führungskräfte, über ihre eigene Rolle als Geführte im Austausch mit ihren Vorgesetzten nachzudenken. Die meisten Führungskräfte schätzen sich selbst als ‚Effective Follower' ein und beklagen, dass sie von ihren Vorgesetzten zu wenig Führung erfahren. Viele fordern daher aktiv Führung ein und haben Taktiken entwickelt, ihre Führungskräfte zu führen (z. B. Gabarro und Kotter 1980). Nach den Erkenntnissen dieses Perspektivenwechsels diskutiere ich mit den Teilnehmenden, welche Führungsstrategien sie selbst gezielt nutzen können, damit ihre eigenen Geführten nicht zu derselben Einschätzung gelangen und aufgrund des Gefühls von Führungsabwesenheit (Greogry 2018) ihr Potenzial als Effective Follower nicht voll entfalten.

Die wirkungsvollste Methode zur Entwicklung und Förderung von Effective Followern ist es, gezielt Zeit in individuelle Mitarbeiterführung zu investieren. Was simpel klingt, ist in der Praxis aufgrund der Dynamik des Tagesgeschäfts und umfänglicher Terminverpflichtungen der Führungskraft vielfach herausfordernd. Der individuelle Austausch mit Geführten beschränkt sich oft auf kurze Korridorgespräche oder schriftliche Kommunikation per E-Mail. Daher ist der erste Schritt, Verpflichtungen anders zu priorisieren und/oder zum Beispiel Meetings zu verkürzen, um Zeitfenster für persönliche Mitarbeitergespräche zu schaffen. Bei einer Führungsspanne von 10 bis 15 direkt unterstellten Mitarbeitenden empfehle ich etwa 30 Minuten pro Mitarbeitenden alle zwei Wochen fest im Terminkalender zu reservieren. Bei einer geringeren Führungsspanne kann es auch mehr sein. Die Zeit sollte vor allem dafür genutzt werden, gegenseitige Erwartungen in Bezug auf Leistung, Zusammenarbeit und Unterstützung zu klären, Arbeits- und Projektfortschritte zu besprechen, Feedback zu diskutieren sowie persönliche Ziele und Entwicklungsmaßnahmen zu erörtern. Während diese Termine am Anfang formell sind, entwickeln sie sich über die Zeit immer mehr zu informellen Treffen, bei denen sich Führungskräfte und Geführte gegenseitig auf den neusten Stand bringen.

Diese individuellen Treffen ermöglichen es, mit ‚Effective Followern' eine noch vertrauensvollere und engere Führungsbeziehung aufzubauen und sie dabei immer stärker in Richtung gleichwertige Partner zu entwickeln. Diese Treffen leisten aber auch einen wichtigen Beitrag, um bei den Yes-People ein kritischeres Reflexionsvermögen und proaktive Initiativen zu fördern. Zentral hierfür ist, dass die Geführten erkennen und erleben, dass die Führungskraft Ideen und kritisches Feedback nicht nur schätzt, sondern auch in Führungsentscheidungen einbezieht. Die kurzen Terminzyklen sind zudem förderlich bei der Entwicklung von mehr Eigeninitiative, da sie eine engmaschige Unterstützung und Rückmeldung auf den Erfolg von Initiativen ermöglichen und somit den Geführten das notwendige Gefühl vermitteln, nicht auf sich alleine gestellt zu sein. Es hat sich dabei bewährt, die Unterstützung über die Zeit schrittweise zu reduzieren, damit die Geführten immer stärker ihren eigenen Beitrag erkennen können.

Meine Erfahrung hat gezeigt, dass dieser Ansatz auch bedingt bei Sheep Followern Wirkung zeigen kann. Allerdings dauert es länger und erfordert wiederkehrende Aufforderungen, bevor passive Geführte erste vorsichtige Anstrengungen unternehmen, aus ihrem sozialisierten Rollenschemata herauszutreten und aktiv Unterstützung anzubieten oder unaufgefordert Vorschläge und Ideen einzubringen. Einige werden allerdings nie diesen Schritt machen (wollen). Ich habe unzählige Diskussionen mit Führungskräften geführt, die der Meinung waren, dass sich eine Investition ihrer kostbaren Zeit in von ihnen als hoffnungslos passiv bezeichnete Fälle nicht lohnt. Meine Empfehlung ist jedoch, bei allen Mitarbeitenden entsprechende Führungsinterventionen auszuprobieren. Die vielfach empfundene Wertschätzung sowie die Aussicht auf einen leicht veränderten Aufgabenzuschnitt mit mehr Gestaltungsspielräumen können auch stark passive Geführte motivieren, ein aktiveres Verhalten zu zeigen (Hackman und Oldham 1976). Zudem ist die Symbolik, dass man sich auch für Mitarbeitende, die vorher nicht viel Aufmerksamkeit von Führungskräften erhalten haben, gezielt Zeit nimmt, häufig sehr wirkungsvoll. Sie wird auch von den anderen Geführten als Wertschätzung, Fairness und ehrliches Interesse, Mitarbeitende weiterentwickeln zu wollen, interpretiert werden und kann somit einen zentralen Beitrag leisten, das Führungsklima in Richtung gemeinsame Führung zu gestalten.

Eine gezielte Investition in Führung hat auch das Potenzial, Alienated Follower in Richtung Effective Follower zu entwickeln. Diese Geführten haben die Fähigkeit, kritisch, unabhängig und aktiv zu sein, zeigen es aber nicht, da sie Vertrauen in die Führungskraft bzw. die gesamte Führungsmannschaft im Unternehmen verloren haben. Mehr Zeit für individuelle Führung kann einen Beziehungsneuanfang einläuten und als Vertrauensvorschuss fungieren. Ich habe Führungskräfte beobachtet, die diesen Geführten angeboten haben, eine wichtige Rolle in zentralen Projekten zu übernehmen und damit – bildlich gesprochen – in den Kreis der Unterstützer zurückzukehren oder ihnen beizutreten. Erfahrungsgemäß wird diesem Angebot zunächst mit Skepsis und Abwarten begegnet. Die Geführten warten auf weitere Signale und Bestätigungen, bevor sie anfangen sich langsam zu öffnen. Wenn sie sich dann entscheiden, die angebotenen Aufgaben zu übernehmen, beobachten sie ganz genau, wie sich die Führungskraft verhält, und gleichen das Verhalten mit den alten Erwartungsmustern ab. Die Führungsbeziehung ist auch nach längerer Zeit noch sehr fragil. Bei Enttäuschungen oder einem vermuteten Vertrauensbruch ziehen sich entfremdete Geführte schnell wieder zurück – häufig stärker als vorher.

Individuelle Führungszeiten sollten natürlich auch die Pragmatic Survivor erhalten. Allerdings benötigen sie keine spezifischen Führungsinterventionen, um sich in Richtung effiziente Geführte zu entwickeln, da sie schnell erkennen, dass sie mit einem kritisch-proaktiven Verhalten im Unternehmen am weitesten kommen.

2.6 Verantwortungsvolle Führung als moralische Gesamtverantwortung

Dieser Beitrag hat gezeigt, dass Geführte einen zentralen Beitrag leisten können, um das Ausmaß und die Ausbreitung unethischen Verhaltens im Unternehmen zu reduzieren. Hierzu bedarf es allerdings eines Rollenverständnisses, das sich von dem traditionellen Paradigma des Führens und Folgens löst und Führung als einen Prozess versteht, der im Zusammenwirken von Geführten und Führungskräften entsteht. Führung und die Effekte von Führung werden somit zu einer moralischen Gesamtverantwortung, auch wenn die unternehmerische Verantwortung weiterhin bei der Führungskraft liegt.

Traditionell sozialisierten Führungskräften mag das Verständnis von Führung als quasi gleichberechtigter Co-Produktion zu weit gehen und ein Gefühl von Machtverlust hervorrufen. Dabei verändert sich die Macht von Führungskräften aber nicht per se, sondern verschiebt sich vielmehr von einer Positionsmacht zu einer Kraft, die darauf ausgerichtet ist, Geführte explizit in Richtung Effective Follower zu entwickeln. Derart empowerte Geführte haben sogar das Potenzial, Führungskräfte weiter zu stärken, indem sie bessere Leistungen erbringen.

Mit Blick auf das Gesamtunternehmen ist ein Führungsklima, das von gemeinsamer Führung geprägt ist, ein zentrales Element verantwortungsvoller Unternehmensführung und damit auch der Governance im Unternehmen. Der Weg dahin mag vielen Unternehmen weit erscheinen, aber durch eine konsequente und nachhaltige Investition in die Führungskräfteausbildung, die sich vom traditionellen heroischen Führungsbild löst, und mehr Zeit für die individuelle Mitarbeiterführung ist es machbar.

Literatur

Bass, B. M. (1985). *Leadership and performance beyond expectations*. New York: Free Press.

Brown, M. E., & Mitchell, M. S. (2010). Ethical and unethical leadership: Exploring new avenues for future research. *Business Ethics Quarterly, 20*(4), 583–616.

Burns, J. M. G. (1978). *Leadership*. New York: Harper & Row.

Carsten, M. K., et al. (2010). Exploring social constructions of followership: A qualitative study. *The Leadership Quarterly, 21*(3), 543–562.

Conger, J. (1990). The dark side of leadership. *Organizational Dynamics, 19*(2), 44–55.

Dvir, T., & Shamir, B. (2003). Follower developmental characteristics as predicting transformational leadership: A longitudinal field study. *The Leadership Quarterly, 14*(3), 327–344.

Gabarro, J. J., & Kotter, J. P. (1980). Managing your boss. *Harvard Business Review, 58*(1), 92–100.

Gentile, M. C. (2010). *Giving voice to values: How to speak your mind when you know what's right.* New Haven: Yale University Press.

Greogry, S. (2018). The most common type of incompetent leader. *Harvard Business Review.* https://hbr.org/2018/03/the-most-common-type-of-incompetent-leader. Zugegriffen am 12.02.2019.

Hackman, J. R., & Oldham, G. R. (1976). Motivation through the design of work: Test of a theory. *Organizational Behavior and Human Performance, 16*(2), 250–279.

Hollander, E. P., & Webb, W. B. (1955). Leadership, followership, and friendship: An analysis of peer nominations. *Journal of Abnormal Psychology, 50*(2), 163–167.

Howell, J. M., & Shamir, B. (2005). The role of followers in the charismatic leadership process: Relationships and their consequences. *The Academy of Management Review, 30*(1), 96–112.

Jones, T. M. (1991). Ethical decision making by individuals in organizations: An issue-contingent model. *Academy of Management Review, 16*(2), 366–395.

Kelley, R. E. (1988). In praise of followers. *Harvard Business Review, 66*(November Ausgabe), 142–148.

Krummaker, S., & Vogel, B. (2011). Fokus Followership: Führungsbeziehungen als quasi gleichberechtigter Interaktionsprozess zwischen Führungskräften und Geführten. In B. Eggers, F. Ahlers & T. Eichenberg (Hrsg.), *Integrierte Unternehmungsführung* (S. 151–160). Wiesbaden: Springer Gabler.

Maak, T., & Pless, N. M. (2006). Responsible leadership in a stakeholder society – A relational perspective. *Journal of Business Ethics, 66*(1), 99–115.

Martinko, M. J., & Gardner, W. L. (1982) Learned Helplessness: An Alternative Explanation for Performance Deficits Academy of Management Review, Vol. 7, No. 2, 195–204.

Near, J. P., & Miceli, M. P. (1985). Organizational dissidence: The case of whistle-blowing. *Journal of Business Ethics, 4*(1), 1–16.

Overmier, J. B., & Seligman, M. E. P. (1967). Effects of inescapable shock upon subsequent escape and avoidance learning. *Journal of Comparative and Physiological Psychology, 63*(1), 28–33.

Shamir, B. (2007). Introduction: From passive recipients to active co-producers: Followers' roles in the leadership process. In B. Shamir, R. Pillai, M. C. Bligh & M. Uhl-Bien (Hrsg.), *Follower-centered perspectives on leadership: A tribute to the memory of James R. Meindl* (S. 1–18). Charlotte: Information Age Publishing.

Sivers, D. (2010). *Ted talk – How to start a movement.* https://www.ted.com/talks/derek_sivers_how_to_start_a_movement?language=en#t-24667. Zugegriffen am 12.02.2018.

Spreitzer, K. M. (1995). Psychological empowerment in the workplace: Dimensions, measurement, and validation. *Academy of Management Journal, 38*(5), 1442–1465.

Steinle, C. (1978). *Führung: Grundlagen, Prozesse und Modelle der Führung in der Unternehmung.* Stuttgart: C.E. Poeschel.

Uhl-Bien, M., & Carsten, M. K. (2007). Being ethical when the boss is not. *Organizational Dynamics, 36*(2), 187–201.

Uhl-Bien, M., et al. (2014). Followership theory: A review and research agenda. *The Leadership Quarterly, 25*(1), 83–104.

Yukl, G. (2012). *Leadership in Organizations* (8. Aufl.). London: Pearson.

Prof. Dr. Stefan Krummaker ist Professor für Leadership Practice an der Queen Mary University of London. Zudem ist er Lehrbeauftragter an unterschiedlichen europäischen Universitäten und als Führungskräftetrainer, Coach, Consultant und Vortragender tätig. Bevor er nach England gegangen ist, hat er viele Jahre an der Leibniz Universität in Hannover gearbeitet und war lange Zeit für ein Touristikunternehmen tätig.

Stefan Krummaker forscht und publiziert u. a. zum Beitrag von Geführten in Führungsprozessen und zu Inhalten und der Ausprägung effektiver Führung in Veränderungsprozessen. Er hat bisher mit mehr als 50 internationalen Unternehmen und KMU zu Themen wie Leadership, Followership, organisationale Energie, Change Management und Teamprozessen gearbeitet und unzählige Führungskräfte dabei unterstützt, ihre Führung „kraftvoller" zu gestalten.

Verantwortungsvolle Unternehmensführung und die Sustainable Development Goals

Katrin Muff

Zusammenfassung

Der rasante Wandel von Marktveränderungen im Kontext der großen gesellschaftlichen Probleme unserer Zeit kann für kleine und mittlere Unternehmen mitunter eine große Herausforderung sein. In diesem Labyrinth können die Sustainable Development Goals (SDG) als Kompass dienen, um neue langfristige Geschäftsmodelle und Einkommensquellen zu entdecken. Ausgangspunkt dafür sind die Landesprioritäten, die mithilfe des GAPFRAME definiert sind. Um diese dann in strategische Pläne zu übersetzen, gilt es, den Prozess der Strategiefindung zu überdenken, die Rolle des Initiators zu klären, die Multistakeholder-Co-Creation und den damit verbundenen Bewusstseinswandel zu ermöglichen. Der SDGXCHANGE (www.SDGX.org) vereint all dies in einem praxisnahen Business-Tool. Dieser fünfstufige Prozess umfasst nicht nur Chancenidentifikation, Prototyping und Co-Creation, sondern auch Berichterstellung und Austausch von Ergebnissen und Erfolgen.

3.1 Die großen Herausforderungen für die Unternehmen

In Zeiten des raschen Wandels sind Führungskräfte vor allem damit beschäftigt, auf Megatrends zu reagieren und akute Brandherde zu bekämpfen. Da Märkte von erschüttert werden oder aus dem Nichts auftauchen, nimmt der Druck zu. Man denke daran, wie UBER die Taxiindustrie herausfordert oder Airbnb einen neuen Markt geschaffen hat. Von den Airbnb-Nutzerinnen und -Nutzer sagen 60 %, dass sie ohne Airbnb nicht gereist wären. Ryanair und EasyJet haben mit der Vorstellung aufgeräumt, dass neue Produkte immer

K. Muff (✉)
Luiss Business School, Rom, Italien
E-Mail: katrin@katrinmuff.com

© Springer Fachmedien Wiesbaden GmbH, ein Teil von Springer Nature 2019
D. Ortiz et al. (Hrsg.), *Verantwortungsvolle Unternehmensführung im österreichischen Mittelstand*, Forschung und Praxis an der FHWien der WKW,
https://doi.org/10.1007/978-3-658-25328-8_3

besser sein und mehr bieten müssen; es hat sich die Erkenntnis durchgesetzt, dass es Kunden und Kundinnen gibt, die einen niedrigeren Preis bezahlen wollen und auch mit weniger zufrieden sind. Störungen des Markts können von überall herkommen – wer hätte gedacht, dass das Mobiltelefon eines Tages eine Bedrohung für die Automobilindustrie darstellen würde, da die Generation der Millennials die virtuelle Mobilität der realen vorzieht. Die Realität unserer komplexvolatilen, unsicheren, komplexen und ambivalenten (VUKA) Welt fordert Führungskräfte kleiner und mittlerer Unternehmen (KMU) bis an ihre Grenzen – und darüber hinaus. Der Tag ist einfach nicht lang genug, um sowohl die akuten Herausforderungen zu bewältigen als auch über langfristige Neupositionierungen und deren Auswirkungen nachzudenken. Und doch – da Unternehmen und ganze Branchen durch solche Störungen verschwinden – war es noch nie dringender als jetzt, über langfristige Perspektiven nachzudenken. Gerade dann, wenn keine Zeit mehr dafür ist, muss innegehalten und Zeit zum Nachdenken aufgebracht werden. Was für die eigene Gesundheit und das Wohlbefinden gilt, gilt auch für die Gesundheit und das Wohlbefinden des Unternehmens.

3.2   Die Sustainable Development Goals stellen eine verdeckte Zukunftschance dar

Es gibt eine Möglichkeit der Vereinfachung der unüberschaubaren Komplexität der VUKA-Welt. Diese kommt aus einer eher unerwarteten Richtung, von den Vereinten Nationen! Mehr als 190 Länder haben die Sustainable Development Goals (SDG) unterzeichnet. Dadurch können Unternehmen in den nächsten zehn Jahren hoffentlich mit einer Reihe von öffentlichen und privaten Förderungen rechnen, die es ihnen ermöglichen, die großen gesellschaftlichen und ökologischen Herausforderungen anzugehen. Bill Gates sagte, dass in ein oder zwei Jahren nicht viel passiere, aber dass man immer unterschätze, was in zehn Jahren passiere. Dies gilt auch bei den SDGs und den damit einhergehenden politischen Agenden. Regierungen und sektorenübergreifende Initiativen aller Art werden neue Regelungen und Anreize schaffen, die denjenigen, die zur Erreichung der SDGs beitragen, einen Wettbewerbsvorteil verschaffen werden. Oder in der Sprache des Sports: Angriff ist die beste Verteidigung. Statt sich Gedanken darüber zu machen, wie Störungen Unternehmen aus ihrem Marktsegment vertreiben und sich so gut wie möglich gegen aufkommende Bedrohungen zu verteidigen, schlage ich vor, sich auf völlig neue Märkte zu konzentrieren, die dadurch entstehen, dass man diejenigen Herausforderungen angeht, mit denen die Gesellschaft am meisten zu kämpfen hat. Diese Probleme sind sehr komplex und sie werden nicht von heute auf morgen gelöst werden können, weshalb Peter Drucker sie als „verdeckte Geschäftsmöglichkeiten"[1] bezeichnete.

---

[1] Drucker (1974).

3.3 Wie man die globalen Ziele in einen unternehmerischen Rahmen überführt

Ein Schweizer Forschungsprojekt hat eine pragmatische Antwort auf diese hochanspruchsvolle Frage entwickelt. Mitwirkende aus verschiedenen Branchen haben den GAPFRAME (SDGXCHANGE 2019) entwickelt, der auf einen Blick verdeutlicht, welche SDGs im jeweiligen geografischen Zusammenhang wichtig sind und wie sich die abstrakten globalen Ziele in konkrete Aufgaben übersetzen lassen. Die 24 im GAPFRAME formulierten Punkte enthalten kurze Beschreibungen in zwei Sätzen, wie die Welt aussehen würde, wenn dieses Problem gelöst wäre, und bieten eine ideale Vision, an der Unternehmen und andere Stakeholder anknüpfen können, um Teillösungen zu entwickeln. Der GAPFRAME bietet einen Ansatz, der es verschiedenen Akteuren und Akteurinnen ermöglicht, sich an einen Tisch zu setzen und herauszufinden, wie jede teilnehmende Organisation zur Bewältigung dieser oft verzwickten und komplexen Herausforderungen beitragen kann. Wir haben dies in der Schweiz getestet, indem wir branchenspezifische Veranstaltungen durchgeführt haben, die dann gemeinsame Lösungen initiiert haben, die kein einzelnes Unternehmen allein hätte durchführen können (Beispiel: massive Reduzierung von Verpackungsabfällen in Supermärkten).

3.4 Und was heißt das konkret für Österreich?

Der GAPFRAME bietet für Österreich und weitere 195 Länder eine schnelle Übersicht (Abb. 3.1). Den CO_2-Ausstoß in den Griff zu kriegen und damit einen nachhaltigen Konsum zu erreichen sind neben Chancengleichheit und sozialer Integration die brennenden Fragen, die vorrangig gelöst werden müssen, wenn Österreich zur Sicherung der globalen Lebensräume beitragen will. Diese Punkte bieten nicht nur die größten Chancen, sondern werden in den nächsten 20 Jahren auch die meiste Unterstützung durch die Gesetzgebung und öffentliche Förderung erhalten. Das kleine bisschen Zauberei, zu dem die KMU aufgefordert sind: eine Outside-in-Perspektive statt der bestehenden Inside-out-Perspektive einzunehmen. Inside-out stellt die typische und häufig angewandte, defensive Betrachtungsweise externer Herausforderungen dar, nämlich den Versuch, die Risiken dieser Probleme zu erfassen und sich dagegen zu schützen, damit das Unternehmen keinen Schaden nimmt. Dies ist zwar ein nützliches und wichtiges Mittel, um auf die weltweiten Geschehnisse zu reagieren, aber es lässt die Chance verstreichen, diese Themen als Möglichkeiten für neue Einnahmequellen zu betrachten. Einen strategischen Reflexionsprozess in Gang zu setzen, indem man auf die brennenden gesellschaftlichen Themen Bezug nimmt, ist das Ziel der Outside-in-Perspektive: Die Kernkompetenzen einer Organisation zu identifizieren und diese mit drängenden gesellschaftlichen Themen in Einklang zu bringen, mit dem Vorsatz, ein oder zwei neue Geschäftsfelder zu erschließen, um so langfristige Alternativen zu haben. Schauen wir uns die verschiedenen Schritte dazu an.

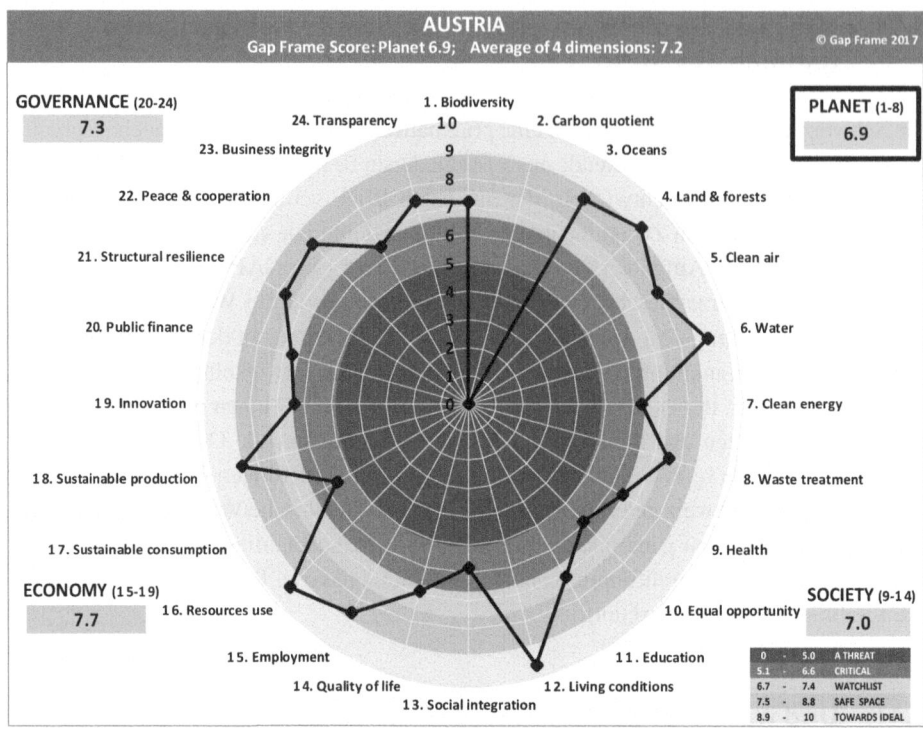

Abb. 3.1 Die drängenden Themen für Österreich zur Sicherung der globalen Lebensräume (GAPF-RAME 2019)

3.5 Die Entmystifizierung der Einbettung der Sustainable Development Goals in die Geschäftsstrategie

Unsere Zusammenarbeit mit einer Reihe Schweizer Unternehmen in den letzten beiden Jahren mündete darin, was wir als den kürzesten und effektivsten Weg für Unternehmen – insbesondere für KMU – bezeichnen, um die SDG in echte Geschäftsmöglichkeiten zu übersetzen: den SDGXCHANGE (2019). Sein bewährter fünfstufiger Prozess führt Unternehmen zuverlässig und effektiv von einer offenen Frage zu einem klaren Businessplan. Schlüsselelemente dieses Prozesses sind: Zusammenarbeit mit internen und externen Stakeholdern während der Ideenfindung sowie Schaffung von Ressourcen für einen effektiven Prototypenprozess, bei dem die Ideen mit potenziellen Nutzern und Partnerinnen getestet werden und bei dem die Truly Sustainable Business Model Canvas des SDGX die Eckpfeiler der neuen Möglichkeit detailliert definieren, um dadurch mehrere umsetzungsfähige Businesspläne zu generieren.

Es empfiehlt sich, mit zertifizierten Beratern und Beraterinnen zusammenzuarbeiten, die für den Prozess verantwortlich sind und so einen zeitnahen Erfolg gewährleisten. Prozessbegleitung unterscheidet zwischen dem Projektleiter – im Sinne des „Was" – und einem

Verantwortlichen für das „Wie", der den Prozess schlank und auf Kurs hält und die typischen Herausforderungen der *Co-Creation* voraussieht. Diese Herausforderungen treten auf der Ebene des Individuums, der Gruppe und des gemeinsamen Problemfelds auf und werden in „The Five Superpowers for Co-Creation"[2] beschrieben (erschienen bei Routledge im September 2018). Die Erfahrung zeigt, dass diese Herausforderungen auf den drei Ebenen K.-o.-Kriterien sein können und deshalb besondere Aufmerksamkeit verdienen.

3.6   Die Rolle des Initiators

Eine weitere wichtige Erkenntnis aus der Zusammenarbeit mit Unternehmen ist die Bedeutung des Initiators. Es spielt eine große Rolle, wer als Leiter oder Leiterin eines *Co-Creation-Prozesses* wahrgenommen wird. In KMU ist es idealerweise der CEO, dessen Engagement eine klare Botschaft an das Unternehmen bezüglich der Bedeutung des Projekts sendet. Wenn der CEO das Projekt initiiert, leitet und aktuelle Entwicklungen im Unternehmen kommuniziert, werden sich die internen Abläufe verändern, wird die Kultur positiv beeinflusst und wird zur organisationalen Umgestaltung beigetragen. Ein CEO kann eine solche Führungsrolle auch an ein anderes wichtiges – idealerweise charismatisches und einflussreiches – Mitglied der Geschäftsleitung oder des Vorstands übertragen. Noch wichtiger ist, dass der CEO durch aktive Kommunikation der aktuellen Entwicklungen und Zwischenstände dafür sorgt, dass das Projekt die interne Unterstützung erhält, die für die Entwicklung neuer Geschäftsmodelle erforderlich ist. Die Erfahrung zeigt, dass *Co-Creation-Prozesse* heikler sind als normale Projekte, die einen Führungswechsel aufgrund der klaren Aufgabenorientierung leichter verkraften. Wenn wir die Zukunft gestalten, können Stabilität und visionäre Führung eines Initiators ein Projekt zum Erfolg führen – oder eben nicht. Ein unerwartetes Ausscheiden des Initiators kann den Prozess scheitern lassen.

3.7   Den Co-Creation-Prozess verstehen

Es ist wichtig, die verschiedenen Bausteine zu verstehen, die ein solcher Prozess typischerweise umfasst. Dabei ist es hilfreich, zwischen dem großen Innovationsprozess, der ein bestimmtes Projekt definiert, und dem kleinen Innovationsprozess, der innerhalb des *Co-Creation-Prozesses* selbst stattfindet, zu unterscheiden (Abb. 3.2).

Die Erfahrung der letzten Jahrzehnte hat gezeigt, dass es eine Reihe von Elementen bzw. Bausteinen gibt, die *Co-Creation-Prozess* beinhalten und die den Erfolg ermöglichen, wenn sie richtig zusammengesetzt werden (Abb. 3.3). Wir unterscheiden neun solcher Bausteine:

---

[2] (1) das echte Engagement des Einzelnen, (2) kollektive Lösungen von Gruppen, (3) transformative Räume, die durch Moderatoren entstehen, (4) die Bausteine der Co-Creation, (5) ein effektiver Strategieprozess für Organisationen.

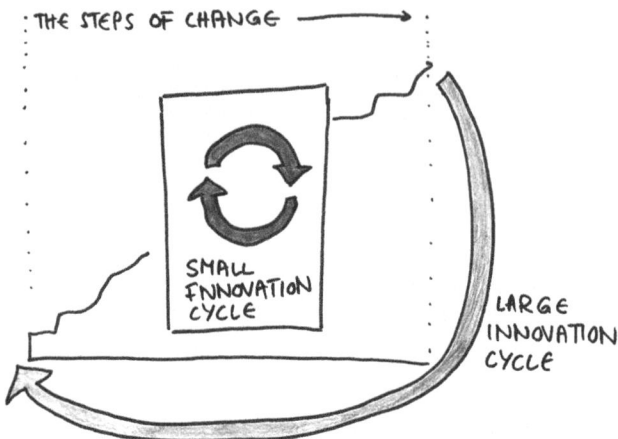

Abb. 3.2 Die großen und die kleinen Innovationszyklen der Co-Creation. (Quelle: „The Five Superpowers for Co-Creation" von Katrin Muff 2018)

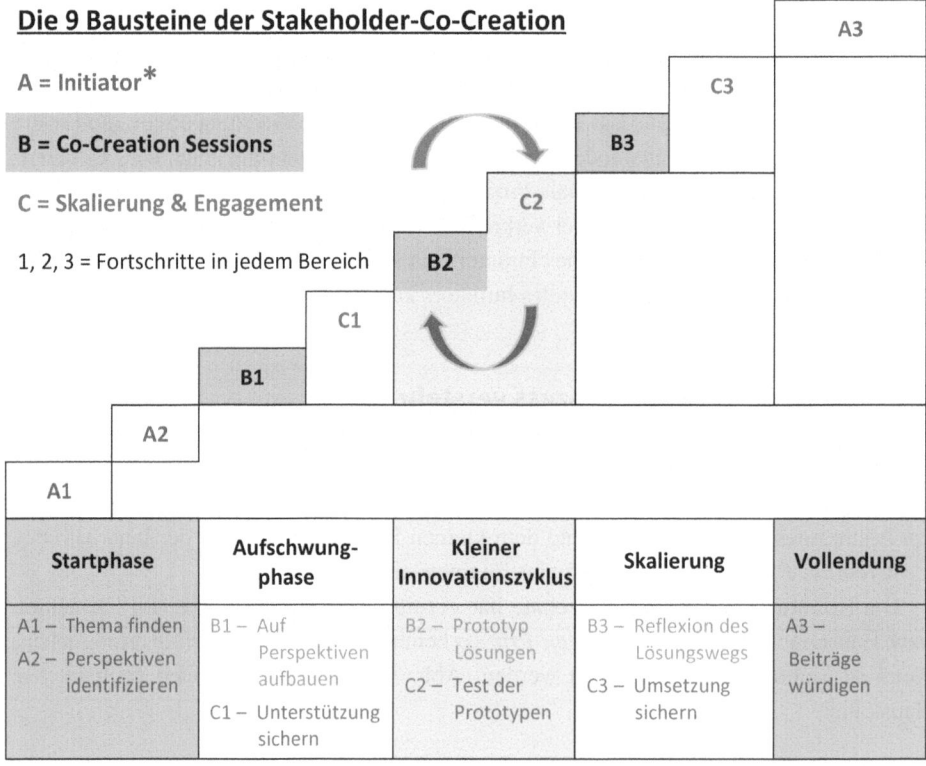

Abb. 3.3 Die neun Bausteine der Co-Creation. (Quelle: „The Five Superpowers for Co-Creation" von Katrin Muff 2018)

- Thema finden und präzisieren
- Unterschiedliche Perspektiven identifizieren
- Auf diese Perspektiven aufbauen, um eine Idealvision zu entwickeln
- Sicherstellung der Unterstützung durch relevante Stakeholder
- Musterlösungen für die ideale Vision entwickeln
- Musterlösungen mit potenziellen Anwendern und Anwenderinnen testen
- Reflexion der Lösungsfindung und Definition der Umsetzung
- Sicherstellung der Umsetzung mit relevanten Partnern und Partnerinnen
- Würdigung der Beiträge und Leistungen sowie Abschluss des Projekts

Nicht jede *Co-Creation* erfordert alle diese Schritte. Aber Initiatorin bzw. Initiatorin und Prozessbegleiterin bzw. -begleiter müssen sich überlegen, warum sie einen oder mehrere dieser Schritte außen vor lassen und wie sie sich gegen mögliche negative Auswirkungen absichern.

3.8   Der erforderliche Mentalitätswandel, damit Co-Creation-Prozesse funktionieren

Die Herausforderungen, vor denen wir stehen, sind so groß und die Ziele so anspruchsvoll, dass man sie nicht alleine angehen kann. Wenn man ein Thema wie Nahrungsmittel- oder Wasserknappheit betrachtet, ist klar, dass keine Institution, Regierung oder Unternehmen allein die Lösung liefern kann. (Paul Polman, CEO von Unilever)

Wie Polman deutlich macht, ist zur Lösung der drängenden globalen Probleme die Fähigkeit von Organisationen erforderlich, mit anderen Institutionen branchenübergreifend in *Multistakeholder-Co-Creation-Prozessen* zusammenzuarbeiten. Dass dies nicht einfach ist, ist offenkundig. Betrachtet man solche Prozesse im Verlauf der letzten 50 Jahre, können aus den begangenen Fehlern und Prozessabbrüchen zahlreiche Lehren und Erkenntnisse gezogen werden. Das Buch „The Five Superpowers for Co-Creation" zielt darauf ab, diese Erkenntnisse in einem Leitfaden für künftige Veränderungsträger und -trägerinnen und aufstrebende Organisationen zusammenzuführen. Abb. 3.4 verdeutlicht eine Schlüsselerkenntnis die bereits bei der ersten Betrachtung deutlich wird. *Co-Creation* (rechte Matrix) arbeitet nach ganz anderen Prinzipien als der normale Wettbewerb. In der *Co-Creation* stört man sich nicht an Unterschieden, sondern nutzt sie und betrachtet diese Verschiedenartigkeit nicht als Ursache für Konkurrenzdenken, sondern als Grundlage für *Co-Creation*. Auf der persönlichen Ebene wandelt sich das Gefühl, isoliert zu sein, hin dazu, wie sehr man miteinander verbunden ist. Dies kommt dergestalt zum Ausdruck, dass Stakeholder den Drang überwinden, einzig im Interesse ihres Stamms zu handeln, und ihre Handlungen an der Bewältigung des eigentlichen Problems auszurichten.

Abb. 3.4 Vom Wettbewerb zum gemeinsamen Schaffen. (Quelle: „The Five Superpowers for Co-Creation" von Katrin Muff 2018)

3.9   Ein pragmatisches, praxisorientiertes Strategie-Tool für Organisationen aller Art

Die zeitgleiche Auseinandersetzung mit Prozess und erforderlichem Bewusstseinswandel ist für vielbeschäftigte Unternehmen eine oft große Herausforderung. Seit 2016 arbeiten wir deshalb mit mehreren Schweizer Unternehmen zusammen, um ein pragmatisches, praxisnahes Strategieinstrument für Organisationen aller Art – und insbesondere für KMU – zu entwickeln.

SDGXCHANGE (2019) bietet nun eine solche Lösung, die sowohl Prozess- als auch Wissenswerkzeuge effizient kombiniert. Unternehmen können ihre Strategie neu ausrichten und dabei ihre Kernkompetenzen mit den drängenden gesellschaftlichen Fragen der Länder, in denen sie tätig sind, verknüpfen. Der fünfstufige GRIPS-Prozess beinhaltet zentrale Bausteine (Abb. 3.5). Zu Beginn werden bei „Get Started" die kulturelle Bereitschaft sowie das Stadium der unternehmerischen Nachhaltigkeit bewertet. Der nächste Schritt „Redefine" erarbeitet ein Verständnis der Außenperspektive und berücksichtigt die Nachhaltigkeitsprioritäten der Länder. „Ideate" ist ein Tag der *Co-Creation*, für Unternehmensführung, junge Talente sowie relevante externe Stakeholder einschließlich der nachfolgenden Generation. „Prototype" ist der Innovationsprozess an sich und setzt die Ideen der Ideate-Phase in einen konkreten Businessplan um. „Share" ist der Schritt, in dem die Organisation ihre Erfolge und Erkenntnisse über Identifizierung und Realisierung neuer Einnahmequellen bewertet, dokumentiert und weitergibt.

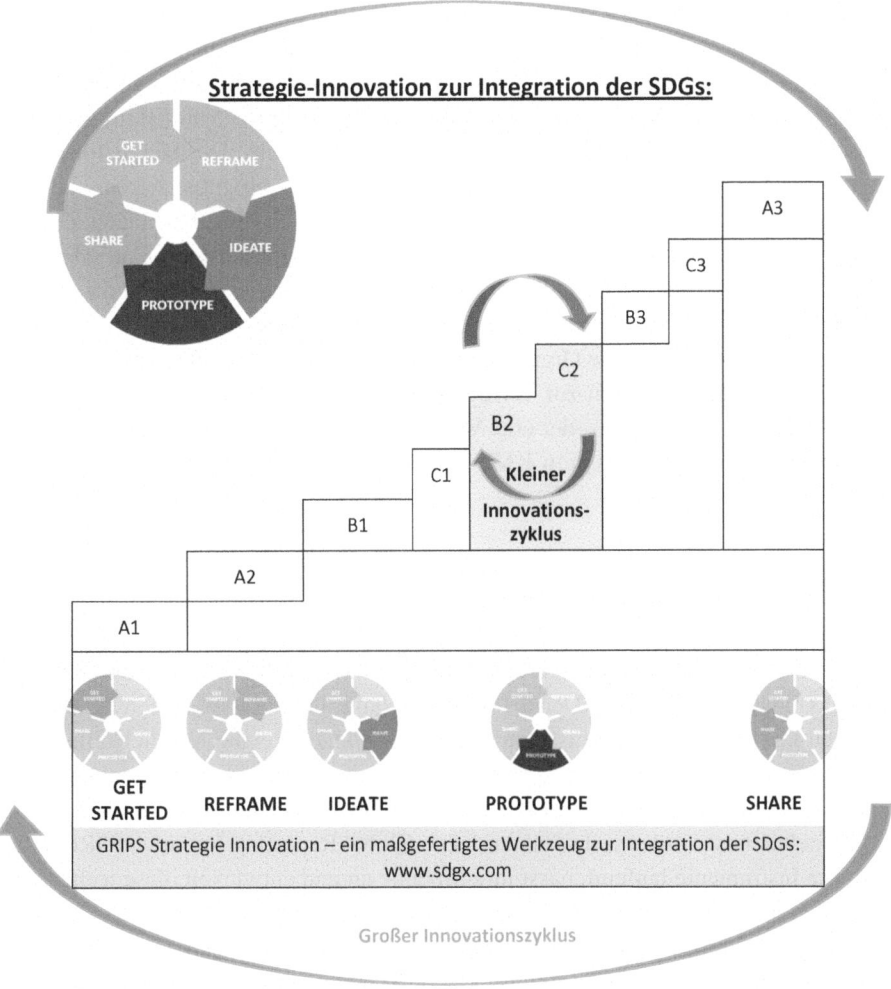

Abb. 3.5 Co-Creation für Unternehmen leicht gemacht (SDGXCHANGE 2019). (Quelle: „The Five Superpowers for Co-Creation" von Katrin Muff 2018)

3.10 Erfolgsmessung

Während ein Unternehmen den Prozess der *Co-Creation* erfolgreich durchläuft, um neue langfristige Geschäftsmöglichkeiten zu identifizieren, gibt es einen Zeitpunkt, an dem das Team die verschiedenen Prototypideen selektiert. Durch die oft großen Unterschiede zwischen den verschiedenen Ideen ist eine schnelle und gründliche Bewertung jeder einzelnen unerlässlich, um sicherzustellen, dass die erfolgversprechendsten Ideen sich durchsetzen. Erfolgsversprechend bedeutet hier, die größte positive Wirkung auf eine gesellschaftliche Herausforderung zu erzielen. Es bedeutet auch, den wirtschaftlichen und sozialen Nutzen für eine Organisation und deren erweiterte Stakeholdergemeinschaft zu berücksichtigen. Der Triple-Bottom-Line-Ansatz[3] von Elkington – mit den drei P People, Planet, Profit – kommt einem in den Sinn. Die Herausforderung hierbei besteht nun darin, die voraussichtliche Wirkung zu prognostizieren, statt die Wirksamkeit im Nachhinein zu bewerten. Der SDGXCHANGE (2019) bietet Zugang zu modernsten Instrumenten und Ansätzen für die hochanspruchsvolle Aufgabe, Geschäftsmöglichkeiten auf der Grundlage der SDG zu entwickeln. Weltweit gibt es zahlreiche Neuerungen in diesem Bereich und ein Übersetzer wie der SDGX ist von entscheidender Bedeutung für jede Organisation, die für die Beantwortung solcher Fragen in der Regel nur begrenzte Zeit zur Verfügung hat. Das alles ist praktischerweise Teil des SDGXCHANGE-Prozesses, der eine Vielzahl an Inhalten und Prozessmethoden so praxisnah zusammenführt, dass ein KMU einfach und unkompliziert damit umgehen kann.

3.11   Kommunikation und Berichterstattung

Sobald ein neuer Businessplan eingeführt werden soll, ist es Zeit, neue Strukturen oder eine neue Division aufzubauen. Der Erfolg jeder Neugründung wird laufend gemessen und an neu gewonnene Erkenntnisse angepasst. Es gibt zahlreiche Möglichkeiten, den Erfolg zu messen und zu kommunizieren. Der Bereich des integrierten Berichtswesens ist explosionsartig gewachsen und die Berichterstattung über nichtfinanzielle Aspekte von Unternehmen ist mittlerweile Standard. Die Global Reporting Initiative (GRI) aktualisiert ihre Instrumente laufend, passt ihre Modelle an und entwickelt diese weiter. Die ungeheure Komplexität einer GRI-Berichterstattung geht aber weit über die Möglichkeiten eines KMU hinaus, das keine Vollzeitkraft dafür abstellen kann. Es sind pragmatische Lösungen gefragt. *Focused Reporting* (2019) bietet hierfür praxisnahe Einblicke, wie man die wesentlichen Bereiche eines solchen Berichts abdeckt. Die Analyse der Nachhaltigkeitsberichte von 101 Schweizer Unternehmen aller Größe und Branchen hat in einem Konzept gemündet, das nach Vollständigkeit, Glaubwürdigkeit und Relevanz der Berichterstattung gliedert. Der GAPFRAME bietet den Anwendern und Anwenderinnen von SDGXCHANGE den Vorteil, dass sie bei Relevanz gute Ergebnisse erwarten können. Ein weiterer Teil der Erfolgsmessung und -teilung ist auch, die neue Unternehmensentwicklung als mögliches Best-Practice-Beispiel weiterzugeben. Die Schweizer *Business Sustainability Today* (2019) ist eine branchenübergreifende Initiative, die

---

[3] The Economist (2009).

solche Best-Practice-Unternehmen aus ganz Europa mittels professioneller Kurzfilme vorstellt. Eine interessante Möglichkeit, die neue Geschäftsidee eines Unternehmens zu präsentieren.

3.12 Vorschläge und Empfehlungen

In der heutigen Zeit – in Anbetracht von Megatrends, die Märkte und Geschäftsfelder gänzlich umbrechen können – ein Unternehmen zu betreiben, ist nichts für schwache Nerven. Dass wir uns in einer Phase befinden, in der die nächste Generation die Leitung der KMU übernimmt, macht die Situation noch komplexer. Ein Generationswechsel ist im besten Fall eine Herausforderung, im schlimmsten Fall ein Alptraum. Wir betrachten die Orientierung „outside-in" als Brückenbauer in diesem Umbruch, um einen Konflikt von Egoismen oder persönlichen Vorlieben zu vermeiden. Das gemeinsame Engagement im zukunftsweisenden Prozess der Identifizierung neuer Geschäftsfelder, der auf den vorhandenen Kompetenzen eines Unternehmens aufbaut, kann ein hervorragender Katalysator für Veränderungen sein und Basis für die Zukunft werden. Der Fokus auf die größten gesellschaftlichen Herausforderungen unserer Zeit, wie zum Beispiel die SDG, stellt sicher, dass die Wirtschaft die positive Kraft sein kann, die wir uns alle erhoffen. Dieser Fokus schafft somit einen neuen Gesprächsansatz über neue Zukunftsmöglichkeiten, die bislang aufgrund möglicher Generationenkonflikte nicht stattfinden konnten. Die zusätzliche Herausforderung der Generationennachfolge verwandelt den Prozessbegleiter von einer möglichen Option zu einem notwendigen Erfolgsfaktor. Dieser Prozessbegleiter muss mit Coaching- und Mentoringkompetenzen ausgestattet in der Lage sein, zu beiden Generationen eine Verbindung aufzubauen, damit Vertrauen in den Prozess entsteht. In unserem Netzwerk beobachten wir eine wachsende Zahl von fähigen Veränderungsträgern und -trägerinnen, die sowohl mit den Instrumenten als auch mit den Prozessen vertraut sind.

Literatur

Business Sustainability Today. (2019). https://www.sustainability-today.com. Zugegriffen am 12.02.2019.
Drucker, P. F. (1974). *Management: Tasks, responsibilities, practices*. New York: Harper & Row.
Focused Reporting. (2019). https://www.focused-reporting.ch. Zugegriffen am 12.02.2019.
GAPFRAME. (2019). https://www.gapframe.org. Zugegriffen am 12.02.2019.
Muff, K. (2018). *Five superpowers for co-creators. How change makers and business can achieve the sustainable development goals*. London: Routledge.
SDGXCHANGE. https://www.SDGx.org. Zugegriffen am 12.02.2019.

Dr. Katrin Muff ist eine Vordenkerin im transformativen Feld von Nachhaltigkeit und Verantwortung. Sie ist Professor of Practice an der LUISS Business School in Rom und arbeitet als unabhängige Beraterin für Teams und Verwaltungsräte im Bereich Nachhaltigkeit und Transformation. Von 2008 bis 2018 war sie maßgeblich für die Transformation der Business School Lausanne (BSL) engagiert, zuerst als Dekanin und danach als Professorin für Nachhaltigkeit und Verantwortung. Ihre Berufserfahrung umfasst zehn Jahre bei AL-COA (GM in Russland, Industry Analyst for Global M&A in den USA und Business Analyst Europe), drei Jahre als Direktorin für strategische Planung, EMEA bei IAMS Europe (Procter&Gamble) und drei Jahre als Mitbegründerin von Yupango, einer Coaching-Beratung für Existenzgründer und -gründerinnen und Aus- und Weiterbildung von Managementteams.

Teil II

Die Rahmenbedingungen für verantwortungsvolle Unternehmensführung – Bestandsaufnahme und Ausblick

Die OECD-Leitsätze und die Nationalen Kontaktpunkte als Orientierungshilfe bei der Umsetzung unternehmerischer Verantwortung

Iris Hammerschmid

Zusammenfassung

Unternehmen jeder Größenordnung sind angesichts der zunehmenden globalen Verflechtungen und steigenden Erwartungshaltungen von Stakeholdern immer stärker gefordert, potenzielle Nachhaltigkeitsrisiken ihrer Geschäftätigkeit zu erheben und zu managen. Die OECD-Leitsätze für multinationale Unternehmen bieten ein wichtiges Rahmenwerk und Orientierung in allen relevanten Bereichen der unternehmerischen Verantwortung. Sie unterstützen Unternehmen dabei, mögliche Auswirkungen ihrer Aktivitäten auf Menschen, Umwelt und Gesellschaft zu erkennen und zu beseitigen. Eine besondere Rolle dabei spielt die Sorgfaltspflicht („Due Diligence").

Der im Bundesministerium für Digitalisierung und Wirtschaftsstandort angesiedelte Nationale Kontaktpunkt bietet allen Unternehmen eine Anlaufstelle für Fragen zum Thema verantwortungsvolles unternehmerisches Handeln.

Noch nie spielte das Thema der unternehmerischen Verantwortung eine so zentrale Rolle wie heute. Die internationale Geschäftätigkeit von Unternehmen sowie die gestiegenen Anforderungen der Stakeholder verlangen einen sorgsamen Umgang mit unternehmerischen Risiken. In diesem Beitrag sollen die OECD-Leitsätze mit besonderem Fokus auf das Konzept der unternehmerischen Sorgfaltspflicht sowie auf den integrierten Konfliktlösungsmechanismus der Leitsätze dargestellt werden.

I. Hammerschmid (✉)
Wien, Österreich
E-Mail: cgbe@fh-wien.ac.at

© Springer Fachmedien Wiesbaden GmbH, ein Teil von Springer Nature 2019
D. Ortiz et al. (Hrsg.), *Verantwortungsvolle Unternehmensführung im österreichischen Mittelstand*, Forschung und Praxis an der FHWien der WKW,
https://doi.org/10.1007/978-3-658-25328-8_4

4.1   OECD-Leitsätze für multinationale Unternehmen

Die 36 OECD-Mitgliedstaaten sowie zwölf weitere Staaten haben sich völkerrechtlich verpflichtet, die verschiedenen Grundsätze und Maßstäbe für verantwortungsvolles unternehmerisches Handeln zu fördern und umzusetzen. Die OECD-Leitsätze für multinationale Unternehmen enthalten Handlungsempfehlungen der Regierungen an Unternehmen, die in oder von den Teilnehmerstaaten aus operieren und stellen eine Ergänzung zum geltenden Recht dar.

Die im Jahr 1976 erstmals veröffentlichten und danach fünfmal überarbeiteten Leitsätze beschäftigen sich mit zehn verschiedenen Themenbereichen: Sorgfaltspflicht, Transparenz von Informationen, Menschenrechte, Beschäftigung und Beziehungen zwischen den Sozialpartnern, Umwelt, Korruptionsbekämpfung, Verbraucherinteressen, Wissenschaft und Technologie, Wettbewerb sowie Besteuerung.[1]

Bei der jüngsten Überarbeitung der Leitsätze im Jahr 2011 wurde neben der Aufnahme eines Menschenrechtskapitels das Konzept der Sorgfaltspflicht in die Leitsätze eingearbeitet. Dieses heute nicht mehr wegzudenkende Konzept gilt für die gesamte Lieferkette von Unternehmen (nähere Informationen zur Sorgfaltspflicht siehe Kapitel 4.2 unten).

Eine ganz zentrale Rolle bei der Entwicklung und Weiterentwicklung der Leitsätze spielten die Kooperation und die aktive Beteiligung der Stakeholder. Das Feedback und der Beitrag der institutionellen Stakeholder bei der OECD (BIAC – Business Industry Advisory Committee; TUAC – Trade Union Advisory Committee; OECD Watch) waren entscheidend für die Anpassung der Leitsätze an aktuelle Entwicklungen.[2]

Während es die Bezeichnung der OECD-Leitsätze auf den ersten Blick vielleicht nicht vermuten lässt, sind jene auch auf kleinere und mittlere Unternehmen (KMU) mit internationalen Geschäftsbeziehungen anwendbar. Die Leitsätze berücksichtigen allerdings auch die Besonderheiten von KMU und erkennen beispielsweise an, dass KMU nicht über die gleichen Kapazitäten wie Großunternehmen bei der Umsetzung der Leitsätze verfügen.

4.2   Sorgfaltspflicht

Ein Kernthema der OECD-Leitsätze ist die Sorgfaltspflicht (Due Diligence). Unter einer Due-Diligence-Prüfung wird der Prozess verstanden, mit dem Unternehmen die von ihnen ausgehenden tatsächlichen und potenziellen negativen Effekte ermitteln, verhüten und mindern. Auch ist Rechenschaft abzulegen, was gegen diese Auswirkungen unternommen wird. Natur und Ausmaß der Due-Diligence-Vorkehrungen werden etwa von Faktoren wie der Unternehmensgröße, dem Kontext der Geschäftstätigkeit sowie der Stärke der negativen Effekte beeinflusst.[3]

---

[1] OECD (2011f).

[2] *Schekulin* (2018).

[3] OECD (2018).

Zur Unterstützung der Stakeholder bei der praktischen Umsetzung der Sorgfaltspflicht veröffentlichte die OECD in den letzten Jahren Due-Diligence-Leitfäden für verschiedene Sektoren, und zwar für Konfliktmineralien, Landwirtschaft, Bergbau, Öl und Gas, Textilien sowie Finanzen.[4]

Am 31. Mai 2018 publizierte die OECD nach einem zweijährigen Multistakeholderprozess den neuen Leitfaden zur Sorgfaltspflicht für alle Sektoren (OECD Due Diligence Guidance for Responsible Business Conduct). Der Leitfaden konkretisiert die Due-Diligence-Bestimmungen der OECD-Leitsätze und ist auf alle Unternehmen unabhängig von Größe und Eigentumsverhältnissen anwendbar.

Der Leitfaden gilt für alle Kapitel der Leitsätze, mit Ausnahme von Wissenschaft und Technologie sowie Wettbewerb und Besteuerung. Er stellt einen wichtigen Meilenstein in der Weiterentwicklung der Sorgfaltspflicht in der Lieferkette dar und enthält Referenzen zu anderen Instrumenten, wie etwa die Leitprinzipien für Wirtschaft und Menschenrechte der Vereinten Nationen oder die Kernarbeitsnormen der Internationalen Arbeitsorganisation (ILO). Ziel ist es, ein gemeinsames Verständnis bei Regierungen und Stakeholdern zu Due Diligence im Bereich verantwortungsvolles unternehmerisches Handeln (Responsible Business Conduct, RBC) zu etablieren.[5]

Auf 35 Seiten werden die wichtigsten Schritte eines Due-Diligence-Prozesses erläutert. Im umfangreichen Annex des Leitfadens werden einige Fallbeispiele und typische Fragen bei der Implementierung eines Due-Diligence-Prozesses erklärt. Grundsätzlich empfiehlt der Leitfaden die folgenden sechs Schritte bei der Vornahme einer Due-Diligence-Prüfung:

1. *Einbettung von RBC in Unternehmenspolitiken und Managementsysteme:* RBC-Politiken sollen als Teil der allgemeinen Unternehmensstrategie in Managementsysteme integriert werden. Auch sollen genügend Ressourcen zur Schulung von Mitarbeitern und Mitarbeiterinnen sowie Lieferanten und Lieferantinnen zu diesem Thema zur Verfügung gestellt werden.
2. *Identifizierung und Bewertung von Risiken der Geschäftstätigkeit und Lieferkette:* Entscheidend ist die adäquate Priorisierung der Risiken.
3. *Beseitigung, Verhütung und Minderung von Risiken*: Auf Basis der vorgenommenen Risikopriorisierung sollen Pläne zur Beseitigung und Minderung der Risiken entworfen werden. Um Risiken in der Lieferkette zu beseitigen, wird empfohlen, mit Zulieferern und anderen Unternehmen sowie lokalen Regierungen zusammenzuarbeiten.
4. *Überprüfung der Umsetzung und Ergebnisse:* Die Umsetzung und die Ergebnisse der Due-Diligence-Aktivitäten sollen laufend durch interne Revisionen überprüft werden.

---

[4] Nähere Informationen unter: http://mneguidelines.oecd.org/duediligence.
[5] OECD (2018c).

5. *Kommunikation zur Risikovermeidung:* Es soll öffentlich über die implementierten Due-Diligence-Politiken und Ergebnisse der Due-Diligence-Aktivitäten berichtet werden.

6. *Kooperation bei der Beseitigung von Schäden:* Unternehmen sollen bestmöglich kooperieren und zur Beseitigung von negativen Auswirkungen beitragen.[6]

Zentral ist, dass die Unternehmensgröße oder die Ressourcenkapazität eines Unternehmens nicht von der Verantwortung, eine Due-Diligence-Prüfung durchzuführen, entbindet. Die genannten Faktoren beeinflussen aber sehr wohl, in welchem Ausmaß und wie eine Due-Diligence-Prüfung durchgeführt werden muss.[7] Empfohlen wird etwa, dass KMU und Unternehmen mit geringen Ressourcen verstärkt auf gemeinsame Initiativen mit Industrieverbänden bei der Vornahme von Due-Diligence-Prüfungen setzen, um genügend Einfluss („leverage") auf ihre Geschäftspartner und -partnerinnen auszuüben.

KMU wird etwa empfohlen, auch bestehende Ressourcen wie Modellpolitiken oder öffentliche Informationen über Risiken in Lieferketten zu nutzen oder technische Unterstützung von Kammern und Industrieverbänden zu suchen. KMU sollten besonders strenge Auswahlkriterien bei Lieferanten und Lieferantinnen im Zusammenhang mit Standards zu verantwortungsvollem unternehmerischen Handeln wählen. Das reduziert die notwendigen Ressourcen zur Identifizierung, Überwachung und Verhinderung von negativen Auswirkungen, sobald ein Lieferant oder eine Lieferantin engagiert wurde.[8]

Neben den zentralen Arbeiten der OECD zum Thema Due Diligence finden Sorgfaltspflichtstandards auch immer stärker Eingang in legislative Initiativen. Im März 2017 wurde in Frankreich ein Gesetz zur verpflichtenden Vornahme von Due-Diligence-Prüfungen durch große Unternehmen verabschiedet. Französische Aktiengesellschaften mit mindestens 5.000 Angestellten im Inland oder über 10.000 internationalen Angestellten einschließlich deren Tochtergesellschaften und bestimmte Subauftragnehmer und Lieferanten sind nach dem Gesetz verpflichtet, einen Due-Diligence-Plan zu erstellen, umzusetzen und zu veröffentlichen.[9]

Während regulatorische Vorstöße eine starke Motivation für Unternehmen zur Vornahme von Due-Diligence-Vorkehrungen sein können, kann eine Ausbreitung von unterschiedlichen Standards auf nationaler Ebene Herausforderungen für Unternehmen im globalen Geschäftsverkehr bringen, da sie unterschiedliche Erwartungshaltungen erfüllen müssen.[10] Der neue OECD-Leitfaden zur Sorgfaltspflicht für alle Sektoren kann einen wichtigen Beitrag zur Schaffung von einheitlichen Standards und eines globalen „Level Playing Field" zur Erfüllung der Sorgfaltspflicht für Unternehmen leisten.

---

[6] OECD (2018d).

[7] OECD (2018e).

[8] OECD (2018f).

[9] Französisches Gesetz (2017) Nr. 2017-399 vom 23. März 2017, veröffentlicht in Abl. Nr. 0074 vom 28. März 2017, verfügbar unter: https://www.legifrance.gouv.fr/eli/loi/2017/3/27/2017-399/jo/texte.

[10] OECD (2018a).

4.3   System der Nationalen Kontaktpunkte

Die Teilnehmerstaaten der OECD-Leitsätze für multinationale Unternehmen haben sich dazu verpflichtet, nationale Kontaktpunkte einzurichten, um die wirksame Anwendung der Leitsätze voranzubringen. Die Kontaktpunkte bilden eine einzigartige Vermittlungs- und Schlichtungsplattform bei Beschwerden wegen konkreter Verstöße gegen die Leitsätze (nähere Informationen s. Kap. 4.4 unten). Dieser integrierte Konfliktlösungsmechanismus ist ein einzigartiger Mehrwert der Leitsätze und ein wichtiges Unterscheidungsmerkmal zu anderen Instrumenten im Bereich der unternehmerischen Verantwortung. Zudem stehen die nationalen Kontaktpunkte als Diskussionsplattform für sämtliche Fragen zu den Leitsätzen zur Verfügung.

Die Mitgliedstaaten verfügen über einen gewissen Spielraum, wie sie ihre Nationalen Kontaktpunkte einrichten, solange diese den Kernkriterien der Leitsätze, d. h. Sichtbarkeit, Zugänglichkeit, Transparenz und Rechenschaftspflicht, entsprechen.[11] Derzeit sind etwa 31 Nationale Kontaktpunkte in Wirtschaftsministerien angesiedelt, fünf in Investitionsförderungsagenturen, sieben in Außenministerien, fünf sind als unabhängige Einrichtungen konzipiert.[12]

Außerdem können die Kontaktpunkte danach kategorisiert werden, ob sie aus Vertretern eines einzigen Ministeriums („Monoagency"), aus Vertretern mehrerer Ministerien („Interagency"), aus Vertretern von Ministerien, Wirtschaftsvertretern und Gewerkschaften („Tripartite") oder aus Vertretern von Ministerien, Wirtschaftsvertretern, Gewerkschaften und Nichtregierungsorganisationen („Quadripartite") bestehen. Viele Kontaktpunkte, so auch der österreichische (nähere Informationen s. Kap. 4.3.1 unten), sind in einem Ministerium angesiedelt, involvieren aber auch andere Stakeholder durch die Einrichtung von Beratungs- und Aufsichtsgremien („Monoagency Plus").[13]

Besonders wichtig ist auch die Vernetzung und die Zusammenarbeit zwischen den verschiedenen Kontaktpunkten. Im Rahmen von sogenannten Peer Learning-Aktivitäten und den halbjährlichen Treffen der Nationalen Kontaktpunkte im Rahmen der OECD gibt es einen regen Austausch zu laufenden Fällen, Promotionsaktivitäten und Fragen der Politikkohärenz. Die OECD verabschiedete auch in den Jahren 2016 und 2018 Aktionspläne zur Stärkung der Nationalen Kontaktpunkte. Dieser sehen unter anderem gegenseitige Überprüfungen der Nationalen Kontaktpunkte (sogenannte Peer Reviews) und Kapazitätsbildungsübungen vor.[14]

---

[11] OECD (2011b).

[12] OECD (2018b).

[13] OECD (2016, 2018g).

[14] OECD (2019a) Action Plan to Strengthen National Contact Points, verfügbar unter https://mneguidelines.oecd.org/action-plan-to-strengthen-ncps.htm; zur Peer Review des öNKP s. nähere Informationen in Abschn. 4.3.1.

4.3.1   Der österreichische Nationale Kontaktpunkt

Der österreichische Nationale Kontaktpunkt für die OECD-Leitsätze für multinationale Unternehmen (öNKP) ist seit 2012 als eigenständige Organisationseinheit im Bundesministerium für Digitalisierung und Wirtschaftsstandort eingerichtet. Er steht allen Stakeholdern jederzeit für Anfragen zu den Themen verantwortungsvolles Unternehmertum und den Leitsätzen zur Verfügung. Der öNKP veranstaltet drei bis vier Diskussionsforen und Expertengespräche pro Jahr und stellt relevantes Informationsmaterial zur Verfügung.[15]

Im Zusammenhang mit der Funktion als Mediations- und Schlichtungsplattform wurden seit seiner Einrichtung insgesamt fünf Fälle[16] an den öNKP herangetragen. Um potenziellen Beschwerdeführern das Einbringen von Beschwerden zu erleichtern, stellt der öNKP ein Formular zur Einreichung von Beschwerden auf seiner Website bereit.[17]

Zur Unterstützung des öNKP ist ein Lenkungsausschuss mit Vertretern anderer Bundesministerien, der Sozialpartner und Interessenvertretern, einem Vertreter aus der Zivilgesellschaft sowie einem Experten mit Kenntnissen in einvernehmlicher, außergerichtlicher Streitschlichtung, eingerichtet. Der Austausch und die Kooperation mit den unterschiedlichen Gruppen von Stakeholdern ist eine der zentralen Aufgaben des öNKP.

Im Zeitraum 2017/2018 wurde der öNKP erstmals einer Peer Review durch ein OECD-Prüfteam unterzogen. Während eines zweitägigen Vor-Ort-Besuchs im Dezember 2017 wurden der öNKP und seine Stakeholder zur Funktion und Arbeitsweise des öNKP eingehend befragt. Ziel der Peer Review ist die Überprüfung der Einhaltung der Kernkriterien der OECD-Leitsätze, konkret betreffend Sichtbarkeit, Zugänglichkeit, Transparenz und Rechenschaftspflicht. Der Prüfbericht mit den verschiedenen Empfehlungen an den öNKP wurde 2019 veröffentlicht.

4.4   Beschwerdeverfahren vor den Nationalen Kontaktpunkten

Betroffene können wegen eines behaupteten Verstoßes eines Unternehmens (OECD 2019g) gegen die Bestimmungen der Leitsätze eine Beschwerde beim jeweils zuständigen Nationalen Kontaktpunkt erheben. In der Regel ist jener Nationale Kontaktpunkt zur Behandlung einer Beschwerde zuständig, in dessen Land der angebliche Verstoß

---

[15]Österreichischer Nationaler Kontaktpunkt (öNKP) (2019c). Webseite des öNKP: https://www.bmdw.gv.at/Themen/International/OECD-Leitsaetze-multinationale-Unternehmen-OeNKP.html; Kontakt-E-Mail: NCP-Austria@bmdw.gv.at.

[16]Nähere Informationen zu auf OECD-Ebene abgehandelten Fälle finden sich unter Kap. 5 unten.

[17]Österreichischer Nationaler Kontaktpunkt (öNKP) (2019a) die Formulare in deutscher, englischer und französischer Sprache sind unter folgendem Link verfügbar: https://www.bmdw.gv.at/Aussenwirtschaft/oesterreichswirtschaftsbeziehungen/gegengeschaefte/Documents/Template_Besonderer_Fall_Deutsch_29112017.pdf.

gegen die Leitsätze stattgefunden hat. Wenn es dort keinen Nationalen Kontaktpunkt gibt, ist jener Nationale Kontaktpunkt für das Verfahren verantwortlich, in dessen Land das betreffende Unternehmen seinen firmenrechtlichen Hauptsitz hat.

Die Behandlung einer Beschwerde erfolgt in Übereinstimmung mit den Verfahrenstechnischen Anleitungen der OECD-Leitsätze für multinationale Unternehmen.[18] Diese lassen den Nationalen Kontaktpunkten relativ viel Spielraum, wie die Verfahren geführt werden sollen, weshalb die meisten Kontaktpunkte eigene Verfahrensregeln publiziert haben.[19]

Gemäß den Verfahrenstechnischen Anleitungen soll ein Nationaler Kontaktpunkt im Rahmen einer ersten Evaluierung innerhalb von drei Monaten darüber entscheiden, ob die aufgeworfenen Fragen eine eingehendere Prüfung rechtfertigen. In zeitlicher Hinsicht soll sich der Kontaktpunkt darum bemühen, das Verfahren innerhalb von zwölf Monaten abzuschließen. Dieser Zeitrahmen kann unter bestimmten Umständen verlängert werden.[20] In der Praxis zeigt sich, dass viele Verfahren aufgrund ihrer komplexen Inhalte und der Tatsache, dass sie sich vielfach in Nichtteilnehmerstaaten mit erschwerten Kommunikationswegen abspielen, weit über den Zeitrahmen von einem Jahr hinaus andauern.

Die Verfahrenstechnischen Anleitungen führen auch aus, dass die Kontaktpunkte soweit wie möglich transparent[21] agieren sollen, bei der Behandlung von besonderen Fällen jedoch Schritte zur Wahrung der Vertraulichkeit setzen sollen.[22] Viele Kontaktpunkte haben in ihren Geschäftsordnungen die Bestimmungen zu Transparenz und Vertraulichkeit weiter konkretisiert.

Ziel eines Verfahrens ist es, eine für beide Parteien zufriedenstellende Lösung für die Zukunft zu finden. Im Vordergrund steht in der Regel, einen längerfristigen Dialog zu schaffen und nicht Strafen für die Vergangenheit zu verhängen.

Wenn auch die Verfahrensteilnahme zumeist freiwillig ist, kann eine Nichtteilnahme an einem Verfahren Sanktionen nach sich ziehen. In Kanada und in Deutschland kann etwa die Ablehnung der Teilnahme an Verfahren vor den jeweiligen Nationalen Kontaktpunkten zu einer Nichtgewährung von Instrumenten der Außenwirtschaftsförderung führen.[23] In Österreich müssen Unternehmen bei einem Antrag auf Exportgarantien bei der österreichischen Kontrollbank bestätigen, dass sie die OECD-Leitsätze zur Kenntnis genommen haben und bestrebt sind, diese bestmöglich bei ihren Auslandsaktivitäten zu berücksichtigen.[24]

---

[18] OECD (2011b).

[19] Österreichischer Nationaler Kontaktpunkt (öNKP) (2017). Die Verfahrensbestimmungen des öNKP sind unter folgendem Link verfügbar: https://www.bmdw.gv.at/Aussenwirtschaft/oesterreichs-wirtschaftsbeziehungen/gegengeschaefte/Documents/Geschäftsordnung_des_öNKP_29112017.pdf.

[20] OECD (2011d).

[21] Siehe dazu auch das Kernkriterium der Leitsätze zum Thema Transparenz.

[22] OECD (2011e).

[23] Auswärtiges Amt (2017).

[24] OekB (2019). Siehe dazu etwa das Antragsformular für Exportgarantien der OeKB: https://www.oekb.at/dam/jcr:41334f0f-a9b6-4b80-93c9-9e9020798aa6/OeKB-Exportgarantie-G4-Antrag.doc.

4.4.1   Fälle vor den OECD-Kontaktpunkten

Insgesamt wurden auf OECD-Ebene seit dem Jahr 2000 etwa 450 Fälle,[25] sogenannte besondere Fälle („specific instances"), an die verschiedenen Kontaktpunkte herangetragen. Die Fälle betrafen Tätigkeiten von Unternehmen in über 100 Staaten. Mehr als die Hälfte davon ergingen zum Kapitel Beschäftigung und Beziehungen zwischen den Sozialpartnern (55 %), gefolgt von Menschenrechtsthemen (30 %) und Umweltfragen (20 %). Seitdem im Jahr 2011 das Kapitel zu Menschenrechten in die Leitsätze integriert wurde, betreffen mehr als die Hälfte der besonderen Fälle (56 %) Menschenrechtsthemen.[26]

Ungefähr ein Drittel der seit dem Jahr 2000 eingereichten Fälle beschäftigten sich mit der verarbeitenden Industrie. Derzeit werden vermehrt Fälle im Finanzsektor gemeldet. Ungefähr ein Fünftel aller zwischen 2014 und 2017 neu eingebrachten Fälle betreffen den Finanzsektor. Gewerkschaften und die Zivilgesellschaft sind traditionell die Hauptbeschwerdeführer vor den Kontaktpunkten. Gemeinsam sind jene für die Einreichung von 82 % aller Fälle seit dem Jahr 2000 federführend. Zwischen 2011 und 2017 hat die Hälfte der angenommenen Fälle zu einer Form der Einigung zwischen den Verfahrensparteien geführt. In 37 % der Fälle kam es zu einer Änderung der Unternehmenspolitiken des betroffenen Unternehmens.[27]

4.4.2   Konkrete aktuelle Fallbeispiele

Vor dem öNKP konnte 2017 eine Einigung in einem Fall im Zusammenhang mit dem Bau des Xayaburi-Staudamm-Projektes in Laos erzielt werden. Gegenstand der Beschwerde war eine mögliche Verletzung der OECD-Leitsätze für multinationale Unternehmen hinsichtlich Menschenrechte und Umweltstandards. Nach Vermittlung durch den öNKP verpflichtete sich die ANDRITZ HYDRO GmbH, die als Turbinenlieferant in das Projekt involviert war, in seinen Sorgfaltsvorkehrungen für zukünftige Projekte und in seinen Unternehmenspolitiken verstärkt internationale Standards, wie die OECD-Leitsätze für multinationale Unternehmen, zu berücksichtigen. Auch sah die Einigung ein verstärktes Bemühen der Parteien für eine Verbesserung der Situation der lokalen Bevölkerung am Mekong vor. Dem Best Practice innerhalb der OECD entsprechend, wurde ein einjähriges Follow-up mit Fortsetzung der Gespräche der Verfahrensparteien vereinbart.[28]

---

[25] OECD (2019d). Unter dem nachstehenden Link können alle bislang vor den Nationalen Kontaktpunkten abgeschlossenen Fälle eingesehen werden: http://mneguidelines.oecd.org/database/.

[26] OECD (2019c). Cases handled by the National Contact Points for the OECD Guidelines for Multinational Enterprises.

[27] OECD (2019c). Cases handled by the National Contact Points for the OECD Guidelines for Multinational Enterprises.

[28] OECD (2019b) und auf Österreichischer Nationaler Kontaktpunkt (2019b). Nähere Informationen unter: https://www.bmdw.gv.at/Themen/International/OECD-Leitsaetze-multinationale-Unternehmen-OeNKP/Einigung-im-Xayaburi-Laos-Staudamm-Beschwerdefall.html

Ein bekannter Fall aus der jüngsten Vergangenheit betraf eine Beschwerde wegen Menschenrechtsverstößen im Zusammenhang mit den Arbeitsbedingungen von Wanderarbeitnehmern beim Bau der Fußballstadien für die FIFA Weltmeisterschaft 2022 in Katar. In der zwischen den Verfahrensparteien erzielten Einigung wurde ein detaillierter Aktionsplan zur Gewährleistung von angemessenen und sicheren Arbeitsbedingungen entwickelt. Als Folge des Mediationsverfahrens hat sich die FIFA verpflichtet, Menschenrechtskriterien bei der Beurteilung von Vergaben zukünftiger Weltmeisterschaften (ab 2026) zu berücksichtigen.[29] Der Fall gegen die FIFA zeigt, dass die Beschwerdegegner sehr unterschiedlich sein können und auch Sportvereinigungen in Betracht kommen.

Ein weiterer im Jahr 2017 abgeschlossener Fall betraf einen Arbeitskonflikt bei einer Tochtergesellschaft von Heineken in der Demokratischen Republik Kongo. In der Beschwerde wurde die ungerechtfertigte Entlassung von 168 ehemaligen Arbeitnehmern und Arbeitnehmerinnen zwischen 1999 und 2000 geltend gemacht. Das vor dem niederländischen Nationalen Kontaktpunkt abgehaltene Mediationsverfahren führte – nach 17 Jahren erfolgloser Bemühungen auf anderen Wegen – schließlich zu einer signifikanten Kompensationszahlung für die entlassenen Arbeitnehmer und Arbeitnehmerinnen. Als Ergebnis des Verfahrens hat Heineken auch zugesagt, neue Unternehmenspolitiken für Tätigkeiten in volatilen und von Konflikten betroffenen Regionen zu entwerfen.[30]

Die oben beschriebenen Fälle zeugen von beachtlichen Ergebnissen. Änderungen von Unternehmenspolitiken, die Verbesserung von Due-Diligence-Vorkehrungen sowie auch Kompensationszahlungen sind Resultate, mit denen die Fälle vor den Kontaktpunkten zu wesentlichen Errungenschaften und Verbesserungen für die Zukunft beitragen.

4.5   Fazit und Schlussfolgerungen

Dieser Beitrag versucht, einen Überblick über die breiten Anwendungsfelder der OECD-Leitsätze für multinationale Unternehmen, besonders hinsichtlich der Sorgfaltspflicht und der Verfahren vor den Nationalen Kontaktpunkten zu geben.

Eine der Herausforderungen und Ziele in der Zukunft wird es sein, den Bekanntheitsgrad der Leitsätze weiter zu erhöhen. Aktuelle Umfragen auf OECD-Ebene haben erge-

---

[29] SECO 2019b; OECD 2019b. Nähere Informationen unter: https://www.seco.admin.ch/seco/de/home/Aussenwirtschaftspolitik_Wirtschaftliche_Zusammenarbeit/Wirtschaftsbeziehungen/NKP/Statements_zu_konkreten_Faellen.html und http://mneguidelines.oecd.org/database/instances/ch0013.htm.

[30] OECD (2019f) und auf Ministry of Foreign Affairs (2019). Nähere Informationen siehe: http://mneguidelines.oecd.org/database/instances/nl0027.htm und https://www.oecdguidelines.nl/notifications/documents/publication/2017/08/18/final-statement-notification-bralima-vs-heineken.

ben, dass der Bekanntheitsgrad der OECD-Leitsätze – besonders bei KMU – noch größer werden sollte.[31]

Die Leitsätze und die Leitfäden zur Sorgfaltspflicht bieten Unternehmen jeder Größenordnung einen wichtigen Orientierungspunkt zur Implementierung von Standards zur unternehmerischen Verantwortung in die eigene Geschäftstätigkeit und in die Lieferkette. Wie dieser Beitrag aufzeigt, ist die Vornahme von Sorgfaltspflichtvorkehrungen für alle Unternehmen, einschließlich der KMU essenziell. Denn verantwortungsvolles unternehmerisches Handeln ist nicht mehr freiwillig im Sinne von optional, auch wenn Standards wie die OECD-Leitsätze für multinationale Unternehmen rechtlich nicht verbindlich sind.[32]

Unternehmerische Verantwortung ist auch eine Chance, die zur Verbesserung der internationalen Wettbewerbsfähigkeit der jeweiligen Unternehmen beitragen kann. Der öNKP steht jederzeit als Ansprechpartner zur Unterstützung der Unternehmen bei der Wahrung ihrer Verantwortung im internationalen Geschäftsverkehr zur Verfügung.

Literatur

Auswärtiges Amt. (2017). Nationaler Aktionsplan. Umsetzung der VN-Leitprinzipien für Wirtschaft und Menschenrechte, S. 18. https://www.auswaertiges-amt.de/blob/297434/8d6ab29982767d5 a31d2e85464461565/nap-wirtschaft-menschenrechte-data.pdf. Zugegriffen am 12.02.2019.

Französisches Gesetz. (2017). Gesetz Nr. 2017-399 vom 23.03.2017, veröffentlicht in Abl. Nr. 0074 vom 28.03.2017. https://www.legifrance.gouv.fr/eli/loi/2017/3/27/2017-399/jo/texte. Zugegriffen am 12.02.2019.

Ministry of Foreign Affairs. (2019). Final statement specific instance former employees Bralima vs. Bralima and Heineken. https://www.oecdguidelines.nl/notifications/documents/publication/ 2017/08/18/final-statement-notification-bralima-vs-heineken. Zugegriffen am 12.02.2019.

Nieuwenkamp, R. (2018). Responsible FDI is no longer optional, Columbia FDI Perspectives. http:// ccsi.columbia.edu/files/2016/10/No-220-Nieuwenkamp-FINAL.pdf. Zugegriffen am 12.02.2019.

OECD. (2011a). OECD due diligence guidance for responsible business conduct. http://mneguide-lines.oecd.org/duediligence. Zugegriffen am 12.02.2019.

OECD. (2011b). OECD-Leitsätze für multinationale Unternehmen, Neufassung, Verfahrenstechnische Anleitungen, S. 81. https://mneguidelines.oecd.org/48808708.pdf. Zugegriffen am 12.02.2019.

OECD. (2011d). OECD-Leitsätze für multinationale Unternehmen, Neufassung, Verfahrenstechnische Anleitungen, S. 82, 98–99. https://mneguidelines.oecd.org/48808708.pdf. Zugegriffen am 12.02.2019.

OECD. (2011e). OECD-Leitsätze für multinationale Unternehmen, Neufassung, Verfahrenstechnische Anleitungen, S. 82, 89–90. https://mneguidelines.oecd.org/48808708.pdf. Zugegriffen am 12.02.2019.

OECD. (2011f). OECD-Leitsätze für multinationale Unternehmen, Neufassung, S. 3 ff. https://mne-guidelines.oecd.org/48808708.pdf. Zugegriffen am 12.02.2019.

OECD. (2016). Implementing the OECD guidelines for multinational enterprises: The National Contact Points from 2000 to 2015, S. 68–69. https://mneguidelines.oecd.org/oecd-report-15-ye-ars-national-contact-points.pdf. Zugegriffen am 12.02.2019.

---

[31] SECO (2019a)

[32] *Nieuwenkamp* (2018).

OECD. (2018). OECD-Leitsätze für multinationale Unternehmen, Neufassung, II. Allgemeine Grundsätze, Erläuterungen, Punkt 14–15. https://mneguidelines.oecd.org/48808708.pdf. Zugegriffen am 12.02.2019.

OECD. (2018a). Annual report on the OECD guidelines for multinational enterprises 2017, S. 9. https://mneguidelines.oecd.org/2017-Annual-Report-MNE-Guidelines-EN.pdf. Zugegriffen am 12.02.2019.

OECD. (2018b). Annual report on the OECD guidelines for multinational enterprises 2017, S. 27–28. https://mneguidelines.oecd.org/2017-Annual-Report-MNE-Guidelines-EN.pdf. Zugegriffen am 12.02.2019.

OECD. (2018c). OECD due diligence guidance for responsible business conduct, S. 3 ff. http://mneguidelines.oecd.org/OECD-Due-Diligence-Guidance-for-Responsible-Business-Conduct.pdf. Zugegriffen am 12.02.2019.

OECD. (2018d). OECD due diligence guidance for responsible business conduct, S. 21–46. http://mneguidelines.oecd.org/OECD-Due-Diligence-Guidance-for-Responsible-Business-Conduct.pdf. Zugegriffen am 12.02.2019.

OECD. (2018e). OECD due diligence guidance for responsible business conduct, S. 46. http://mneguidelines.oecd.org/OECD-Due-Diligence-Guidance-for-Responsible-Business-Conduct.pdf. Zugegriffen am 12.02.2019.

OECD. (2018f). OECD due diligence guidance for responsible business conduct, S. 30–46. http://mneguidelines.oecd.org/OECD-Due-Diligence-Guidance-for-Responsible-Business-Conduct.pdf. Zugegriffen am 12.02.2019.

OECD. (2018g). Structures and procedures of National Contact Points for the OECD guidelines for multinational enterprises, S. 10. https://mneguidelines.oecd.org/Structures-and-procedures-of-NCPs-for-the-OECD-guidelines-for-multinational-enterprises.pdf. Zugegriffen am 12.02.2019.

OECD. (2019a). Action plan to Strengthen National Contact Points. https://mneguidelines.oecd.org/action-plan-to-strengthen-ncps.htm. Zugegriffen am 12.02.2019.

OECD. (2019b). Andritz Hydro GmbH and Finance and Trade Watch Austria. http://mneguidelines.oecd.org/database/instances/at0005.htm. Zugegriffen am 12.02.2019.

OECD. (2019c). Cases handled by the National Contact Points for the OECD guidelines for multinational enterprises. http://mneguidelines.oecd.org/Flyer-OECD-National-Contact-Points.pdf. Zugegriffen am 12.02.2019.

OECD. (2019d). Database of specific instances. http://mneguidelines.oecd.org/database. Zugegriffen am 12.02.2019.

OECD. (2019e). Fédération Internationale de Football Association (FIFA) and Building and Wood Workers' International (BWI). http://mneguidelines.oecd.org/database/instances/ch0013.htm. Zugegriffen am 12.02.2019.

OECD. (2019f). Heineken, Bralima and former employees of Bralima. http://mneguidelines.oecd.org/database/instances/nl0027.htm. Zugegriffen am 12.02.2019.

OECD. (2019g). OECD Guidelines for Multinational Enterprises National Contact Point Peer Reviews: Austria. https://mneguidelines.oecd.org/ncppeerreviews.htm. Zugegriffen am 12.02.2019.

OeKB. (2019). Antragsformular für Exportgarantien. https://www.oekb.at/dam/jcr:41334f0f-a9b6-4b80-93c9-9e9020798aa6/OeKB-Exportgarantie-G4-Antrag.doc. Zugegriffen am 12.02.2019.

Österreichischer Nationaler Kontaktpunkt (öNKP). (2017). Die Verfahrensbestimmungen des öNKP. https://www.bmdw.gv.at/Themen/International/OECD-Leitsaetze-multinationale-Unternehmen-OeNKP/Beschwerdeverfahren-oeNKP.html. Zugegriffen am 12.02.2019.

Österreichischer Nationaler Kontaktpunkt (öNKP). (2019a). Formular zur Einreichung einer Beschwerde (Deutsch, Englisch, Französisch). https://www.bmdw.gv.at/Themen/International/OECD-Leitsaetze-multinationale-Unternehmen-OeNKP/Beschwerdeverfahren-oeNKP.html. Zugegriffen am 12.02.2019.

Österreichischer Nationaler Kontaktpunkt (öNKP). (2019b). Einigung im Xayaburi/Laos-Staudamm Beschwerdefall. https://www.bmdw.gv.at/Themen/International/OECD-Leitsaetze-multinatio-nale-Unternehmen-OeNKP/Einigung-im-Xayaburi---Laos-Staudamm-Beschwerdefall.html. Zugegriffen am 12.02.2019.

Österreichischer Nationaler Kontaktpunkt (öNKP). (2019c). https://www.bmdw.gv.at/Themen/Interna-tional/OECD-Leitsaetze-multinationale-Unternehmen-OeNKP.html. Zugegriffen am 12.02.2019.

Schekulin, M. (2018). An appraisal of the guidelines success. In *40 years of the OECD guidelines for multinational enterprises* (S. 27). Paris: Editions A. Pedone.

SECO. (2019a). Third BIAC survey of member companies' experiences with NCPs and specific in-stances. http://biac.org/wp-content/uploads/2015/06/FIN-15-06-BIAC-NCP-Survey-Discussion-Paper1.pdf; Studie im Auftrag des Staatssekretariats für Wirtschaft SECO & der Direktion für Entwicklung und Zusammenarbeit DEZA. https://www.seco.admin.ch/seco/de/home/Aussen-wirtschaftspolitik_Wirtschaftliche_Zusammenarbeit/Wirtschaftsbeziehungen/NKP.html. Zuge-griffen am 12.02.2019.

SECO. (2019b). Statements zu konkreten Fällen. https://www.seco.admin.ch/seco/de/home/Aus-senwirtschaftspolitik_Wirtschaftliche_Zusammenarbeit/Wirtschaftsbeziehungen/NKP/State-ments_zu_konkreten_Faellen.html. Zugegriffen am 12.02.2019.

MMag. Iris Hammerschmid leitete bis 2018 den österreichischen Nationalen Kontaktpunt für die OECD-Leitsätze für multinationale Unternehmen im Bundesministerium für Digitalisierung und Wirt-schaftsstandort. In dieser Funktion betreute sie unter anderem den Abschluss und das Follow-up im Beschwerdeverfahren Xayaburi/Laos-Staudamm. Zudem begleitete sie den 2017/2018 durchge-führten OECD Peer Review des öNKP. Davor war sie als wissen-schaftliche Mitarbeiterin am Verwaltungsgerichtshof tätig. Sie beschäftigte sich in ihrem bisherigen Werdegang besonders mit völ-kerrechtlichen und öffentlich-rechtlichen Fragestellungen. Derzeit ist sie als Associate bei Freshfields Bruckhaus Deringer LLP tätig. Frau Hammerschmid absolvierte das Studium der Internationalen Betriebswirtschaftslehre an der Wirtschaftsuniversität Wien sowie Studien der Rechtswissenschaften an der Universität Wien und an der Columbia University.

Corporate Social Responsibility – institutionelle Rahmenbedingungen und deren Auswirkungen auf KMU

5

Daniela Knieling

Zusammenfassung

Um nachhaltige Entwicklung auf globaler Ebene voranzutreiben, ist eine Anpassung der institutionellen Rahmenbedingungen auf regionaler, nationaler und internationaler Ebene an aktuelle und zukünftige Herausforderungen erforderlich. Die gleichrangige Berücksichtigung sozialer, ökologischer und wirtschaftlicher Ziele in politischen Entscheidungsprozessen kann als Schlüsselfaktor für die erfolgreiche Implementierung nachhaltiger Entwicklung angesehen werden, wobei institutionelle Rahmenbedingungen Einfluss auf die thematische Weiterentwicklung des Konzeptes Corporate Social Responsibility (CSR) haben. Hinsichtlich des österreichischen Beitrags zur Erreichung der global gültigen Nachhaltigkeitsziele der Vereinten Nationen, spielen KMU als Rückgrat des Wirtschaftsstandorts Österreich eine zentrale Rolle, die es anerkennend zu fördern gilt.

5.1 Einleitung

Kleine und mittelständische Unternehmen (KMU) bilden das Gros der österreichischen Wirtschaft. Für eine prosperierende Weiterentwicklung ist eine Orientierung an zukünftigen Herausforderungen und Trends unumgänglich. Wirtschaftliche Lösungen zu finden, um mit globalen Megatrends wie etwa Klimawandel, Digitalisierung oder Migration umgehen zu können, ist auch auf der Ebene der klein- und mittelständischen Unternehmen gefragt. Sich dabei an den global gültigen Zielen für nachhaltige Entwicklung der Vereinten Nationen (Sustainable Development Goals oder kurz: SDGs) zu orientieren, ist ein strategischer Vorteil und eine Investition in die Zukunft der Unternehmen.

D. Knieling (✉)
respACT, Wien, Österreich
E-Mail: d.knieling@respact.at

Gewisse Aspekte der Nachhaltigkeit sind gerade bei KMU seit jeher wichtiger Bestandteil des Handelns. KMU sind beispielsweise häufig lokal stark verankert. Somit tragen sie sowohl als Arbeitgeber und Arbeitgeberinnen als auch als Produzenten und Produzentinnen zur regionalen Wertschöpfung bei. In einem weiteren Schritt gilt es, das Bewusstsein für Nachhaltigkeit zu schärfen und bereits bestehende Maßnahmen nach außen zu kommunizieren, um gemeinsam eine nachhaltige Entwicklung in Österreichs Wirtschaft voranzutreiben. Hierfür bedarf es einerseits politischer Unterstützung, aber auch einer partnerschaftlichen Vorgehensweise von KMU, die das Rückgrat der österreichischen Wirtschaft darstellen.

Sowohl das ökonomische als auch das innovative Potenzial, das KMU bieten, wird auf politischer Ebene bereits zunehmend kommuniziert. Zu forcieren ist zukünftig jedoch die Sensibilisierung politischer Entscheidungsträger und – trägerinnen für die Rolle der KMU als Treiber einer nachhaltigen Entwicklung. respACT als Österreichs führende Unternehmensplattform für nachhaltiges Wirtschaften versammelt bereits jetzt rund 300 Unternehmen in seinem Mitgliederkreis, deren unternehmerische Strategien von einem umfassenden Nachhaltigkeitsverständnis geprägt sind, und stellt diese, beispielsweise im Rahmen der TRIGOS Auszeichnung, einer breiteren Öffentlichkeit vor. Die Struktur des Vereins, wie sie heute besteht, geht auf zwei Entwicklungsstränge zurück. Zum einen wurde 1997, auf Initiative des damaligen Umweltministers Martin Bartenstein und der Industriellenvereinigung, das AUSTRIAN BUSINESS COUNCIL FOR SUSTAINABLE DEVELOPMENT (ABCSD) – mit bereits rund 50 Vertretern und Vertreterinnen der Wirtschaft – gegründet. Parallel dazu riefen die Industriellenvereinigung, die Wirtschaftskammer und das BMWA (Bundesministerium für Wirtschaft und Arbeit) die INITIATIVE CSR AUSTRIA im Jahr 2003 ins Leben, aus der 2005 der Verein respACT Austria hervorging. Im Jahr 2007 kam es dann zu einer Verschmelzung der beiden Stränge und der Verein „respACT – austrian business council for sustainable development" entstand.

Für eine breitere Nachhaltigkeitsbewegung in KMU sind starke Partnerschaften notwendig, um für das Thema zu mobilisieren. Dieser Beitrag soll aufzeigen, was die Unternehmensplattform respACT zur Förderung von verantwortungsvoller Unternehmensführung im österreichischen Mittelstand leistet. Ausgehend von politischen Rahmenbedingungen wird darauf eingegangen, welche Inhalte Corporate Social Responsibility (CSR) heute prägen. Abschließend wird eine Vision des nachhaltigen Unternehmertums in Österreich dargelegt. Deren Grundpfeiler sind die Sustainable Development Goals sowie die partnerschaftliche Zusammenarbeit zwischen als auch innerhalb von Branchen.

5.2 Politische Rahmenbedingungen im Bereich CSR und deren Umsetzung in Österreich

Um nachhaltige Entwicklung auf globaler Ebene voranzutreiben, ist eine Anpassung der institutionellen Rahmenbedingungen auf regionaler, nationaler und internationaler Ebene an aktuelle und zukünftige Herausforderungen erforderlich. Die gleichrangige Berücksichtigung sozialer, ökologischer und wirtschaftlicher Ziele in politischen Entscheidungsprozessen kann als Schlüsselfaktor für die erfolgreiche Implementierung nachhaltiger Entwicklung gesehen werden.

Die Vereinten Nationen spielen seit mehreren Jahrzehnten eine wesentliche Rolle in der Vorgabe diesbezüglicher Rahmenbedingungen. Ausgehend von der UN-Konferenz zur Umwelt des Menschen im Jahr 1972 wurden die Rahmenwerke der Vereinten Nationen stetig weiterentwickelt, was 2015 zur Verabschiedung des Klimaabkommens von Paris sowie der Agenda 2030 mitsamt den Sustainable Development Goals führte.

Parallel dazu wurde auch auf europäischer Ebene die Umsetzung von Nachhaltigkeits-agenden vorangetrieben. 2001 verabschiedete die EU eine Strategie für nachhaltige Entwicklung, deren Überarbeitung 2006 folgte und zu deren Umsetzung die EU-Mitgliedstaaten verpflichtet sind. Im Juli 2016 erschien ein Empfehlungsdokument zur nachhaltigeren Ausrichtung der EU-Politik (Falkenberg 2016). Trotz Beschlüssen im EU-Umweltministerrat (2012) und einer Resolution im Europäischen Parlament (2016) fehlt bis dato eine umfassende Überarbeitung der Strategie. Zur Überwachung der Fortschritte publiziert EUROSTAT alle zwei Jahre einen Bericht,[1] dessen Indikatoren sich an den SDGs orientieren (BMNT 2017). Dennoch sind einzelne Initiativen hervorzuheben, die eine Grundlage für die Erarbeitung einer Gesamtstrategie darstellen können. Erwähnenswert ist an dieser Stelle der „SDG-Aktionsplan 2019+" (BMNT 2019), insbesondere hinsichtlich darin enthaltenen SDG-Fitness Check sowie die Ex-ante-SDG-Verträglichkeitsprüfung. Ebenfalls positiv hervorzuheben ist die #mission2030 (BMNT, BMVIT 2018), die eine gute Grundlage für eine ambitionierte Klimastrategie darstellt sowie die Außenwirtschaftsstrategie von BMDW, BMEIA und Wirtschaftskammer, in der den SDG eine wichtige Rolle zukommt (BMDW, BMEIA, WKO 2018).

Betrachtet man die Genese von Corporate Social Responsibility auf europäischer Ebene, so wurde der Begriff von der Europäischen Kommission erstmals 2001 wie folgt definiert: *„CSR ist ein Konzept, das den Unternehmen als Grundlage dient, auf freiwilliger Basis soziale Belange und Umweltbelange in ihre Unternehmenstätigkeit und in die Wechselbeziehungen mit den Stakeholdern zu integrieren"* (Europäische Kommission 2001). Aufbauend auf früheren Mitteilungen der Europäischen Kommission (2002 und 2006) wurde im Oktober 2011 eine neue Mitteilung veröffentlicht, welche unter anderem einen Aktionsplan sowie eine breitere Definition von CSR enthielt, wonach CSR *„die Verantwortung von Unternehmen für ihre Auswirkungen auf die Gesellschaft"* (Europäische Kommission 2011) ist. In den folgenden Unterkapiteln wird nun auf die Umsetzung internationaler Rahmenbedingungen auf nationaler Ebene eingegangen.

5.2.1 Der Nationale Aktionsplan

Unter Beteiligung einer ministeriellen Arbeitsgruppe[2] wurde im Rahmen des Arbeitsprogramms der Österreichischen Nachhaltigkeitsstrategie (ÖSTRAT) 2011 die Erstellung eines

---

[1] EUROSTAT, http://ec.europa.eu/eurostat/web/circular-economy/indicators/monitoring-framework.

[2] Bestehend aus Vertretern und Vertreterinnen des Bundesministeriums für Arbeit, Soziales und KonsumentInnenschutz (BMASK), des Bundesministeriums für Land- und Forstwirtschaft, Umwelt und Wasserwirtschaft (BMLFUW) sowie des Bundesministeriums für Wirtschaft, Familie und Jugend (BMWFJ).

nationalen Aktionsplans zur CSR beschlossen. Damit kam die Bundesregierung dem Aufruf der Europäischen Kommission nach, bis Mitte 2012 einen Plan mitsamt Maßnahmenkatalog zur Förderung von CSR zu entwerfen, um die Strategie Europa 2020[3] zu unterstützen.

In diesem Kontext rief respACT gemeinsam mit einer Gruppe von CSR-Experten und -Expertinnen den CSR-Dialog ins Leben. In diesem offenen Stakeholderdialog wurde die Umsetzung des CSR-Aktionsplans bearbeitet um so zur ministeriellen Planerstellung beizutragen. Durch die Tätigkeit von respACT waren zahlreiche respACT-Mitgliedsunternehmen aktiv in die Erarbeitung des CSR-Dialogs involviert, was schlussendlich zu einer öffentlichen respACT-Stellungnahme zum CSR-Aktionsplan führte. Der erste Entwurf des nationalen Aktionsplans (NAP CSR) lag bereits im Mai 2013 vor, konnte jedoch aufgrund damaliger politischer Entwicklungen bis dato nicht verabschiedet werden.

5.2.2 Die nationale Umsetzung der EU-Richtlinie zur Offenlegung nicht-finanzieller Informationen

Zur Förderung unternehmerischer Nachhaltigkeit wurde 2014 die EU-Richtlinie zur Offenlegung nicht-finanzieller und Diversität betreffender Informationen (2014/95/EU 2014, bzw „NFI-Richtlinie") beschlossen und als Nachhaltigkeits- und Diversitätsverbesserungs-Gesetz (NaDiVeG) in österreichisches Recht gegossen. Das NaDiVeG trat mit Dezember 2016 in Kraft. An der Umsetzung dieser EU-Richtlinie in nationales Recht war respACT beteiligt, indem sich der Verein aktiv in der vom Justizministerium initiierten Arbeitsgruppe zur nationalen Umsetzung der EU-Richtlinie einbrachte. Basierend auf der umfassenden Expertise des Unternehmensnetzwerkes wurde in einer Stellungnahme bereits ausdrücklich darauf hingewiesen, dass *„angesichts globaler Herausforderungen wie Klimaveränderungen und Ressourcenknappheit, (...) verantwortungsvolles Wirtschaften nicht nur weiter an Bedeutung gewinnen, sondern entscheidend für die Wettbewerbsfähigkeit der europäischen Wirtschaft sein [wird]"* (respACT 2014b).

5.2.3 Die Sustainable Development Goals – der globale Zielrahmen für nachhaltige Entwicklung

Als weiterer Meilenstein nachhaltiger Entwicklung wurden im Herbst 2015 die Sustainable Development Goals der Vereinten Nationen verabschiedet, welche den ersten weltweit gültigen Zielrahmen für Nachhaltigkeit darstellen. Die Integration der UN-Nachhaltigkeitsziele in unternehmerische Managementansätze ist aktuell von großer Bedeutung. Österreich hat sich dazu bekannt, über die Fortschritte zur Erreichung der Sustainable Development Goals Bericht zu erstatten, wobei die Vertragsstaaten dazu aufgerufen sind,

---

[3] „Europa 2020" – die Wachstumsstrategie für die EU: https://www.bundeskanzleramt.gv.at/wachstumsstrategie-europa-2020.

in Kooperation mit relevanten Stakeholdern Strategien, Programme und gegebenenfalls Aktionspläne zur Erreichung der Sustainable Development Goals umzusetzen. Unter der Leitung des Bundeskanzleramts sowie des Bundesministeriums für Europa, Integration und Äußeres wurde eine Arbeitsgruppe bestehend aus Vertretern und Vertreterinnen verschiedener Ministerien gegründet, um den sanktionsfreien Auftrag der Vereinten Nationen zu diskutieren und Defizite in den verschiedenen Umsetzungsbereichen zu eruieren. Dieser Prozess fand seine Fortsetzung im Jahr 2016 in Form der „Beiträge der Bundesministerien zur Umsetzung der Agenda 2030 für nachhaltige Entwicklung durch Österreich" (Bundeskanzleramt 2017). Inhaltlich kam es im Rahmen der SDGs im Vergleich zum Vorgängerzielrahmen (Millennium Development Goals, MDGs) zu einer deutlichen Aufwertung des Wirtschaftssektors. Entscheidender Einfluss ging diesbezüglich vom UN Global Compact aus, der gemeinsam mit der Global Reporting Initiative (GRI) und dem World Business Council for Sustainable Development (WBCSD 2015) den „SDG Compass" veröffentlichte, einen wegweisenden Leitfaden für Unternehmen zur strategischen Implementierung der SDGs. Der UN Global Compact agiert weltweit als führende Plattform nachhaltigen Wirtschaftens, wobei respACT als Koordinierungsstelle des Global Compact Netzwerkes Österreich hierzulande die Umsetzung der SDGs vorantreibt und somit als eine der ersten Organisationen in Österreich die Bedeutung und Chancen der SDGs für Unternehmen kommuniziert hat. Auch gegenwärtig setzt sich respACT für deren Umsetzung ein, wie aus der Veröffentlichung des respACT-Positionspapiers[4] im Frühjahr 2018 hervorgeht.

Kommt es zu einer Zunahme förderlicher Leitplanken nachhaltigen Wirtschaftens auf nationaler wie auch internationaler Ebene, kann dies dazu führen, dass Unternehmen, die sich bereits jetzt an den Nachhaltigkeitszielen orientieren, künftig Wettbewerbsvorteile erlangen und aktiv zur Wandlung von CSR-relevanten Themen beitragen können. Im folgenden Kapitel soll dargestellt werden, welche Auswirkungen institutionelle Entwicklungen auf die thematische Weiterentwicklung von CSR im Kontext mit KMU haben.

5.3 CSR – Weiterentwicklung der Themenfelder

Um Österreichs Wirtschaft zukunftsfit zu machen, ist ein Zusammenwirken von Wirtschaft, Wissenschaft, Zivilgesellschaft und Politik unumgänglich. Es werden neue technologische Entwicklungen, gesellschaftliche Innovationen sowie neue Geschäfts- und Finanzierungsmodelle benötigt. Die herkömmliche Produktorientierung wird künftig einer starken Serviceorientierung weichen und „Take-Make-Waste-Policies" werden der Vergangenheit angehören. Im Folgenden werden zentrale gegenwärtige CSR-Themenfelder, insbesondere mit Blick auf deren Bedeutung für KMU, beleuchtet. So wird anhand des

---

[4] respACT überreichte der Bundesregierung im April 2018 ein Positionspapier. Mehr Infos dazu unter: https://www.respact.at/dl/umolJKJNlmKJqx4OooJK/respACT_-_Positionspapier_an_die_Bundesregierung_12_04_2018.pdf.

Konzepts der Kreislaufwirtschaft aufgezeigt, welche Rolle ökologische Fragestellungen, die Themen Klimawandel und Ressourcenverbrauch betreffend, spielen. Es wird beleuchtet, wie sich der Begriff der sozialen Nachhaltigkeit, ausgehend vom Fokus auf die eigenen Mitarbeiter und Mitarbeiterinnen, vermehrt auch auf die gesamte Lieferkette ausweitet. Abschließend wird die Messbarkeit des Nachhaltigkeitsmanagements thematisiert, um nachhaltiges Wirtschaften noch stärker in den Fokus politischer als auch unternehmerischer Aufmerksamkeit rücken zu können – gemäß dem viel zitierten Motto: „Was du nicht messen kannst, kannst du nicht lenken."

5.3.1 Kreislaufwirtschaft

Indem wir Kreisläufe schaffen, in denen Wiederverwendung, Wiederaufbereitung und Weiterverarbeitung von Ressourcen die Norm sind, wird eine Wirtschaft möglichst ohne Abfall, also ohne Ressourcenverschwendung, geschaffen. Langlebigkeit in Produktion und Nutzung soll stattdessen im Mittelpunkt stehen. Was in der einen Industrie als Abfall anfällt, kann in der anderen Industrie als Ressource verwendet werden, so ergeben sich interessante Zusammenhänge, die zu neuen Geschäftsmodellen und Produktinnovationen führen können.

Um diese Entwicklung zu fördern, hat die Europäische Kommission 2015 einen *Aktionsplan*[5] verabschiedet, der erste notwendige Schritte hin zu einer Kreislaufwirtschaft aufzeigt und bis zum Jahr 2050 eine nachhaltige Verwendung von Ressourcen in allen EU-Staaten anstrebt. Länder wie Großbritannien, Slowenien oder die Niederlande verfügen bereits über Modellregionen und Projekte auf staatlicher und kommunaler Ebene. 2018 verabschiedete die Kommission das sogenannte *Kreislaufwirtschaftspaket* (European Commission 2018), welches verbindliche Ziele auf EU-Ebene festlegt, die bis 2025, 2030 und 2035 zu erreichen sind. Besonders in den Bereichen Recycling und Deponierung werden Unternehmen mit ambitionierten Richtlinien konfrontiert. Auch die österreichische Bundesregierung greift in ihrem Regierungsprogramm das Konzept der Kreislaufwirtschaft auf und plant nationale sowie internationale Maßnahmen für eine innovative Rohstoffpolitik mit der Vision „Null Abfall" sowie einer Ökodesignrichtlinie (Regierungsprogramm 2017–2022).

5.3.2 Nachhaltigkeit am Arbeitsplatz

Die soziale Komponente unternehmerischer CSR spielt für den österreichischen Mittelstand ebenfalls eine zentrale Rolle. Viele Unternehmen sind sich bereits der Verantwortung gegenüber ihren Mitarbeitern und Mitarbeiterinnen sowie der Gesellschaft bewusst und setzen konkrete Maßnahmen, um das Wohlbefinden betriebsintern zu steigern und zur

---

[5] EU-Kommission, COM (2015), 614 final von 02.12.2015.

Lösung sozialer Ungleichheiten entlang der Lieferkette beizutragen. Angelehnt an die *zehn Prinzipien des UN Global Compact* (Global Compact Österreich 2018), ist die Wahrung der *Menschenrechte* ebenso Grundvoraussetzung für verantwortungsvolles Wirtschaften wie die Einhaltung von Arbeitsnormen. Das Verbot von Zwangs- und Kinderarbeit, Möglichkeiten zur Vereinigungsfreiheit und das Recht auf Kollektivverhandlungen müssen durch Unternehmen gewährleistet werden, ebenso wie die Unterbindung jeglicher Form von Diskriminierung (Vereinte Nationen 1948). Darüber hinaus haben Unternehmen eine Vielzahl von Möglichkeiten, einen positiven Impact auf ihre Belegschaft auszuüben, beispielsweise durch Entlohnung oder auch durch ein ausgewogenes Verhältnis zwischen Arbeits- und Freizeit. Neue Familien- und Lebensmodelle, globalisierungsbedingte Internationalisierung der Arbeitnehmer und Arbeitnehmerinnen und die Einbindung von Menschen mit Behinderungen haben zu einem breiten Spektrum an Bedürfnissen in der Arbeitswelt geführt. Ausgehend von Arbeitsschutz und Arbeitnehmerrechten erarbeiten verantwortungsvolle Unternehmen unter aktivem Einbezug ihrer Belegschaft Maßnahmen zur Verbesserung der Work-Life-Balance, zur Steigerung der Diversität im Unternehmen sowie zur Umsetzung von (Weiter-)Bildungsprogrammen. Nicht nur Mitarbeiter und Mitarbeiterinnen profitieren von diesen Maßnahmen, sondern auch die Unternehmen selbst, etwa durch die langfristige Bindung von Fachkräften an das Unternehmen oder durch die Steigerung des Innovationspotenzials, mit dem eine gesteigerte Heterogenität der Belegschaft einhergeht. Nachhaltigkeit am Arbeitsplatz ist somit ein wichtiger Baustein für langfristig erfolgreiches Wirtschaften.

5.3.3 Messbarkeit und Kommunikation von unternehmerischer CSR

Eine der größten Herausforderungen für die meisten KMU stellt die Messbarkeit ihrer CSR-Aktivitäten dar. Wo unternehmerische Verantwortung anfängt, wo sie aufhört und welche Bereiche sie abdecken sollte, ist auch immer stärker Teil der öffentlichen und politischen Diskussion. Internationale Richtlinien für CSR, wie die ISO 26000, der Global Compact oder die OECD-Guidelines, spielen hier eine wichtige Rolle. Sie legen weltweit gültige Mindeststandards fest, an denen unternehmerische Verantwortung gemessen und weiterentwickelt werden kann. Unter der Leitung des Instituts für Nachhaltigkeitsmanagement der Wirtschaftsuniversität Wien wurde im Rahmen des Global Value Projekts der EU eine Plattform entwickelt, die Tools zur Messung der gesellschaftlichen und ökologischen Auswirkungen des unternehmerischen Handelns anbietet (Global Value 2017).

Über Nachhaltigkeitsziele und -leistungen zu berichten, erleichtert es dem Betrieb, seine Anspruchsgruppen zu informieren. Transparente Kommunikation bedeutet aber auch die Einbindung unterschiedlicher Anspruchsgruppen, um ihren Informationsbedürfnissen zu entsprechen. Ein reger Austausch mit Lieferanten, Lieferantinnen, Mitarbeitern, Mitarbeiterinnen, dem regionalen Umfeld, Kunden, Kundinnen sowie politischen Entscheidungsträgern und -trägerinnen stärkt die (Geschäfts-)Beziehungen und fördert intern wie extern das Bewusstsein für Nachhaltigkeit. Ernst gemeinte Nachhaltigkeitsberichterstattung fungiert als Instrument, auf das Betriebe zur Steuerung und stetigen Weiterentwicklung ihrer Nachhaltigkeitsmaßnahmen zurückgreifen. Das Reporting der Nachhaltigkeitsleistungen mitsamt den dahinterliegenden Prozessen kann als Treiber für Innovationen dienen und zu Effizienzsteigerungen führen, indem Unternehmen Möglichkeiten finden, wie Ressourcen nachhaltiger und effizienter eingesetzt werden können. Die Global Reporting Initiative (GRI) veröffentlichte 2018 gemeinsam mit UN-Environment und der Mitgliedstaaten des Group of Friends of Paragraph 47[6] die Studie „Empowering Small Businesses" über nötige Richtlinien, welche die Transparenz in KMU sowohl fördern als auch ermöglichen. Politische Richtlinien, Leitsätze, finanzielle Zuschüsse, Auszeichnungen sowie Bewusstseinsbildung fungieren laut der Studie als treibende Motivatoren für KMU, eine transparente Nachhaltigkeitskommunikation zu übernehmen.

Als Informationsdrehscheibe und führende Unternehmensplattform Österreichs widmet sich respACT der Aufgabe, seine Mitgliedsunternehmen mit den nötigen CSR-Kompetenzen auszustatten. In diesem Kontext beauftragte das Bundesministerium für Wissenschaft, Forschung und Wirtschaft im Jahr 2014 respACT mit der Erstellung des „CSR Fahrplan – Ihr Weg zu nachhaltigem Wirtschaften" (respACT 2014a), welcher Unternehmen, insbesondere KMU, Orientierung bietet, um ganzheitliche CSR umzusetzen. Im Jahr 2013 verfasste respACT zudem gemeinsam mit CSR-Experten und -Expertinnen und Unternehmern sowie Unternehmerinnen den Leitfaden „In 6 Schritten zum Nachhaltigkeitsbericht" (respACT 2013). Dadurch soll das Potenzial qualitativ hochwertiger, transparenter und vergleichbarer Berichterstattung gehoben werden. Zeitgleich hebt respACT all jene Unternehmen hervor, die bereits große Leistungen im Nachhaltigkeitsmanagement erbringen.

respACT agiert als langjähriges Jury-Mitglied und Kooperationspartner bei ASRA, dem Austrian Sustainability Reporting Award. Mit dem Nachhaltigkeitspreis werden jährlich die besten Nachhaltigkeitsberichte österreichischer Unternehmen ausgezeichnet, um unternehmerische Leistungen im Nachhaltigkeitsmanagement der breiten Öffentlichkeit zu präsentieren. Zahlreiche österreichische KMU kristallisierten sich hier über die Jahre als Vorreiter der nicht-finanziellen Berichterstattung heraus und signalisieren eine positive Entwicklung des proaktiven CSR-Managements.

5.4   Abschluss und Ausblick

Viele KMU wirtschaften bereits sowohl verantwortungsbewusst als auch innovativ und denken ihre Geschäftstätigkeit nicht in Quartalen, sondern in Dekaden. Sie stellen das Schwungrad des Wirtschaftsstandortes Österreich dar und orientieren sich bereits häufig an den Werten nachhaltigen Wirtschaftens, ohne dabei explizit von nachhaltiger Entwicklung oder Corporate Social Responsibility (CSR) zu sprechen. Neben gelebter Verantwortung

---

[6] Ein Zusammenschluss der Länder Brasilien, Dänemark, Frankreich und Südafrika für Nachhaltigkeitsberichterstattung. Mehr Infos auch unter: https://www.globalreporting.org/information/policy/gofpara47/Pages/default.aspx.

setzen KMU häufig einzelne Projekte um, eine umfassende strategische Verankerung nachhaltigen Wirtschaftens fehlt indessen jedoch häufig. CSR, bei der sowohl ökologische als auch gesellschaftliche Komponenten Berücksichtigung finden, ist für Unternehmen, insbesondere dann, wenn eine entsprechende Berichterstattung umgesetzt wird, mit Arbeitszeit und finanziellen Investitionen verbunden. Unternehmer und Unternehmerinnen müssen mit einem langen, stetigen Prozess der Weiterentwicklung und Verbesserung rechnen, denn gelebte CSR ist kein Sprint, sondern ein Marathon. Gelingt jedoch eine strategische Implementierung von CSR, so führt dies zur Erschließung neuer Märkte und vorausschauender Risikominimierung bei gleichzeitigen positiven Impacts auf Gesellschaft und Umwelt. Wie aus den internationalen und nationalen Entwicklungen rund um das Thema CSR hervorgeht, spielen Partnerschaften stets eine signifikante Rolle in der Stärkung nachhaltigen Wirtschaftens und sollten sowohl branchenintern als auch branchenübergreifend gepflegt werden. respACT ist der Überzeugung, dass Netzwerke, Wissensaustausch und die gemeinsame Erarbeitung von Zielen dazu beitragen, das Thema CSR in Österreich zu stärken. Dabei kommt der Politik eine Schlüsselfunktion zu, um den Unternehmen den Weg zu einer gesamtunternehmerischen Verantwortung zu ebnen. respACT ist es ein wichtiges Anliegen, dass in Österreich die Notwendigkeit eines geeigneten politischen Rahmenwerks für CSR erkannt und eine umfassende Nachhaltigkeitsstrategie verabschiedet wird. Die respACT-Vision hat sich zum Ziel gesetzt, Österreich zum Vorreiter für nachhaltiges Wirtschaften zu machen und dabei die Synergien zwischen allen relevanten Stakeholdern zu fördern und zu stärken (respACT 2016). Dies gelingt insbesondere dann, wenn der Austausch zwischen Wirtschaft, Politik, Wissenschaft und Zivilgesellschaft gestärkt wird, sodass nachhaltige Entwicklung gemeinsam umgesetzt werden kann. Formate wie der CSR Tag,[7] aber auch der respACT #ThinkTank[8] fördern diesen Austausch. Gleichzeitig betont respACT in seinem Positionspapier – welches allen Ministerien im Frühjahr 2018 überreicht wurde – die Rolle politischer Gremien, um CSR in Unternehmen anzuerkennen. Insbesondere kleine und mittlere Unternehmen müssen verstärkt im Kontext von nachhaltiger Entwicklung gesehen werden, da diese prägend für die österreichische Unternehmenslandschaft sind und als Arbeitgeber und Ausbildungsbetriebe große gesellschaftliche Verantwortung tragen.

Literatur

BMDW, BMEIA, WKO. (2018). Außenwirtschaftsstrategie 2018. https://www.bmdw.gv.at/Themen/International/Aussenwirtschaftsstrategie-2018.html?lang=en. Zugegriffen am 16.09.2019.
BMNT. (2017). EU-SDS-Europäische Nachhaltigkeitsstrategie. https://www.bmnt.gv.at/umwelt/nachhaltigkeit/nachh_strategien_programme/eusds.html. Zugegriffen am 10.09.2019.

---

[7] Der eintägige Unternehmenskongress findet jährlich statt und dient als Impulsgeber und Informationsdrehscheibe. Mehr Infos auch unter: https://www.respact.at/site/de/angeboteleistungen/csrtag.

[8] Der respACT #ThinkTank dient insbesondere der Vernetzung von Wissenschaft und Wirtschaft. Mehr Infos auch unter: https://www.respact.at/site/de/news/artikel/article/7445.html.

BMNT. (2019). SDG-Aktionsplan 2019+. https://www.bmnt.gv.at/umwelt/nachhaltigkeit/sdg_aktionsplan_2019.html. Zugegriffen am 03.09.2019.

BMNT, BMVIT. (2018). #mission 2030. https://mission2030.info/wp-content/uploads/2018/10/Klima-Energiestrategie_en.pdf. Zugegriffen am 03.09.2019.

Bundeskanzleramt. (2017). Beiträge der Bundesministerien zur Umsetzung der Agenda 2030 für nachhaltige Entwicklung durch Österreich. http://archiv.bka.gv.at/DocView.axd?CobId=65724. Zugegriffen am 20.08.2018.

Europäische Kommission. (2001). Grünbuch: Europäische Rahmenbedingungen für die soziale Verantwortung der Unternehmen. https://eur-lex.europa.eu/legal-content/DE/TXT/PDF/?uri=CELEX:52001DC0366&from=DE. Zugegriffen am 20.08.2018.

Europäische Kommission. (2011). Mitteilung der Kommission an das Europäische Parlament, den Rat, den Europäischen Wirtschafts- und Sozialausschuss und den Ausschuss der Regionen: Eine neue EU-Strategie (2011–2014) für die soziale Verantwortung der Unternehmen (CSR). https://eur-lex.europa.eu/legal-content/DE/TXT/PDF/?uri=CELEX:52011DC0681&from=DE. Zugegriffen am 20.08.2018.

European Commission. (2018). Circular economy. Implementation of the circular economy action plan. http://ec.europa.eu/environment/circular-economy/index_en.html. Zugegriffen am 20.08.2018.

Falkenberg, K. (2016). EPSC strategic notes – Sustainability now! European Commission, Issue 18. https://ec.europa.eu/epsc/sites/epsc/files/strategic_note_issue_18.pdf.

Global Compact Österreich. (2018). Die 10 Prinzipien. http://globalcompact.at/10-prinzipien/. Zugegriffen am 20.08.2018.

Global Reporting Initiative. (2018). Empowering Small Business: Recommendations for policy makers to enable sustainability corporate reporting for SMEs. https://www.globalreporting.org/resourcelibrary/Empowering_small_business_Policy_recommendations.pdf. Zugegriffen am 20.08.2018.

Global Value. (2017). Global Value toolkit. https://www.global-value.eu/toolkit/. Zugegriffen am 30.11.2018.

GRI, UN Global Compact, WBCSD. (2015). SDG Compass. https://sdgcompass.org/. Zugegriffen am 20.08.2018.

Regierungsprogramm. (2017–2022). Zusammen. Für unser Österreich. https://www.bundeskanzleramt.gv.at/documents/131008/569203/Regierungsprogramm_2017%E2%80%932022.pdf/b2fe3f65-5a04-47b6-913d-2fe512ff4ce6. Zugegriffen am 20.08.2018.

respACT. (2012). respACT-Position zum Österreichischen Aktionsplans für CSR. https://www.respact.at/dl/tlKrJKJNlKMJqx4kJK/respACT-Position_zum__sterreichischen_CSR-Aktionsplan_15102012.pdf. Zugegriffen am 20.08.2018.

respACT. (2013). In 6 Schritten zum Nachhaltigkeitsbericht. Ein Leitfaden für Klein- und Mittelunternehmen. https://www.respact.at/dl/LOlqJLJlkLJqx4OooJK/respACT-Leitfaden_zur_Nachhaltigkeitsberichterstattung.pdf. Zugegriffen am 20.08.2018.

respACT. (2014a). CSR Fahrplan – Ihr Weg zu nachhaltigem Wirtschaften. https://www.respact.at/dl/tmuqJLJlkKJqx4OooJK/CSR-Fahrplan.pdf. Zugegriffen am 01.10.2018.

respACT. (2014b). Stellungnahme zum Konsultationspapier des Bundesministeriums für Justiz betreffend die Umsetzung der Richtlinie 2014/95/EU des Europäischen Parlaments und des Rates vom 22.10.2014, zur Änderung der Richtlinie 2013/34/EU. https://www.respact.at/dl/MMquJKJNlKMJqx4KJK/respACT_Stellungnahme_NFI_RL_FINAL.pdf.

respACT. (2016). DIE VISION für nachhaltiges Wirtschaften. https://www.respact.at/dl/OrmKJmoJKnJqx4KJKJmMJmlK/Vision_respACT_web_final.pdf. Zugegriffen am 20.08.2018.

Vereinte Nationen. (1948). Allgemeine Erklärung der Menschenrechte. Resolution der Generalversammlung, A/RES/217 A (III) am 10.12.1948.

Daniela Knieling ist seit 2008 bei respACT – austrian business council for sustainable development und seit 2011 als Geschäftsführerin des Vereins tätig. Davor hat sie mehrjährige Berufserfahrung in PR-Agenturen und Unternehmen sowie in der Unit-Leitung mit Kunden im gesellschaftspolitischen Themenbereich gesammelt. Sie ist nationale Repräsentantin der respACT-Partnernetzwerke United Nations Global Compact (UNGC) und World Business Council for Sustainable Development (WBCSD), sitzt in den Jurys für verschiedene Auszeichnungen (z. B. TRIGOS, ASRA) und ist als CSR-Expertin in diversen Ausschüssen und in der Prüfungskommission verschiedener CSR-Lehrgänge tätig. Sie hat das Studium der Kommunikationswissenschaften und den Universitätslehrgang für Öffentlichkeitsarbeit zur akademisch geprüften PR-Beraterin an der Universität Wien sowie den Lehrgang „Zukunftsfähiges Wirtschaften" der plenum-Akademie abgeschlossen.

Corporate Social Responsibility: Aktuelle Entwicklungen und Weichenstellungen – und die Vision von smarter Ordnungspolitik für verantwortliches Wirtschaften

6

Barbara Coudenhove-Kalergi

Zusammenfassung

Kritisch betrachtet ist es der Politik im Zuge der Globalisierung nicht ausreichend gelungen, den Ordnungsrahmen als wichtige Voraussetzung für das Funktionieren einer sozialen Marktwirtschaft an diese Entwicklungen angemessen anzupassen. Daher wurden und werden die Erwartungen und Ansprüche an Unternehmen als Akteure bei der Bewältigung großer Umwelt-, Sozial- und Governance-Herausforderungen immer wichtiger und damit die Forderungen nach einer verdichteten Regulierung stärker.

Österreich hat es bisher versäumt, Corporate Social Responsibility (CSR) strategisch in einen smarten Ordnungsrahmen zu integrieren. Empfehlungen sind daher, CSR als markwirtschaftliches Konzept zu begreifen, CSR als Innovationskatalysator zu nutzen, smarte und kohärente Regulierungen anzustreben, diese an den Sustainable Development Goals zu orientieren und Unternehmen in die Ausgestaltung der Rahmenordnung einzubinden. Als Vision wird formuliert, dass der Staat als Ermöglicher von partnerschaftlichen Lösungsansätzen strategische Ziele verfolgt.

Dieser Beitrag entstand auf Basis von zahlreichen Gesprächen und Diskussionen zur Frage einer notwendigen Erneuerung von CSR generell und in Österreich mit Experten und Expertinnen aus Wirtschaft, Zivilgesellschaft und Wissenschaft sowie europäischen Vertretern und Vertreterinnen von Unternehmensverbänden.

B. Coudenhove-Kalergi (✉)
Industriellenvereinigung, Wien, Österreich
E-Mail: barbara.coudenhove-kalergi@iv.at

© Springer Fachmedien Wiesbaden GmbH, ein Teil von Springer Nature 2019
D. Ortiz et al. (Hrsg.), *Verantwortungsvolle Unternehmensführung im österreichischen Mittelstand*, Forschung und Praxis an der FHWien der WKW,
https://doi.org/10.1007/978-3-658-25328-8_6

6.1   Einleitung

Dieser Beitrag beschäftigt sich mit den aktuellen globalen Entwicklungen, Treibern und
Weichenstellungen sowie deren gesellschaftlichen und ordnungspolitischen Konsequenzen für Unternehmen. Dabei wird die These aufgestellt, dass Corporate Social Responsibility (CSR) von Politik und öffentlicher Verwaltung in der Rahmensetzung zu wenig
strategisch verfolgt wird – und somit viel Potenzial des Konzepts CSR und daher viele
Chancen für eine gut funktionierende soziale Marktwirtschaft ungenutzt bleiben. Der Beitrag setzt nachhaltige Entwicklung und CSR in den Kontext einer dynamischen, mehr und
mehr vernetzten Welt, skizziert normative Voraussetzungen für eine smarte Rahmenordnung und entwirft eine Vision für die Rolle des Staats als Ermöglicher. Dabei wird nur
punktuell explizit auf kleinere und mittlere Unternehmen (KMU) eingegangen. Wiewohl
als Basis der Überlegungen gilt, dass mittelständische Unternehmen weltweit einen sehr
großen Anteil der wirtschaftlichen Wertschöpfung repräsentieren – und sich daher eine
nachhaltige Entwicklung durch Übernahme gesellschaftlicher Verantwortung und verantwortlichen Wirtschaftens in besonderem Maße in KMU entscheiden wird. Konsequenter-
weise sollten sich von Politik und Verwaltung gesetzte Rahmenbedingungen an den Herausforderungen des Mittelstands orientieren.

6.2   Rahmenbedingungen von gestern für Herausforderungen
von morgen

In Europa hat sich nach dem Zweiten Weltkrieg mit der sozialen Marktwirtschaft ein kon-
sistenter Ordnungsrahmen herausgebildet, der die Voraussetzungen für Wachstum, breitenwirksamen Wohlstand, soziale Sicherheit und wirtschaftliche Integration auf der Basis
von Freiheit, Eigentum und Rechtsstaatlichkeit geboten hat. Seit Anfang der 1970er-Jahre
zeigen sich Schwierigkeiten in der Adaption des Systems Marktwirtschaft an neue Herausforderungen im Bereich Umwelt und Gesellschaft. Exemplarisch kann das am Brundt-
land Report 1987 festgemacht werden, der ordnungspolitische Grenzen im Umgang mit
technologisch-industriellen Entwicklungen aufzeigte und in dessen Folge Forderungen
nach Nachhaltigkeit, vor allem im Bereich Umwelt, populär wurden. Das Konzept einer
nachhaltigen Entwicklung ist die Antwort auf der Makroebene für eine Wirtschaftsordnung mit dem Anspruch, eine lebenswerte Zukunft für alle heute aktiv vorzubereiten.

Die Globalisierung der vergangenen Jahrzehnte hat in einem sich beschleunigenden
Ausmaß den Handlungsrahmen für Wirtschaft und Gesellschaft auf globaler Ebene ver-
netzt und erweitert. Kritisch betrachtet ist es der Politik nicht ausreichend gelungen, den
Ordnungsrahmen als wichtige Voraussetzung für das Funktionieren einer sozialen Markt-
wirtschaft an diese Entwicklungen angemessen anzupassen. Daher wurden und werden
die Erwartungen und Ansprüche an Unternehmen als Akteure bei der Bewältigung großer
Umwelt-, Sozial- und Governance-Herausforderungen immer wichtiger. Verschiedene
Anspruchsgruppen fordern daher mit wachsender Vehemenz eine verdichtete Regulierung

für sowie eine aktivere Rolle von Unternehmen in globalen gesellschaftlichen und ökologischen Kontexten. Auch vor dem Hintergrund, dass Staaten und deren Gesetzgebungen in der globalisierten Welt nur mehr eine begrenzte Reichweite haben, während die Wirtschaft hochgradig globalisiert ist.

6.2.1 Steigende Erwartungen an Unternehmen und aktuelle politische Weichenstellungen

Anspruchsgruppen erwarten von Unternehmen beispielsweise eine aktive Weiterentwicklung von Umwelt- und Arbeitsschutzstandards in Multi-stakeholderdialogen oder eine Distanzierung und auch aktive Vermeidung von Menschenrechtsverletzungen. Dies sind keine trivialen Forderungen, zumal sie an Akteure gerichtet sind, die nicht demokratisch legitimiert sind, Entscheidungen für Gesellschaften zu treffen. Als Folge verstärken sich die Forderungen, auf übergeordneter Ebene regulierend einzugreifen. Beispiele für neue europäische Regulierungen sind die EU-Richtlinie zur verpflichtenden Nachhaltigkeitsberichterstattung, die in Österreich als Nachhaltigkeits- und Diversitätsverbesserungsgesetz (NaDiVeG 2017)[1] bereits in nationales Recht umgesetzt wurde, oder die EU-Verordnung aus dem Jahr 2017 zu Sorgfaltspflichten in der Lieferkette für EU-Importeure von sogenannten Konfliktmineralien.[2]

Die 2015 von der EU präsentierte Handelsstrategie mit dem Titel „Handel für alle"[3] setzt einen Schwerpunkt auf die Verantwortung von Unternehmen und nachhaltige Entwicklung und hat die klare Absicht, durch Handel die europäischen Werte zu transportieren. Die These ist: Die Handelspolitik kann nicht nur das Wirtschaftswachstum fördern, sondern auch Normen und Werte, die dazu beitragen, die Herausforderungen der heutigen komplexen und dynamischen globalen Wertschöpfungsketten anzugehen. Hier zeigt sich auch, wie sich die Handels- und Investitionspolitiken immer stärker mit Umwelt- und Sozialpolitiken „verweben" und einander wechselseitig beeinflussen. Dabei entstehen auch Zielkonflikte: Denn die Handelspolitik sollte darauf abzielen, gleiche Wettbewerbsbedingungen zu schaffen, und gleichzeitig den Umweltschutz, die soziale Eingliederung und die Achtung der Menschenrechte in den EU-Gesellschaften sowie in den Beziehungen zu den Handelspartnern fördern – wobei die besonderen Herausforderungen in den Entwicklungsregionen liegen. In Zeiten protektionistischer Tendenzen und möglicher Handelskriege droht die Nachhaltigkeit jedenfalls auf der Strecke zu bleiben.

Der Launch der Sustainable Development Goals (SDGs) im September 2015 ist ein weiterer aktueller Treiber für eine globale nachhaltige Entwicklung. Die 17 SDGs inklusive der 169 Unterziele gelten als universelle Ziele für alle Staaten. Die Rolle der

---

[1] https://www.ris.bka.gv.at/Dokumente/BgblAuth/BGBLA_2017_I_20/BGBLA_2017_I_20.pdfsig.

[2] https://eur-lex.europa.eu/legal-content/DE/TXT/PDF/?uri=CELEX:32017R0821&qid=14951863 76778&from=DE.

[3] http://trade.ec.europa.eu/doclib/docs/2015/october/tradoc_153880.PDF.

Unternehmen als Partner zur Erreichung von Zielen ist dabei essenziell, vor allem in Ziel 17, „Partnerschaften zur Erreichung der Ziele" (2019a, b).[4] Dies macht die Erwartung der Gesellschaft an Unternehmen nochmals konkret: Unternehmen sollen auch abseits der unmittelbaren Marktlogik als Teil der Lösung globaler Probleme ihren Beitrag leisten: Mit den SDGs ist ein globaler Ordnungsrahmen für eine nachhaltige Wirtschaft mit inklusivem Wachstum entstanden. Die Herausforderung dabei ist, auch neue Marktlogiken zu entwickeln: Um die SDGs zu erreichen, ist eine prosperierende Wirtschaft, die sich an nachhaltigen Ziele in einem Ordnungsrahmen orientiert, Voraussetzung.

Auf internationaler Ebene ist das Thema Wirtschaft und Menschenrechte spätestens seit der Annahme der UN Guiding Principles for Business and Human Rights[5] im Jahr 2011 ein „Hot Topic" in der weltweiten Debatte um unternehmerische Verantwortung. Die Aussage der UN Guiding Principles, *„it is the responsibility of companies to respect human rights"*, befinden sich in einem logischen Kontinuum zu anderen, auf Freiwilligkeit basierenden Standards und Leitsätzen.

6.2.2 Regulierung und Selbstregulierung

Die Wirtschaft reagiert auf diese steigenden Erwartungen zur Erhaltung oder Erhöhung ihrer Legitimität mit freiwilliger Selbstverpflichtung (z. B. in Form von Corporate Codes of Conduct oder Codes of Ethics oder Branchenvereinbarungen) bzw. dem Bekenntnis zu freiwilligen, internationalen Standards mit unterschiedlichem Anspruchsniveau (unter anderem zu den Prinzipien des UN Global Compact oder den OECD Guidelines für Multinationale Unternehmen), die als „soft law" gelten. Für die Unternehmen ist das zweischneidig: Einerseits wurden ihnen durch die Globalisierung, die Digitalisierung, den demografischen Wandel etc. Möglichkeiten für Handel und Investitionen in neue Märkten eröffnet, andererseits sehen sie sich mit der diffusen Forderung nach Übernahme von Verantwortung konfrontiert, die sich in einer steigenden Zahl an formaler Regulierung und informeller Selbstregulierung manifestiert.

Das Thema Wirtschaft und Menschenrechte zeigt besonders deutlich die Schwierigkeit, die Rolle und Verantwortung von Staaten und Unternehmen an gesellschaftlichen Schnittstellen abzugrenzen und einen konsistenten ordnungspolitischen Rahmen zu schaffen. In der Praxis wird heute quasi eine Übertragung völkerrechtlicher Verantwortung für die Einhaltung und den Schutz der Menschenrechte auf die Privatwirtschaft gefordert. Erste Regulierungsvorstöße, die Unternehmen für die Einhaltung der Menschenrechte in die Pflicht nehmen, sind das französische Gesetz zur Sorgfaltspflicht in der Lieferkette, das niederländische Gesetz zur Sorgfaltspflicht gegen Kinderarbeit in

---

[4] https://www.globalgoals.org/, vor allem https://www.globalgoals.org/17-partnerships-for-the-goals.

[5] https://www.ohchr.org/Documents/Publications/GuidingPrinciplesBusinessHR_EN.pdf.

der Lieferkette oder der UK Modern Slavery Act. Parallel dazu haben erst 2018 48 OECD-Länder eine OECD-Leitlinie zur Sorgfaltspflicht für verantwortungsvolles Geschäftsgebaren[6] verabschiedet und der Unterstützung und Überwachung der Umsetzung dieser Sorgfaltspflichten in der Lieferkette zugestimmt. Der Leitfaden ist der erste von Regierungen unterstützte Standard für die Sorgfaltspflicht von Unternehmen, der alle Wirtschaftssektoren umfasst.

Diese hybride Regulierung stellt im Allgemeinen keine „smart regulation" im Sinne eines strategischen und wirkungsorientierten Zugangs und eines konsequenten Hinterfragens und Adaptierens von Regeln dar, sondern erweitert die Regulierung von gestern laufend um neue Aspekte. Verbunden mit informeller Selbstregulierung in immer mehr Bereichen, führt das zu einer faktischen Überregulierung und damit zur Doppelbelastung der Unternehmen, die Spielräume einengt – wo diese als moralische Akteure selbstbestimmt Verantwortung übernehmen sollen können – und sich letztlich in abnehmender Wettbewerbsfähigkeit manifestieren kann. Wie wird damit umgegangen?

6.3   Nachhaltigkeitspolitik in Europa

Die Art und Weise, wie Nachhaltigkeitspolitik im Laufe der Jahre entwickelt wurde, war oft verwirrend. Dies ist auf die Schwierigkeit zurückzuführen, Nachhaltigkeit auf globaler, nationaler und regionaler Ebene kohärent zu adressieren und dabei die verschiedenen Kompetenzen und Bereiche der Politikgestaltung zu berücksichtigen. Es bleibt eine große Herausforderung auf allen Ebenen der politischen Entscheidungsfindung, sich der Nachhaltigkeit so zu nähern, dass die wirtschaftliche Nachhaltigkeit die ökologische und soziale Nachhaltigkeit fördert, unterschiedliche Interessen als legitim anerkannt und ausbalanciert werden.

Die EU und ihre Mitgliedstaaten haben bei der Umsetzung eines Nachhaltigkeitsansatzes bei ihren politischen Entscheidungsprozessen keine schlechte Bilanz vorzuweisen. Es ist eine Tatsache, dass Europa in Bezug auf Sozial- und Umweltstandards sowie Unternehmensberichterstattung führend ist. Mit der EU-Strategie zu CSR hat die Kommission 2011 mit der neuen Definition von CSR einen Paradigmenwechsel eingeleitet, indem sie auf das Element Freiwilligkeit in der Definition verzichtete und die Verantwortung von Unternehmen für ihre Auswirkungen auf die Gesellschaft in den Vordergrund stellte. Dennoch setzte die Kommission auf die Selbstbestimmung der Unternehmen und legte fest, dass Unternehmen bei der Entwicklung ihrer CSR weiterhin selbst federführend sind, Behörden eine unterstützende Rolle spielen und dabei eine „intelligente Kombination aus freiwilligen Maßnahmen und nötigenfalls ergänzenden Vorschriften einsetzen" sollen (z. B. zur Förderung von Transparenz, Schaffung von Marktanreizen und Sicherstellen von Rechenschaftspflicht von Unternehmen).

---

[6] http://www.oecd.org/corporate/mne/due-diligence-guidance-for-responsible-business-conduct.htm.

6.4   Corporate Social Responsibility in Österreich – vom Vorreiter zum Nachzügler

Gesellschaftliche Verantwortung von Unternehmen ist in Österreich traditionell impliziter Natur: Nach wie vor sehen viele Unternehmen ihre Verantwortung durch die Schaffung und den Erhalt von Arbeitsplätzen, das Zahlen von Steuern sowie den langfristigen wirtschaftlichen Erfolg weitgehend erfüllt. Der Sozialstaat kümmert sich um soziale Themen, eine starke philanthropische Tradition fehlt weitgehend, in der Region sind Unternehmen stark mit ihren Stakeholdern verbunden. Ab dem Jahr 2000 bildete sich auch in Österreich durch die Initiative der Industriellenvereinigung (IV) und Partner wie dem Wirtschaftsministerium und später der Wirtschaftskammer und dem Umweltministerium mit CSR eine explizitere Form von gesellschaftlicher Verantwortung von Unternehmen heraus, in deren Rahmen sich vorerst vor allem Großunternehmen vom Qualitäts- und Umweltmanagement in Richtung eines umfassenderen Verständnisses ihrer Verantwortung in Richtung Integration ins Kerngeschäft bewegten.

Durch die Gründung der Unternehmensplattform CSR Austria, heute respACT, sowie die Entwicklung des TRIGOS, Österreichs Auszeichnung für verantwortliches Wirtschaften, sowie eines CSR-Leitbilds und die Abhaltung eines jährlichen CSR-Tages wurden international richtungsweisende Initiativen gestartet. Österreich galt auf europäischer Ebene lange Zeit als Vorreiter in seiner politischen und unternehmerischen Herangehensweise an CSR und wurde von der Europäischen Kommission als Good Practice genannt.

Heute spielt Österreich keine auffallend positive Rolle mehr in der europäischen CSR-Diskussion. Gleichzeitig hat das Thema auch innerhalb Österreichs an Drive und Relevanz verloren: Es lässt sich heute ein Abebben des politischen und öffentlichen Interesses an CSR als Anspruch an den Wirtschafts- und Lebensstandort feststellen. Die Unternehmensplattform für CSR – respACT – hat sich in den vergangenen Jahren auf Unterstützungsleistungen bei der operativen Implementierung und Umsetzung von CSR ihrer rund 300 Mitgliedsunternehmen fokussiert und sich interessenpolitisch unauffällig verhalten.

In der österreichischen Politik wird das Thema CSR zwar befürwortet, intelligente Rahmenbedingungen, die Unternehmen für eine aktivere Rolle in der Gesellschaft motivieren, oder gar eine politische Vision, die strategisch auf Unternehmensverantwortung als Säule von mehr Wohlstand und Wettbewerbsfähigkeit setzt, gibt es aktuell nicht.

Der für Ende 2012 angekündigte Nationale Aktionsplan zu CSR (NAP CSR) wurde mangels Konsens bei fundamentalen Fragen zu CSR im Gegensatz zu anderen EU-Mitgliedstaaten nie umgesetzt. Damit hat es Österreich verpasst, sich mithilfe einer politischen Botschaft an die Wirtschaft und Öffentlichkeit zu diesem Thema zu bekennen und einen programmatischen Rahmen zur Flankierung des CSR-Engagements von Unternehmen zu setzen. Das Scheitern des NAP-CSR-Prozesses spiegelt eine Herangehensweise wider, die anlassbezogene Regulierungs- oder Fördermaßnahmen einem strategischen Orientierungsansatz vorzieht oder als solche missversteht. Vielfach werden Maßnahmen (wie z. B. Kurzarbeit) in einem Politikfeld verortet (z. B. Arbeitsmarktpolitik), ohne den unternehmerischen Beitrag und dessen CSR-Dimension mitzuberücksichtigen.

Das wird dem Konzept CSR und seinem Potenzial, strategisch in der Politik eingesetzt zu werden, nicht gerecht. CSR spielt sich heute vorrangig auf der betriebswirtschaftlichen Ebene ab, wo es vielfach ein sehr gutes Umsetzungswissen in Unternehmen und im Ökosystem, beispielsweise bei Beratern, gibt. Dieses Prozesswissen reicht allein jedoch nicht, um das Konzept CSR auch wieder politisch relevant und attraktiv zu machen – obwohl der Druck durch internationale Entwicklungen (s. o.) faktisch steigt. Positiv ist zu erwähnen, dass durch die SDG eine neue Dynamik entstanden ist, die allerdings bisher auf politischer Ebene noch wenig strategisch aufgegriffen wird.

6.5   Rahmenbedingungen – Was ist zu tun?

CSR und die Rolle von Unternehmen in der Gesellschaft stehen in einem größeren Zusammenhang mit den gesellschaftlichen Entwicklungen. Während Unsicherheit besteht, was die Zukunft betrifft, werden – auch notwendige – Veränderungen oft abgelehnt oder verschoben. Dazu gehört auch das Phänomen, dass Verantwortung weitergeschoben oder ausgelagert wird: Von Unternehmen auf den Staat und umgekehrt, aber genauso von Bürgern auf den Staat und vice versa. Aber: Unternehmen erkennen und verfolgen entweder proaktiv verantwortliches Wirtschaften als Chance und Geschäftsmöglichkeit oder reagieren auf Risiken oder Druck durch steigende Nachfrage nach Zertifikaten bzw. Nachweisen der Erfüllung gewisser Standards. Auf staatlicher Ebene findet diese strategische Nutzenbetrachtung zu wenig statt. Der Staat tut sich mit strategischen Zugängen – und das muss richtige CSR sein – schwer. Anders ist es nicht zu erklären, dass viele Maßnahmen in fachliche Politikfelder gesetzt, aber nicht in den Kontext CSR übersetzt werden. Genau das ist aber notwendig, um einerseits das Potenzial von CSR zu heben und andererseits für die Politik als attraktives und wichtiges Asset in einer Gesamtstrategie für Land und Gesellschaft zu verankern. Wohin soll also die Reise gehen? Was ist zu tun? Nachfolgend einige mögliche Denk- und Handlungsansätze.

CSR neu begreifen
CSR ist ein marktwirtschaftliches Konzept und basiert auf freiem Unternehmertum innerhalb eines marktwirtschaftlichen Systems. Bereits Adam Smith hat die doppelte Funktion des Unternehmens begründet: „Business Case", die Gewinnausrichtung, und Social Case, das Schaffen eines Mehrwerts für die Gesellschaft, gehen Hand in Hand. Damit entspringt CSR der Logik der sozialen Markwirtschaft. Sie verfolgt den Anspruch, sachgerecht, menschengerecht, gesellschaftsgerecht und umweltgerecht zu sein. Das Soziale in der sozialen Marktwirtschaft ist ein konstitutives Element dieses Ordnungskonzepts und kein Add-on. Dabei wirkt CSR idealerweise in allen Politikfeldern mit dem Ziel, die Marktwirtschaft noch besser funktionieren zu lassen und die Zustimmungsfähigkeit zur Wettbewerbsordnung zu erhöhen. CSR wird so zum Beitrag der Unternehmen zum Erhalt und zur Förderung der Grundlagen unserer Wirtschaftsordnung.

CSR als Innovationskatalysator nutzen

Als marktwirtschaftliches Konzept folgt CSR der Logik von Wettbewerb und Innovation in einem erweiterten Handlungsfeld. Wettbewerb als zentrales Charakteristikum der Marktwirtschaft schafft auch im Bereich CSR Vorteile für Unternehmen und Gesellschaft. Wenn CSR mit globalen oder branchenspezifischen Herausforderungen und der Wettbewerbsposition des Unternehmens verbunden wird, entstehen Innovationen an der Schnittstelle Wirtschaft und Gesellschaft. Sie gewinnen Gestalt in neuen Produkten, Produktionsmethoden oder Geschäftsmodellen, der Erschließung neuer Absatzmärkte oder Rohstoffquellen sowie neuen Organisationsformen, die positive Auswirkungen von Unternehmen auf Gesellschaft oder Umwelt stärken und negative reduzieren wollen. CSR wird so zum Ausgangspunkt für disruptive Entwicklungen und die damit verbundenen Wohlstandsgewinne.

Smarte Politik für CSR einsetzen

Eine gute Ordnungspolitik setzt einen dynamisch an Veränderungen angepassten Rahmen, innerhalb dessen sich die Akteure frei bewegen können und der gleichzeitig Wettbewerb und Verantwortungsübernahme fördert. Darüber hinaus soll gute Ordnungspolitik ein Auseinanderdriften von Sozial- und Wirtschaftsordnung verhindern und verantwortungsvolles Agieren und nachhaltiges Wirtschaften belohnen. In die Entwicklung dieses Rahmens muss ein wichtiger Gedanke einfließen: Was nicht verboten ist, ist erlaubt. Aber nicht alles, was erlaubt ist, ist erwünscht. Hohe Standards können unerwünschtes Handeln verhindern, engen die Wirtschaftsakteure aber ein und können Entfaltung und Wohlstand vermindern. Niedrige Standards bieten viel Freiheit, lassen aber fragwürdiges Verhalten als erlaubt erscheinen und untergraben damit die Akzeptanz des Ordnungsrahmens an sich.

Politische Weitsicht an den Tag legen – und sich an den SDG orientieren

Dem Staat kommt außerdem die Rolle eines Katalysators und Kommunikators für gesellschaftliche Erwartungen und globale Entwicklungen zu. Das setzt langfristigen Gestaltungswillen und eine globale Perspektive, in der sich nationale Politik widerspiegelt, voraus. Dabei müssen Unternehmen als Treiber und Akteure mit angemessener Rahmenordnung unterstützt werden. Das fordert Politik und öffentliche Verwaltung – wie oben bereits beschrieben – in besonderer Weise (smarter Mix aus Anreizen und Regulierungen, Politikkohärenz etc.), Trade-offs und Zielkonflikte müssen dabei benannt und Entscheidungen argumentiert werden. Diese Regierungsführung sollte sich auf Nachhaltigkeitsstrategien stützen, denen aufgrund ihres holistischen Anspruchs eine umfassende Gestaltungsmacht zukommt. Einen solchen aktuellen Orientierungsrahmen bieten die SDG.

Unternehmen mitgestalten lassen

In einer funktional differenzierten und globalisierten Welt müssten verbindliche Regeln für alle Akteure ein Level Playing Field schaffen – also eine allgemein stabile Verhaltens- und Erwartungsbasis. Das Wissen und die Erfahrungen aller Mitglieder einer Gesellschaft können dabei einen Beitrag zur besseren Gestaltung dieses Ordnungsrahmens leisten.

Verantwortlich agierende Unternehmen sind daher als transparente Mitgestalter der Rahmenordnung gefordert und gefragt. Ziel sind dabei nicht unmittelbare und partikulare, sondern sich aus dem langfristigen Wohlergehen der Gesellschaft ergebende mittelbare Interessen.

6.6   Der Staat als Ermöglicher

Vision ist der Staat als Ermöglicher. Das bedeutet, dass sich auf Verwaltungsebene die Erkenntnis durchsetzt, dass eine konstruktive Zusammenarbeit mit Unternehmen eine größere Wirkung entfaltet als eine Top-down-Regulierung und wachsende Bürokratisierung. Es herrscht mehr Vertrauen in die Lösungskompetenz von Unternehmen hinsichtlich gesellschaftlicher Herausforderungen. Dabei ändert sich auch die Rolle des Staats als vorschreibende Institution hin zu einer Rolle des Ermöglichers von partnerschaftlichen Lösungsansätzen.

Dabei muss es auf staatlicher Ebene die Bereitschaft geben, mit dem Ziel einer nachhaltigen Entwicklung auch zielorientiert umzugehen. Das bedeutet, geeignete Ziele zu definieren und diese kohärent zu verfolgen – es handelt sich also um eine kohärente Verbindung von Wirtschafts- und Gesellschaftspolitik inklusive Arbeitsmarkt-, Bildungs- und Familienpolitik – und dafür intelligente Anreize zu setzen. Zusammengefasst kann man es so formulieren: Ziele verfolgen statt Wege beschreiten.

Die Rolle der öffentlichen Verwaltung ...
Wesentlich ist, dass Unternehmen die nötige Flexibilität und den Freiraum erhalten, um innovativ zu sein und ein auf ihr Marktumfeld abgestimmtes CSR-Konzept entwickeln zu können.

Die Rolle der öffentlichen Verwaltung besteht zusammengefasst darin,

- mit CSR strategisch umzugehen und eine Nutzenbetrachtung in allen Politikfeldern vorzunehmen;
- eine kohärente Nachhaltigkeitsstrategie zu entwickeln und darauf aufbauend – in Zusammenarbeit mit Unternehmen – smarte Rahmenbedingungen zu setzen;
- Anreizsysteme zu etablieren, die zwischen dem mittelbaren und unmittelbaren Business-Case CSR differenzieren;
- gleiche bzw. faire Wettbewerbsbedingungen für Unternehmen zu fördern;
- sicherzustellen, dass die Rahmenbedingungen so klar wie möglich sind;
- regelmäßig die Auswirkungen von Nachhaltigkeitspolitik auf Unternehmen zu evaluieren und – unter Berücksichtigung der spezifischen Bedürfnisse von KMU – entsprechend anzupassen;
- Unternehmen zu sensibilisieren und zu informieren und dabei einen besonderen Fokus auf KMU legen;

- Bildung und Ausbildung zu verantwortlichem Wirtschaften fördern;
- Good Practice von Politik, Unternehmen, Wissenschaft und Zivilgesellschaft zu fördern und zu kommunizieren;
- den Dialog mit den Interessenvertretungen zu fördern und den internationalen Austausch sowie Zusammenarbeit zu fördern.

… bedeutet, mit der richtigen Haltung …

Eine kooperative und kollaborative Haltung der Behörden ist ein wichtiger Baustein für die Gestaltung und Umsetzung einer strategischen Nachhaltigkeitspolitik, die das selbstbestimmte Handeln von Unternehmen unterstützt. Bei Nachhaltigkeitspolitik müssen KMU besonders im Fokus stehen und dahingehend sensibilisiert werden, dass Nachhaltigkeit als Bestandteil des Kerngeschäfts ein nicht zu unterschätzender Wettbewerbsvorteil sein kann – zumal viele KMU als Teil globaler Lieferketten immer mehr Sozial- und Umweltstandards erfüllen oder entsprechende Zertifizierungen sowie Managementsysteme vorweisen müssen.

Ein Beispiel für eine Zusammenarbeit zwischen Behörden und Unternehmen zu beiderseitigem Nutzen sind freiwillige sektorale Ansätze. Diese können besonders für KMU interessant sein, die im Vergleich zu großen Unternehmen nicht die gleichen Kapazitäten oder Kenntnisse über die Entwicklung und Umsetzung detaillierter CSR-Strategien haben oder vor besonderen Herausforderungen in den Lieferketten stehen. Ein weiteres Beispiel sind öffentlich-private Partnerschaften (PPP). Sie können Behörden und Unternehmen effektiv dabei helfen, ihre jeweiligen Ressourcen, ihr Fachwissen und ihre Stärken zu bündeln, um ein besseres Kosten-Nutzen-Verhältnis bei der Umsetzung umwelt- und sozialverträglicher Projekte zu erzielen.

… intelligent regulieren

Eine sich ständig ändernde Welt braucht keine aufgeblähte, sondern eine dynamische Ordnungspolitik. Und sie braucht Selbstregulierung dort, wo der Staat nicht sinnvoll regulieren kann: Dazu gehört CSR – die Verantwortung von Unternehmen für ihre Auswirkungen auf die Gesellschaft.

Damit diese Doppelbelastung für Unternehmen nicht entsteht, darf Selbstregulierung an der Schnittstelle Unternehmen und Gesellschaft nicht als Einstieg in eine neue staatliche Regulierung gesehen werden, sondern sollte eine Ergänzung einer smarten Ordnungspolitik sein, die wirtschaftliche mit gesellschaftlichen und ökologischen Anforderungen ausbalanciert und einen wesentlichen Beitrag zu breitenwirksamen Wohlstand leistet.

6.7   Fazit

CSR muss von Politik und Verwaltung als positives Wertschöpfungskonzept verstanden werden, das Werte schafft statt vernichtet. Die Rolle des Staats ist es dabei, CSR strategisch einzusetzen und entsprechende Rahmenbedingungen zu entwickeln.

Literatur

Bundesgesetzblatt Republik Österreich. (2017). Nachhaltigkeits- und Diversitätsverbesserungsgesetz (Na-DiVeG). https://www.ris.bka.gv.at/Dokumente/BgblAuth/BGBLA_2017_I_20/BGBLA_2017_I_20.pdfsig. Zugegriffen am 12.02.2019.

EU. (2015). Handelsstrategie „Handel für alle". http://trade.ec.europa.eu/doclib/docs/2015/october/tradoc_153880.PDF. Zugegriffen am 12.02.2019.

EU. (2017). EU-Verordnung Sorgfaltspflichten in der Lieferkette für EU-Importeure von sogenannten Konfliktmineralien. https://eur-lex.europa.eu/legal-content/DE/TXT/PDF/?uri=CELEX:320 17R0821&qid=1495186376778&from=DE. Zugegriffen am 12.02.2019.

OECD. (2018). OECD-Leitlinie zur Sorgfaltspflicht für verantwortungsvolles Geschäftsgebaren. http://www.oecd.org/corporate/mne/due-diligence-guidance-for-responsible-business-conduct.htm. Zugegriffen am 12.02.2019.

The Global Goals for Sustainable Development. (2019a). The 17 Goals. https://www.globalgoals.org. Zugegriffen am 12.02.2019.

The Global Goals for Sustainable Development. (2019b). Ziel 17, „Partnerschaften zur Erreichung der Ziele". https://www.globalgoals.org/17-partnerships-for-the-goals. Zugegriffen am 12.02.2019.

United Nations. (2011). UN guiding principles for business and human rights. https://www.ohchr.org/Documents/Publications/GuidingPrinciplesBusinessHR_EN.pdf. Zugegriffen am 12.02.2019.

Mag. Barbara Coudenhove-Kalergi, MA, ist als Expertin für gesellschaftliche Innovation bei der Industriellenvereinigung für neue und innovative Zugänge, Lösungsansätze und Politikgestaltung zu gesellschaftspolitischen Herausforderungen zuständig. Davor war sie in leitender Funktionen beim Institut zur Cooperation bei Entwicklungsprojekten (ICEP) mit einem Fokus auf globale CSR tätig und gründete das Center for Responsible Management. Sie beschäftigt sich seit rund 15 Jahren mit dem Thema Verantwortung und Unternehmensethik. Die studierte Handelswissenschaftlerin hat einen postgradualen Abschluss in Responsible Management der Steinbeis Universität Berlin.

Teil III

Verantwortungsvolle Unternehmensführung in der Praxis – Anlass und Ansporn

Die Verantwortungsbereiche im Gleichgewicht halten

7

Georg Kapsch

Zusammenfassung

Verantwortung ist etwas höchst Individuelles und oft auch Kulturspezifisches. Sie lässt sich nicht gesetzlich verordnen, sondern sollte aus einer intrinsischen Motivation entstehen. Ein Unternehmen und seine Akteure sind in Wertschöpfungsketten eingebunden und Verantwortung durchzieht die gesamte Wertschöpfungskette, wobei aber vieles von einem einzelnen Unternehmen gar nicht beeinflussbar ist. Als Unternehmerinnen und Unternehmer und Führungskräfte tragen wir verschiedenen Gesellschaftsgruppen gegenüber Verantwortung. Oft müssen wir Prioritäten setzen, denn nicht selten entstehen Situationen, in denen verantwortungsvolles Handeln der einen Gruppe gegenüber anderen Gruppen als verantwortungslos gesehen werden könnte. Wir bewegen uns daher oft auf einem sehr, sehr schmalen Grat.

Verantwortung ist immer eingebettet in einen ethischen, moralischen und kulturellen Kontext, der sich naturgemäß regional, aber auch über die verschiedenen historischen Epochen hinweg verändert hat und immer noch verändert. Was an einem Punkt der Erde als verantwortungsvoll gilt, muss noch lange nicht an einem anderen als solches gelten. Dies macht natürlich verantwortungsvolles Handeln in einem globalen Kontext heute schwieriger als jemals zuvor, denn mit Ausnahme weniger unbestrittener Grundrechte, die auf der ganzen Welt gelten sollten, bestehen durchaus veritable Unterschiede in der Perzeption von Verantwortung. Wir Europäer glauben immer noch in einer hypertrophen Denkweise, unser Wertesystem – im Glauben, es sei das beste aller denkmöglichen – der ganzen Welt

G. Kapsch (✉)
Kapsch AG, Wien, Österreich
E-Mail: georg.kapsch@kapsch.net

© Springer Fachmedien Wiesbaden GmbH, ein Teil von Springer Nature 2019
D. Ortiz et al. (Hrsg.), *Verantwortungsvolle Unternehmensführung im österreichischen Mittelstand*, Forschung und Praxis an der FHWien der WKW,
https://doi.org/10.1007/978-3-658-25328-8_7

aufoktroyieren zu müssen. Dies hatte bereits in der Geschichte fatale Folgen und wir scheinen daraus nichts zu lernen. Auf Unternehmen übertragen bedeutet dies, dass uns die europäische Gesetzgebung in vielen Bereichen zu Dingen zwingt, die in anderen Jurisdiktionen mit anderem kulturellem Hintergrund einfach nicht umsetzbar sind. Dies bringt viele Unternehmen in ihrer Wertschöpfungskette zumindest in ein Dilemma, wenn nicht in echte Schwierigkeiten.

Abgesehen davon, dass es immer Menschen geben wird, die bemüht sind, verantwortungsvoll zu handeln, und solche, die dies nicht tun, ist es heute selbst für die erste Gruppe nicht leicht, ein durchgängig verantwortungsvolles Handeln an den Tag zu legen, da uns möglicherweise sogar gut gemeinte rechtliche Rahmenbedingungen ein solches Verhalten extrem erschweren oder sogar verunmöglichen. Ein Beispiel dafür wäre das Thema Veruntreuung, da großzügige Spenden oder außergerichtliche Vergleiche eng ausgelegt als Veruntreuung klassifiziert werden könnten.

In früheren Zeiten war Verantwortung ein intrinsisches Selbstverständnis für die Menschen, deren Maxime es war, verantwortungsvoll zu handeln. Heute wird versucht, Verantwortung teilweise gesetzlich zu verordnen, aber wirklich nachhaltige Verantwortung lässt sich nicht gesetzlich dekretieren, sondern resultiert aus einer inneren Einstellung. Rechtliche Normierungen mögen in einem gewissen Rahmen durchaus hilfreich und nützlich sein, schränken aber in ihrer heutigen Form das Tragen einer ganzheitlichen Verantwortung in vielen Bereichen massiv ein. Insbesondere in jenen Bereichen, in denen unterschiedliche Gesetzesmaterien kollidieren, wie etwa in den Bereichen Aktionärsrechte, Untreue und dem gegenüber gestellt gesellschafts- und sozialpolitische Verantwortung. Dies führt immer häufiger zu einem zögerlichen Selbstschutzverhalten in Situationen, in denen schnelles und mutiges Handeln gefragt und dringend geboten wäre.

Stellen wir uns nun die Fragen:

- Was bedeutet Verantwortung überhaupt?
- Wer ist wem wofür verantwortlich?
- Kann ein Unternehmen oder eine Institution überhaupt Verantwortung übernehmen oder sind es nicht immer die Menschen und hier nicht nur die Leitungsorgane von Unternehmen und Institutionen?
- Lassen die heutigen Kapitalmärkte und Private-Equity-/Venture-Capital-Investoren ganzheitlich verantwortungsvolles Handeln überhaupt zu?
- Wie steht es um die Verantwortung entlang der Wertschöpfungskette – welche Verantwortung trägt der Produzent, die Produzentin und welche der Konsument bzw. die Konsumentin?
- Wie gewichtet man langfristige im Verhältnis zu kurzfristiger Verantwortung?
- Wie gewichtet oder priorisiert man die Verantwortung hinsichtlich der unterschiedlichen Gesellschaftsgruppen?

Die erste Frage, was Verantwortung bedeutet, werden wahrscheinlich Menschen in Führungsfunktionen in Unternehmen oder Institutionen unterschiedlich beantworten. Eigentümerunternehmer und -unternehmerinnen in traditionellen Familienunternehmen sind anderen Wirkungskräften ausgesetzt als Vorstände von großen börsennotierten Unternehmen, deren Aktionäre und Aktionärinnen mehr oder weniger anonym sind. Um den Unterschied nicht unbedingt im Verständnis von Verantwortung, aber in der unterschiedlichen Art des verantwortungsvollen Handelns erklären zu können, ist es zunächst notwendig, die Frage zu klären, wofür wer wem gegenüber verantwortlich ist oder sein könnte. Dass diese Verantwortung weit über die rein aktienrechtliche, wobei das Aktiengesetz ja nicht nur den Aktionär, sondern auch die Gesellschaft im Mittelpunkt sieht, hinausgeht, ist wohl verstanden.

Wir können die sechs Bereiche Mitarbeiterinnen und Mitarbeiter, Kunden, Partner (Supply-Chain- und Kooperationspartner), Aktionäre, soziale Unterstützung in der Gesellschaft und Umwelt als Verantwortungsbereiche bezeichnen. Nun sind wir diesen in unterschiedlicher Art und Weise verantwortlich. Und auch hier können Interessen in puncto Verantwortung kollidieren und ein Spannungsfeld für die Unternehmensführung erzeugen. Ein Beispiel wäre die Unterstützung künstlerischer Veranstaltungen, die u.a. auch darauf abzielen, Menschen Kunst näherzubringen, die unter Compliance-Überlegungen als Fehlverhalten qualifiziert werden könnte.

Wer sind aber nun die Verantwortungsträger? Ein Unternehmen an sich kann keine Verantwortung tragen, es sind die Menschen und hier vor allem die Führungskräfte des Unternehmens, keinesfalls jedoch allein der Vorstand oder die Geschäftsführung, denn das würde zu kurz greifen: es ist primär ein Zusammenspiel des Verhaltens der Mitarbeiterinnen und Mitarbeiter der Unternehmensleitung und der Rahmenbedingungen, die die Eigentümer und Eigentümerinnen sowie Aktionäre und Aktionärinnen der Unternehmensführung setzen.

Wofür wird nun Verantwortung in den einzelnen Bereichen getragen? Den Mitarbeiterinnen und Mitarbeitern gegenüber tragen wir Verantwortung dafür, dass sie sich innerhalb des Unternehmens weiterentwickeln können, Vertrauen in die Zukunft des Unternehmens haben können, dass sie unabhängig von ethnischer Herkunft oder Geschlecht gleiche Chancen und gleiche Entlohnung für gleiche Arbeit im Unternehmen haben. Wir tragen ihnen gegenüber aber auch Verantwortung, dass sie ein gewisses Maß an Zufriedenheit entwickeln können und den Sinn in ihrer Tätigkeit und ihren Beitrag zum Gesamterfolg sehen und honoriert bekommen. Umgekehrt tragen aber auch Mitarbeiterinnen und Mitarbeiter Verantwortung für sich selbst, für ihre Weiterbildung, die das Unternehmen nur anbieten kann, sowie für ihren Beitrag zum Erfolg und zum verantwortungsvollen Handeln. Bei Kongruenz von Zielen und Handeln des Unternehmens und der Mitarbeiterinnen und Mitarbeiter ist ein Gleichgewicht gegeben und damit wird Verantwortung gelebt.

Jedes Unternehmen lebt aber insbesondere von seinen Kunden. Verantwortung dem Kunden gegenüber bedeutet, dass das Unternehmen eine langfristige Kundenbeziehung anstrebt, nicht auf kurzfristige Gewinnmaximierung ausgerichtet ist und seinen Kunden gegenüber transparent bleibt. Eine Kundenbeziehung sollte beiderseits auf dem Prinzip „Leben und leben lassen" aufgebaut sein. Wenn sich jeder in der Wertschöpfungskette bewusst ist, dass er einmal Kunde und einmal Lieferant ist und wenn dieses Bewusstsein die Organisation durchdringt, werden das Verständnis und damit auch die Verantwortung für die Herausforderungen und Probleme des anderen gegeben sein. Mit Verständnis und Transparenz in der Kundenbeziehung kann Verantwortung nachhaltig gelebt werden.

Die Partner oder auch ein vielfältiges Netzwerk an Kooperationspartnern sind in der globalen Wirtschaft Voraussetzung für Erfolg. Nun könnte man fragen, wo denn der Unterschied zwischen Kunden und Partnern liegt und damit auch der Unterschied in der Verantwortung. Natürlich sind Kunden auch Partner, aber Kunden sind ganz spezifische Partner, denn sie bilden den Markt und damit den Kern jedes Geschäftsmodells und sind damit im Gegensatz zu Lieferanten und Kooperationspartnern auch nicht austauschbar. Für unsere Lieferanten gilt, dass wir sie nicht anders behandeln sollten, als wir von unseren Kunden behandelt werden wollen. Für Kooperationspartner gilt Respekt, Ehrlichkeit und Transparenz. Dies bedeutet natürlich nicht, dass es darüber hinaus nicht ein taktisches Verhalten geben kann. Die Tragfähigkeit einer Partnerschaft hängt allerdings sehr wohl vom Vertrauen ab und Vertrauen entsteht und hält nur, wenn sich keiner übervorteilt fühlt. In der Wertschöpfungskette hat die Führung jedes Unternehmens die Verantwortung, die Brückenfunktion von einer Stufe der Wertschöpfungskette zur nächsten herzustellen und damit seinen Beitrag zur optimalen Erfüllung des Endkundenbedürfnisses beizutragen.

Die Aktionäre sind diejenigen, die mit ihrem Kapital ins Risiko gehen und damit dem Unternehmen Investitionen ermöglichen. Dafür gebühren ihnen faire Risikoprämien, die zugegebenermaßen in den letzten Dekaden, und hier bilden Familienunternehmen in den meisten Fällen eine positive Ausnahme, oft weit überzogen sind. Dies ist zum Teil der Grund für den Verlust der sozialen Kohäsion in unserer Gesellschaft. Der furchtbare Begriff des Shareholder Value, der Inbegriff der Ignoranz von Verantwortung ist, spielt bei Familienunternehmen kaum eine Rolle. Familienunternehmen sind nicht auf Quartale oder Jahresschreiben ausgerichtet, sondern auf Generationen und dies prägt das Denken und Handeln der meisten Familienaktionäre und hilft auch Vorständen und Geschäftsführerinnen und Geschäftsführern von Familienunternehmen, risikoreicher und zugleich nachhaltiger agieren zu können, da sie nicht dem kurzfristigen und teilweise irrationalen Denken und Handeln von Fonds ausgesetzt sind und daher auch nicht so sehr an die Risiken, denen sie sich selbst aussetzen, denken müssen. Es hat aber nicht nur das Unternehmen dem Aktionär gegenüber eine Verantwortung, sondern auch der Aktionär dem Unternehmen gegenüber, in dem er in guten wie auch in schlechten Zeiten zum Unternehmen und dessen Mitarbeiterinnen und Mitarbeitern steht und nicht bei der ersten Gewitterwolke die Aktien verkauft oder mit den Aktien spekuliert und damit dem Unternehmen Schaden zufügt. Dies würde ein Familienunternehmer niemals tun, der Kapitalmarkt derzeit leider schon. Die Aktionäre und Aktionärinnen müssen dem Unternehmen und damit der Geschäftsführung eines Unternehmens Rahmenbedingungen gewähren, in denen die Unternehmensführung verantwortungsvoll handeln kann. Dies bedeutet, dass auch für den Aktionär niemals Gewinnmaximierung die treibende Kraft sein darf.

Geschäftsführung und Mitarbeiterinnen und Mitarbeiter eines Unternehmens haben aber auch eine soziale, volkswirtschaftliche und gesellschaftspolitische Verantwortung und einen kulturellen Auftrag. Diese erstreckt sich von der Unterstützung unterprivilegierter und in Not geratener Menschen in unserer Gesellschaft über einen Bildungsauftrag im Bereich der Unterstützung von Schulen und Kooperationen mit Universitäten und die Ausbildung im Unternehmen bis hin zu einem kulturellen Auftrag. Es geht darum, die unverschuldet in Not Geratenen dabei zu unterstützen, wieder auf eigenen Beinen stehen zu können. Das ist gelebte Verantwortung. Es geht darum, Arbeitsplätze zu schaffen und den politischen Willensbildungsprozess so zu beeinflussen, dass Standortfaktoren geschaffen werden, die dazu angetan sind, Arbeitsplätze zu schaffen. Auch das ist Verantwortung, die wahrzunehmen den Unternehmerinnen und Unternehmern derzeit nicht leicht gemacht wird.

Das sechste Verantwortungsfeld betrifft die Umwelt. Wir alle sind aufgerufen, mit Ressourcen sparsam umzugehen und Emissionen jeder Art zu minimieren. Hier können Unternehmen so manches tun und haben bereits sehr viel erreicht, jedoch kommt hier auch die Verantwortung des Konsumenten ins Spiel, denn der Konsument kann umweltfreundlichere und zumeist teurere oder weniger umweltfreundliche, aber zumeist billigere Geschäftsmodelle unterstützen. Hier kann das Unternehmen seiner Verantwortung nur mit Unterstützung des Konsumenten gerecht werden, denn seine Wettbewerbsfähigkeit darf ein Unternehmen nicht riskieren, da es ansonsten seine Existenzgrundlage verliert und Arbeitsplätze verloren gehen. Die heutigen Umweltprobleme lassen sich nicht mehr durch ein Zurück, sondern nur mehr durch ein technologisches Voran in den Griff bekommen. Verantwortungsvoller Einsatz von Technologien ist hier das Schlagwort.

Im nächsten Schritt der Betrachtung geht es um zweierlei – nämlich um die Frage des Gleichgewichts der sechs Verantwortungsbereiche und um die Frage der Priorisierung kurzfristiger versus langfristiger Verantwortung.

Langfristig und im Schnitt haben sich diese sechs Bereiche die Waage zu halten. Dies bedeutet nicht, dass es nicht notwendig und sinnvoll ist, in gewissen Phasen und Situationen eines Unternehmens Priorisierungen für den einen oder anderen Bereich vorzunehmen. Einige der Bereiche sind nach außen und einige nach innen gewandte. Auch hier bedarf es, um nachhaltig verantwortungsvoll zu agieren, eines Gleichgewichts, denn beschäftigt sich ein Unternehmen hauptsächlich mit sich selbst, wird es am Markt nicht erfolgreich bleiben, und beschäftigt es sich ausschließlich mit dem Markt, wird voraussichtlich die innere Kohäsion des Unternehmens und die Zufriedenheit der Mitarbeiterinnen und Mitarbeiter zurückgehen.

Wohin lenkt man aber in unterschiedlichen Phasen des Unternehmens den Schwerpunkt seiner Verantwortung? Einige Beispiele dazu: In Sanierungsphasen muss man seine Verantwortung auf die Pflege der Kundenbeziehung und die Motivation der Mitarbeiterinnen und Mitarbeiter und deren Glauben an die Zukunft und an die Vision des Unternehmens lenken. In stabilen Phasen wird man seine Aufmerksamkeit auf den Sozial- und Umweltbereich sowie auf das Aktionariat legen. In Wachstumsphasen stehen mit Sicherheit wieder Kunden, Partner, aber auch Mitarbeiterinnen und Mitarbeiter im Mittelpunkt der Betrachtung.

Nun kann aber kurzfristige mit langfristiger Verantwortung kollidieren. Dies ist sicherlich bei Familienunternehmen, die grundsätzlich auf Langfristigkeit und Kontinuität ihrer Eigentümer ausgerichtet sind, weniger kritisch als bei Unternehmen, die in der Hand anonymer Aktionärinnen und Aktionäre sind, denn deren Unternehmensführung steht oft im

Zwiespalt zwischen kurzfristiger Gewinnmaximierung, um Aktienkurse hochzuhalten und damit die Aktionärinnen und Aktionäre zufriedenzustellen, und der langfristen Komponente nachhaltiger Investitionen und zufriedener Mitarbeiterinnen und Mitarbeiter. Dies lässt sich nicht generalisieren, jedoch Tendenzen in diese Richtung sind, wenngleich es auch Gegenbeispiele gibt, allgegenwärtig. Dies gilt aber wahrscheinlich für Unternehmen, die im Eigentum von Private Equities stehen, noch zu einem höheren Grad als für börsennotierte Unternehmen, da in diesem Fall der Druck, Cash zu generieren, aufgrund der dahinterliegenden Akquisitionsfinanzierungsstrukturen ein noch viel größerer ist. In solchen Situationen ist es extrem schwierig, seiner langfristigen Verantwortung nachzukommen, da hier das Prinzip des kurz- bis mittelfristigen Shareholder Values im Vordergrund steht. Bei den meisten Familienunternehmen steht aber der Care-Gedanke den Mitarbeiterinnen und Mitarbeitern gegenüber im Vordergrund. Dies führt auch zu langen Beschäftigungsverhältnissen, Kontinuität, Loyalität und Einschätzbarkeit. Verantwortung zu übernehmen bedeutet oft auch unkonventionell zu handeln, Pfeile auf sich zu ziehen und Ablehnung zu erfahren. Unternehmensführungen, die verantwortungsvoll handeln und deshalb möglicherweise kurzfristig Nachteile zu spüren haben, werden jedenfalls langfristig erfolgreicher sein. Verantwortungsbewusstsein ist etwas höchst Persönliches, Verantwortung zu übernehmen ist herausfordernd, aber auch bereichernd. Verantwortung übernehmen bedeutet auch, einen Beitrag zur Verbesserung der Lebenssituation anderer leisten zu können. Es bedeutet aber auch, nicht nur Verantwortung für das eigene Handeln, sondern auch für das Handeln anderer zu übernehmen. Das Englische unterscheidet sehr schön zwischen „responsibility" und „accountability", das eine, „responsibility", die innere Verantwortung in einem interdisziplinären und ganzheitlichen Sinn, und die „accountability" im Sinne von Umsetzungsverantwortung bis hin zur Haftung. Manchmal sehen wir im Zusammenhang mit unternehmerischer Verantwortung den Begriff Verantwortung zu sehr eingeschränkt auf die Bedeutung „accountability". Dies mag dem Gesetz, jedoch nicht einer ethisch/moralischen Verantwortung Genüge tun.

Mag. Georg Kapsch begann seine berufliche Laufbahn von 1982 bis 1985 im Bereich Konsumgütermarketing bei der Kapsch Group. In den folgenden Jahren war er im Investitionsgütermarketing tätig. Seit Juli 1989 ist er Mitglied im Vorstand und seit Oktober 2001 CEO der Kapsch Group. Im Dezember des Folgejahres übernahm er zudem den Vorstandsvorsitz in der Kapsch TrafficCom.

Georg Kapsch hat an der Wirtschaftsuniversität Wien Betriebswirtschaftslehre studiert. Er war Vorsitzender der Unterorganisation des Industrieverbands „1031 – Unternehmensgruppe Jungunternehmer und Führungskräfte Österreichs" (1988–1992). Von 2008–2012 war er Präsident des Wiener Landesverbands der Österreichischen Industriellenvereinigung. Seit Juni 2012 ist er Präsident der Österreichischen Industriellenvereinigung.

Entscheidungen treffen und dann auch damit leben

8

Peter Pichler

Zusammenfassung

Der Beitrag betrachtet den Wandel, der durch die Privatisierung der ehemals staatlichen Berndorfer Metallwarenfabrik mit rund 600 Mitarbeitenden über ein Management- und Mitarbeiterbeteiligungsmodell zur heutigen Berndorf AG als Holding einer Gruppe mit weltweit mehr als 3000 Mitarbeitenden ausgelöst wurde. Der Autor beleuchtet die wesentlichen Meilensteine dieses Prozesses, der vor 30 Jahren begonnen hat und den er als Zeitzeuge in der Funktion als Vorstandsmitglied ab 1990 sowie als Vorstandsvorsitzender ab 2008 mitgestaltet hat, unter den Aspekten Anlass und Ansporn verantwortungsvoller Unternehmensführung.

8.1 Einleitung/Vorbemerkung

Aus einem Anlass – konkret ging es 1987/1988 darum, die Schließung weiter Teile einer Metallwarenfertigung nach langen Verlustjahren abzuwenden und ein dem Gründungsstandort verbundenes, auf Mitarbeitende mit hoher fachlicher Kompetenz bauendes Unternehmen langfristig gesund zu erhalten – hat sich ein privatwirtschaftlich organisierter Ansporn entwickelt, der bis heute Motor für die verantwortungsvolle Weiterentwicklung der Berndorf Gruppe ist. Der Umsatz hat sich im engeren Kreis der konsolidierten Gruppe seit 1988 verzehnfacht bzw. unter Einbeziehung jener Unternehmen, an denen die Berndorf

P. Pichler (✉)
Berndorf AG, Berndorf, Österreich
E-Mail: pp@berndorf.co.at

© Springer Fachmedien Wiesbaden GmbH, ein Teil von Springer Nature 2019
D. Ortiz et al. (Hrsg.), *Verantwortungsvolle Unternehmensführung im österreichischen Mittelstand*, Forschung und Praxis an der FHWien der WKW, https://doi.org/10.1007/978-3-658-25328-8_8

AG einen Minderheitsanteil hält, auf über eine Milliarde Euro verzwanzigfacht. Die Exportquote liegt bei über 90 % (vgl. Berndorfer Geschäftsbericht 2017, S. 16 ff.).[1]

Erster Kontakt nach Berndorf: Mir war die ehemalige VMW Ranshofen-Berndorf AG vertraut, aus der Zeit, als ich noch bei meinem früheren Arbeitgeber, der Chase Manhattan Bank, tätig war. Das Unternehmen zählte zu unseren Kunden. Der Standort in Berndorf galt als eher ungeliebte Tochter aus der Sicht des Gesamtunternehmens, die immer wieder Geld brauchte. Ende der 1980er-Jahre analysierte unsere Bank für die damalige Berndorf-Mutter, ob eine Privatisierung in Form eines Management-Buy-out (MBO), wie es das damalige Management um Norbert Zimmermann vorgeschlagen hatte, funktionieren konnte. Diese Analyse fiel positiv aus – sogar so gut, dass die Chase Manhattan Bank einen Teil der Fremdfinanzierung für den Unternehmenskauf bereitstellte.

Zwei Jahre nach dem MBO stellte mir Norbert Zimmermann die Frage, ob ich in den Vorstand der Berndorf AG wechseln möchte. Mir war klar, dass sich dadurch viel verändern würde. Zuvor war ich Dienstleister in der Finanzierung, hatte zwar mit spannenden Projekten zu tun, jedoch in der Regel konnte ich dabei nur an der Oberfläche kratzen. Ich spürte damals den Wunsch, mehr zu erfahren und tiefer in die industrielle Materie einzutauchen. Mir ging es darum, Projekte von Anfang bis Ende mitzugestalten, d. h. Entscheidungen treffen und dann auch damit leben – also volle Verantwortung übernehmen. Der Einstieg in Berndorf, in ein mittelständisches, eigentümergeführtes Unternehmen, bot mir diese Chance. Die gelebten Werte und der Erfolg sind ein starker Ansporn für mich.

8.2 Ausgangslage 1986/1987

8.2.1 Jahrelanger wirtschaftlicher Misserfolg der verstaatlichten Berndorfer Metallwarenfabrik

Mitte der 1980er-Jahre war die Berndorfer Metallwarenfabrik am Standort Berndorf ein wichtiger Arbeitgeber im Triestingtal. Ehemals ein Betrieb von Weltgeltung hatte das Unternehmen aber – aus unterschiedlichen Gründen – immer wieder auch Krisen zu meistern. Das letzte Tal der Tränen dauerte schon sehr lange. Wie trist die Stimmung vor etwas mehr als 30 Jahren war, illustriert der heutige Aufsichtsratsvorsitzende und Vertreter des Mehrheitseigentümers Norbert Zimmermann in seinen biografischen Aufzeichnungen so:

> Alles wirkte grau, verlassen und ohne Optimismus. (…) Vermutlich war's gar nicht so schlimm, wie es aussah. Ich hatte damals wohl die Schönheiten der Stadt übersehen. Stattdessen sah ich die nicht gerade auf dem letzten Stand befindliche industrielle Infrastruktur und addierte dazu die hohe Arbeitslosigkeit. (…) Reste nicht bewältigter, historischer Bausubstanz zeugen noch heute vom schweren Erbe, an dem Stadt und Region in den 1980er-Jahren zu tragen hatten.

[1] Konsolidierte Zahlen aus dem Geschäftsbericht der Berndorf AG, weitere Zahlen aus Interview P. Pichler.

Ein schweres Erbe ist aber deswegen kein durchgehend schlechtes Erbe. Darin können sich
große Anteile von vielversprechenden Schätzen verbergen. (…) Unter all den verwitterten
Oberflächen hatte die Stadt noch immer fruchtbaren industriellen Humus zu bieten. Die Energie Berndorfs sind die Menschen. Sie konnten erhalten bleiben, weil die Stadt der Tresor dieser
Energie ist (vgl. Zimmermann 2011, S. 129).

Die Menschen in Berndorf bearbeiteten Metall schon in fünfter Generation mit höchster
Geschicklichkeit. Dass sie über Jahrzehnte trotzdem erfolglos blieben, war für sie schwer
zu verstehen. Auch ich habe mich oft gefragt, wie es ihnen damals gegangen ist. Sie
mussten immer wieder Verluste ernten – nicht, weil sie schlecht gearbeitet hatten, sondern weil organisatorisch manches nicht zusammenpasste. Norbert Zimmermann erkannte, dass es die Aufgabe zu lösen galt, das Vertrauen der Menschen in Berndorf in ihre
eigenen Fähigkeiten wieder so zum Leben zu erwecken, dass sie wussten: Wenn es
schwierig wird, können sie Verantwortung übernehmen, weil sie die positive Lösung
selbst in der Hand haben.

Dieser Zugang verbindet uns auch mit allen, die in 175 Jahren zur positiven Weiterentwicklung in Berndorf beigetragen haben. Engagement für Bildung, globales Wirtschaften mit innovativen Technologien und pfiffiges Auftreten mit österreichischem Charme
sind bewährte Eckpfeiler der industriellen Marke Berndorf. Der Weg dorthin musste erst
erkämpft und erarbeitet werden.

Eine Weichenstellung erfolgte schon 1984: Sämtliche Filialbetriebe am Standort Berndorf wurden aus der verstaatlichten VMW Ranshofen-Berndorf ausgegliedert und zur
Berndorfer Metallwaren Ges.m.b.H. mit Sitz in Berndorf geformt. Ausgestattet mit einer
letztmaligen staatlichen Finanzhilfe von 100 Mio. Schilling (7,26 Mio. Euro), sollte Berndorf den neu gewonnenen Freiraum im Verbund mit der staatlichen Austria Metall AG
(AMAG) nutzen.

Dieses Vorhaben blieb jedoch ohne Erfolg. Schon zwei Jahre später war der Zuschuss
aufgezehrt und das Finanzloch erreichte neue Dimensionen. Norbert Zimmermann wurde
1986 zum neuen Geschäftsführer bestellt und mit der Erarbeitung eines Sanierungskonzepts beauftragt (vgl. Menschen am Werk – 175 Jahre, S. 122 ff.).

8.2.2 Neukonzeption Berndorf AG

Zimmermann setzte auf eine Kombination aus Eigenverantwortung und Teamwork bei
großer Standortverbundenheit. Er umriss damit erstmals wichtige Werte für Berndorf, die
im Kern verantwortungsvolles Wirtschaften ausmachen und in den folgenden 30 Jahren
zur Unternehmenskultur der Berndorf AG werden sollten. Das Reorganisationskonzept
sah vor, dass jede Produktgruppe als Ges.m.b.H. juristisch verselbstständigt werden sollte.
Ein verantwortlicher Geschäftsführer war mit der Leitung jeweils einer der acht neuen
Tochtergesellschaften zu beauftragen und mit den dafür notwendigen Kompetenzen
auszustatten.

Fast ein Viertel aller Berndorf-Mitarbeitenden war damals in der Unternehmenszentrale beschäftigt gewesen. Diese Organisationsform der damaligen Berndorfer Metallwaren Gesellschaft (BMWG) hatte die Kosten in die Höhe getrieben und war mitverantwortlich für das Scheitern des letzten Sanierungsversuchs 1984. In seinem Konzept für die Zukunft Berndorfs setzte Norbert Zimmermann daher auf die Dezentralisierung der Funktionen und die Auflösung der Stäbe. Dies sollte erhebliche Einsparungen ermöglichen (vgl. Menschen am Werk – 175 Jahre, S. 123).

8.2.3   Protest und Demonstrationen

Die Konsequenz dieser vorgeschlagenen Maßnahmen war jedoch auch die Ankündigung einer geplanten Reduktion des Personalstands um 140 Mitarbeitende in der BMWG. Der Widerstand der Belegschaftsvertretung gegen diesen Plan folgte auf dem Fuß. Für Februar 1987 wurde zu einer Protestveranstaltung und Großdemonstration aufgerufen.

Die Dimension der Proteste lässt sich am besten in Zahlen verdeutlichen, die in der Unternehmenschronik erwähnt werden. In der knapp 9000 Einwohner zählenden Stadt Berndorf zogen 1500 Menschen in einem Protestmarsch vom Berndorfer Werkstor in die Innenstadt. Auf Spruchbändern wurden Fragen gestellt wie: „Soll Berndorf wieder Notstandsgebiet werden?" oder „Wird die BMWG zu Tode gemanagt?" (vgl. Menschen am Werk – 175 Jahre, S. 124).

8.2.4   Unternehmenszukunft an der Kippe

Fast niemand wollte damals so recht an eine erfolgreiche Gesundung der Industrie in Berndorf in einem allerletzten Versuch glauben. Was wäre jedoch die Alternative zur vorgeschlagenen Organisationsreform gewesen? Für hochprofitable Unternehmensteile – wie etwa Berndorf Band – hätte es nach meiner Einschätzung zu jeder Zeit eine wirtschaftliche Zukunft gegeben. Selbst bei einem Verkauf auf internationaler Ebene hätten sich Interessenten gefunden. Die Frage bleibt aber, ob diese Zukunft auch mit dem Standort Berndorf verbunden gewesen wäre – und ob ein solcher Investor diesen so ausgebaut hätte, wie er 2018 dasteht. Experten und Expertinnen damals wie heute hielten im Rückblick auch den Neubau der Produktion samt Übersiedlung für möglich. Es bestand eine hohe Wahrscheinlichkeit, das zweifellos attraktive Produktionen in den alten Hallen Berndorfs zunächst geschlossen bzw. umgesiedelt worden wären, um an anderen Standorten – neu auf die grüne Wiese gestellt – wieder in Betrieb zu gehen. Ich bin davon überzeugt, dass in einem solchen Fall die industrielle Seele der Region, die seit 1843 in Berndorf gewachsen war, relativ schnell verlorengegangen wäre.

8.3   Offene Diskussion über die Chancen zum Erhalt des Standorts

8.3.1   Involvierung von Mitarbeitenden sowie wesentlichen Stakeholdern der Standortöffentlichkeit

Das Sanierungsteam um Norbert Zimmermann setzte also auf weitere Verhandlungen unter Einbindung von Belegschaftsvertretern und -vertreterinnen sowie wesentlichen Stakeholdern aus der Region. Dabei gewann bald die Einschätzung Oberhand, dass alle Verhandlungsteilnehmer und -teilnehmerinnen letztlich dasselbe wollten: Nämlich die Einheit des Berndorfer Werks aus Verantwortung für den Standort. Den am Diskussionsprozess beteiligten Gruppen wurde klar, dass der vorgelegte Sanierungsplan, der zunächst abgelehnt worden war, die Erreichung dieses gemeinsamen Ziels ermöglichte.

Letztlich konnte dank der Vermittlungsbemühungen des damals zuständigen Bundesministers Dr. Streicher und mit der Unterstützung durch die AMAG-Führung ein Verhandlungsergebnis erzielt werden, das von Belegschaftsvertretung und Unternehmensführung akzeptiert wurde. Die Diskussion um den Personalabbau wurde dadurch entschärft, dass es möglich wurde, für die Mehrheit der von einem Arbeitsplatzverlust Betroffenen den Weg der Pensionierung ohne Stellennachbesetzung zu wählen (vgl. Menschen am Werk – 175 Jahre, S. 124 ff.).

8.3.2   Formierung eines eigenverantwortlichen Managementteams für die Gruppengesellschaftsstruktur

Die Einigung ermöglichte den technischen Umsetzungsstart des Sanierungskonzepts. Die neue Organisationsform baute auf einem Führungskonzept auf, das vertrauensvolles Teamwork in einem schlanken Kreis von Führungspersönlichkeiten voraussetzte. Die drastisch reduzierten Zentralstrukturen gaben den Geschäftsführern der selbstständigen Gesellschaften weitgehende Entscheidungsfreiheit und damit zugleich auch große Verantwortung. Das war neu für Berndorf – und erfolgskritisch für das Gelingen eines unternehmerischen Reformprojekts dieser Dimension.

In den Aufzeichnungen seines Buchs „Blickwinkel" formuliert Norbert Zimmermann: „Erfolgreich verläuft der unternehmerische Prozess dann, wenn es gelingt, die richtigen Leute ins Boot zu holen. Egal, ob es sich um Mitarbeiterinnen und Mitarbeiter oder Selbstständige handelt. Ich mute anderen immer nur zu, was ich mir selbst zumute. Das erlaubt uns in Berndorf auch einen ziemlich entspannten Zugang, wenn es um Management- oder Mitarbeiterbeteiligungen im Unternehmen geht. Viele Wirtschaftreibende in Österreich lassen ähnliche Beteiligungsmodelle interessanterweise nach wie vor nicht zu. Dafür kann es verschiedene Gründe geben. Einer davon könnte zu wenig Vertrauen in die eigene Führungsstärke sein" (vgl. Zimmermann 2011, S. 39).

Es deutet viel darauf hin, dass Zimmermann instinktiv schon bei der Formierung eines Managementteams für die künftige Gruppengesellschaftsstruktur der Berndorf AG an die Möglichkeit einer späteren Privatisierung samt Management- und Mitarbeiterbeteiligung gedacht hat. Die Weichen für ein nachhaltig neues, standortverbundenes Eigentümerkonzept für den bis dahin verstaatlichten Industriebetrieb waren somit personell bereits gestellt.

Ausgestattet mit diesem Ansporn, entfaltete sich der Geist der Unabhängigkeit in Berndorf. Die frisch angetretenen Führungskräfte nutzten ihre Spielräume in den einzelnen Gesellschaften. Die Mitarbeitenden erkannten die Seriosität der wirtschaftlichen Planung, aber vor allem auch die Wertschätzung, die ihren immer schon unbestrittenen technischen Fähigkeiten nun offensiv entgegengebracht wurde. In Berndorf stellte sich unternehmerischer Erfolg ein, über den sich jedes einzelne Teammitglied freuen konnte, weil er spürbar wurde (vgl. Menschen am Werk – 175 Jahre, S. 101).

8.3.3   Vorstellung Management-Buy-out-Konzept

Im Jahr 1987 erzielte die neue Berndorf AG ein ausgeglichenes Ergebnis, 1988 sogar 50 Mio. Schilling (etwa 3,63 Mio. Euro) Gewinn. Noch war das Unternehmen aber in die zentralen Strukturen der staatlichen Österreichische Beteiligungs AG (ÖIAG) eingeordnet – und dort wurde zu dieser Zeit an Plänen gearbeitet, die eine Aufteilung der neuen Berndorfer Produktgesellschaften auf Branchenholdings vorsah. Das – ausdauernd verhandelte – Bekenntnis von Unternehmensführung und Belegschaftsvertretung zu einer einheitlichen und wirtschaftlich nachhaltig abgesicherten Standortzukunft wäre damit obsolet gewesen. Berndorf schien ungewissen Zeiten entgegenzusteuern.

In dieser Situation der Unsicherheit wirkte das neu gewonnene Selbstbewusstsein aus den nicht einmal zwei Jahren, die seit dem Start der Organisationsreform in Berndorf vergangen waren, samt der hohen Identifikation von Mitarbeitenden und Unternehmen phänomenal. Die Werkschronik schreibt dazu: „Alle waren mit dem nun endlich wieder funktionierenden Unternehmen schon nach dieser kurzen, aber erfolgreichen Zeit so verwachsen, dass sie Berndorf nicht wieder hergeben wollten. Das Werk war fast schon ihr Leben" (vgl. Menschen am Werk – 175 Jahre, S. 125 ff.).

Die Berndorf AG mit Norbert Zimmermann an der Spitze tat alles dafür, um das Gesetz des Handelns in den eigenen Händen zu behalten. In Einzelgesprächen mit seinen engsten Führungskollegen lotete Zimmermann Bereitschaft und Motivation für die Übernahme der Komplettverantwortung aus. Zimmermann erinnert sich in seinen Aufzeichnungen an die Reaktionen, als er seinen Partnern die Frage stellte: „Was wäre also, wenn wir Berndorf kaufen? Das Leuchten in den Augen reichte mir als Antwort. Ich wusste, dass ich am Weg zum Unternehmertum nicht allein sein würde. (…) Einige bedauerten, dass diese Frage nicht schon früher in ihrem Leben gestellt worden war" (vgl. Zimmermann 2011, S. 33 ff.).

Im Team wurde das erste MBO in Österreichs verstaatlichter Industrie – und damit die Privatisierung der Berndorf AG – ausgearbeitet. Insgesamt zehn Berndorf-Manager brachten einen gemeinsamen Anteil als persönliches Investment auf und konnten mit Krediten, die von der Länderbank und der Chase Manhattan Bank finanziert wurden, 50 % der Berndorf AG kaufen. Einige hatten dafür Kredite auf Haus und Hof aufgenommen. Die restlichen 50 % verblieben zunächst bei der AMAG (vgl. Menschen am Werk – 175 Jahre, S. 126).

8.3.4 Betriebsversammlung – Vertrauensschub bei Belegschaft und Stakeholdern

Dieses Bekenntnis von Führungskräften, die zum Teil schon so lange im Unternehmen waren, dass man sie als Berndorfer Inventar bezeichnen konnte, aber auch jenen, die zum Teil erst ganz kurz mit im Boot waren, hinterließ Spuren am Standort. Norbert Zimmermann sagt, dass er förmlich spüren konnte, wie der Funke übersprang: „Als ich im Frühjahr 1988 erstmals die Belegschaft in einer Betriebsversammlung davon informierte, dass wir Berndorf kaufen wollen, gab's Riesenapplaus. Die Leute zupften mich am Ärmel und fragten, ob ich wirklich in Berndorf bleibe – als Eigentümer" (vgl. Zimmermann 2011, S. 42).

Zu oft war die Gemeinschaft der Berndorfer zuvor immer wieder verlassen worden, sodass erst dieses starke Zeichen die Vertrauensgrundlage nachhaltig festigte. Die neue Führung signalisierte der Belegschaft mit diesem Schritt, Teil des Ganzen sein zu wollen – und das fiel auf fruchtbaren Boden, charakterisiert es der damaligen Arbeiterbetriebsratschef Josef Büchsenmeister. Unterstützung kam aber nicht nur aus der Belegschaft, sondern auch aus der Politik, die noch wenige Monate zuvor sehr kritisch beobachtet hatte, was in Berndorf vor sich ging. Die Werkschronik zitiert den damaligen Landeshauptmannstellvertreter Ernst Höger mit seiner Antwort auf die Frage, ob Zimmermann möglicherweise ein neuer Krupp (*Anm.: Mitbegründer der Berndorfer Metallwarenfabrik*) für Berndorf werden möchte: „Hoffentlich wird er einer!" (vgl. Menschen am Werk – 175 Jahre, S. 126).

8.4   Festigung der privatwirtschaftlichen Organisationsform

8.4.1   Vorstellung Mitarbeiterbeteiligungsmodell

Der wachsende privatwirtschaftliche Einfluss in der neu organisierten Berndorf AG entwickelte Zugkraft. Es hatte den Anschein, dass das industrielle Myzel, das sich Mitte des 19. Jahrhunderts auf Berndorfer Boden angesiedelt hatte, nur darauf wartete, wieder auszubrechen und alle begeistern zu können. Daraus entstand der Ansporn, nach dem geglückten erstmaligen MBO in Österreichs verstaatlicher Industrie 1989 ein weiteres Mal Neuland zu betreten (vgl. Zimmermann 2011, S. 131).

Von den zunächst noch bei der verstaatlichen AMAG verbliebenen 50 % der Anteile an der Berndorf AG wurden weitere 24 % frei für die Privatisierung. Gemeinsam wurde entschieden, diese Anteile für ein Beteiligungsangebot an die Belegschaft zu verwenden. Nach dem Management sollte – erstmals in der Geschichte Berndorfs – auch jede und jeder Mitarbeitende die Chance erhalten, sich am Unternehmen zu beteiligen (vgl. Menschen am Werk – 175 Jahre, S. 126).

8.4.2 Zweifel an der Umsetzbarkeit und Kritik an der Schaffung neuer Abhängigkeiten

Die noch zarte Pflanze der Selbstständigkeit und Unabhängigkeit in Berndorf wurde mit diesem Angebot erneut auf die Probe gestellt. Wie nachhaltig würden die Mitarbeitenden bereit sein, an die Zukunft ihres eigenen Werks zu glauben? Niemand konnte voraussagen, wie ein solches Angebot angenommen werden würde. Die Vorstellung eines Rollenwechsels vom Arbeitnehmer zum Unternehmer war tatsächlich so neu, dass in der Belegschaft zunächst Skepsis dominierte.

Vereinzelt wurden Bedenken laut, die Mitarbeitenden würden auf dem Weg zur Eigentümerschaft ihre Ersparnisse in die Berndorf AG investieren und damit in eine doppelte Abhängigkeit zum Unternehmen geraten. Bei einem Scheitern des Experiments hätten sie den Arbeitsplatz und ihre finanziellen Reserven verloren (vgl. Menschen am Werk – 175 Jahre, S. 102).

8.4.3 Zustimmung nach kritischer Prüfung wesentlicher Stakeholder der Arbeitnehmerseite

Bedenkenträger und Befürworter – alle stocherten im Dunkeln. Niemand konnte auf Erfahrungswerte mit einem Beteiligungsvorschlag dieser Art verweisen. Der Berndorfer Betriebsrat entschloss sich dazu, das vorgeschlagene Modell von Arbeiterkammer und ÖGB kritisch prüfen zu lassen. Das Ergebnis dieser Prüfung war eindeutig, erinnert sich Belegschaftsvertreter Josef Büchsenmeister: „Uns wurde geraten: ‚Macht es, denn es kann euch nichts Besseres passieren!'" (vgl. Menschen am Werk – 175 Jahre, S. 102).

Das Vertrauen in die Mitarbeiterbeteiligungsaktion sprengte in der Folge alle Erwartungen: 106 Mitarbeitende wurden zu Aktionären und Aktionärinnen. Die Zuteilung musste auf 450 Aktien pro Kopf beschränkt werden, weil das Interesse so groß war. Die stimmrechtslosen Vorzugsaktien sollten eine jährliche Mindestdividende garantieren. Aufgrund der positiven wirtschaftlichen Ergebnisse der Berndorf AG in den Folgejahren sollte diese Zusage weit übertroffen werden.

Damit konnte im Rückblick ein Traum vieler verwirklicht werden. Aus Berndorf-Mitarbeitenden waren Berndorf-Unternehmer geworden. Als das Management dann auch noch die letzten 26 % von der AMAG gekauft hatte, konnte die Berndorf AG zu 100 % als privatwirtschaftlich organisiertes Unternehmen agieren und überwand damit eine Identitätskrise, die seit 1945 im Laufe von wiederkehrenden Unternehmenskrisen verstärkt in Erscheinung trat. Die Werkschronik schreibt dazu: „Jeder weiß wieder, woran er ist und wofür Berndorf steht. Heute arbeitet man nicht mehr ‚in der Bude', sondern wieder ‚in der Berndorfer'" (vgl. Menschen am Werk – 175 Jahre, S. 127).

8.4.4 Wachsendes Selbstbewusstsein durch Investitionsprogramm und bewältigte Krise

Gestärkt wurde das neu gewonnene Selbstbewusstsein nicht nur durch erfreuliche wirtschaftliche Ergebnisse, sondern auch durch handfeste Maßnahmen am Unternehmensstandort. Das in den Verhandlungen des Jahres 1987 gegebene Versprechen, nicht nur die Einheit des Standorts Berndorf zu erhalten, sondern auch nachhaltig abzusichern, wurde gehalten.

In der Werkschronik erinnert sich der frühere Arbeiterbetriebsratschef Josef Büchsenmeister: „Erstmals wurden in Berndorf – nach langer Zeit – wieder Gebäude renoviert und neue Maschinen angeschafft. Jeder und jedem hat es Freude gemacht, in ein Werk arbeiten zu gehen, das jeden Tag besser ausgeschaut hat. (…) Es kam aber noch etwas dazu: die Mitarbeiter fühlten sich ernstgenommen, weil sie gemerkt hatten, wieviel Vertrauen ihnen das neue Führungsteam entgegenbrachte. Man konnte sich darauf verlassen, korrekt behandelt zu werden. Sollte doch eine Ungerechtigkeit passiert sein, hatte das Folgen. Da kümmerte sich der Vorstand persönlich drum. Dieses Führungsverhalten hat Eindruck gemacht und war dafür verantwortlich, dass sich jeder für den anderen und für das gesamte Werk einsetzte. Die Wertschätzung beruhte auf Gegenseitigkeit" (vgl. Menschen am Werk – 175 Jahre, S. 102 ff.).

Solcherart eingeschworen auf künftige Herausforderungen wurden die noch immer jungen selbstständigen Gesellschaften in die Lage versetzt, die ersten schwierigen konjunkturellen Herausforderungen der frühen 1990er-Jahre, die ich bereits aus eigener Anschauung im Vorstand der Berndorf AG miterlebte, zu meistern. Als die Währung unseres größten Wettbewerbers im Bereich Band 1992/1993 abgewertet wurde und die Konjunktur einbrach, war das der erste Bewährungstest nach der Privatisierung. Den hat Berndorf Band mit Bravour bestanden. Dass die neuen privaten Eigentümer – bestehend aus Management und Mitarbeitenden – mittlerweile auf eine gute Eigenkapitalquote bauen konnten, hat sich ausgezahlt. Sie wurden in dieser Situation nicht nervös, sondern ließen die Tochtergesellschaft in Ruhe arbeiten und konnten die Krise überwinden. Als gelebte Eigenverantwortung ist das Teil der Berndorf-Kultur geworden, mit der das Unternehmen auch in der Folge Krisen gut bewältigen konnte (vgl. Menschen am Werk – 175 Jahre, S. 152).

8.5 Positive Einstellung zur nachhaltigen Gewinnorientierung

8.5.1 Problematik: Pensionierung von am Unternehmen beteiligten Mitarbeiterinnen und Mitarbeitern

Auch nach diesem bestandenen Fitnesstest blieb im Unternehmen viel zu tun, und es hat sich auch viel getan. In der frühen Phase nach dem Buy-out hatten wir noch Gesellschaften im Portfolio, die mittelfristig so nicht überlebensfähig waren. Wir haben eine Tochter zugesperrt und zwei verkauft – alles mit dem Ziel, dass wir unser Kerngeschäft in den

Bereichen Band, Bäderbau, Freileitungen gut weiterentwickeln und auch die Traditions-marke Besteck pflegen konnten. Mit den Gesellschaften am Mutterstandort auf Kurs rückte die Phase der Expansion in Geschäftsbereiche, die nicht am Standort Berndorf an-gesiedelt sind, in den Fokus (vgl. Menschen am Werk – 175 Jahre, S. 152).

Wichtig war dabei stets, dass Wachstum kein Selbstzweck wird. Die Berndorf AG hat immer nur Firmen gekauft, die ohne zu starke Verschuldung leistbar waren und die so eine Chance hatten, sich langfristig in der Unternehmensgruppe zu etablieren und ihren Beitrag zum gemeinsamen Ziel, Gewinne zu erzielen, zu leisten. Damit lassen sich Un-ternehmen verantwortungsvoll weiterentwickeln und Arbeitsplätze auf einer gesunden Basis schaffen. Unternehmen, die gute Leute beschäftigen wollen, müssen den Mitar-beitenden glaubhaft und nachhaltig mehr bieten, als sie anderswo erzielen können. Selbst bei einer guten wirtschaftlichen Entwicklung bleibt der Bewegungsspielraum da-für begrenzt.

Mit den seit der Privatisierung gestarteten Mitarbeiterbeteiligungsmodellen konnte sich die Berndorf AG etwas mehr Luft verschaffen. Die Attraktivität als Arbeitgeber war inner-halb von 15 Jahren stark gestiegen. Aus 600 Berndorf-Mitarbeitenden 1987 waren nach der Jahrtausendwende rund 3000 geworden. Natürlich arbeiten nicht alle im Triestingtal, aber die Berndorferinnen und Berndorfer profitieren von diesem Aufschwung nachhaltig – als Mitarbeitende und als am Unternehmen Beteiligte. Das verlässliche Erwerbseinkommen konnten zumindest jene 106, die seit dem Jahr 1989 Vorzugsaktien hielten, mit guten Jah-resdividenden kombinieren. Das Modell funktionierte, wurde allgemein als gerecht emp-funden und hatte doch eine Schwäche: den Generationswechsel – dieser stand im Jahr 2003 an (vgl. Zimmermann 2011, S. 149).

8.5.2   Erarbeitung eines flexiblen Mitarbeiterbeteiligungsmodells

Wären pensionierte Mitarbeitende im Besitz ihrer Beteiligung an der Berndorf AG geblie-ben, hätte das Modell seinen Wortsinn Mitarbeiterbeteiligung verloren, später ins Unter-nehmen Eingetretene hätten nie wieder dieselbe Chance wie das Ursprungsteam erhalten. Die hohe Attraktivität, die das System ausstrahlte, in dem alle – egal, ob Unternehmer, Management oder Mitarbeitende – ihren gerechten Anteil an der wirtschaftlichen Ent-wicklung des Unternehmens nehmen, wäre verloren gegangen. Mit den besten Absichten gestartet, drohte das nachhaltig erfolgversprechende Berndorfer Mitarbeiterbeteiligungs-modell in eine Sackgasse zu geraten.

Wieder war die Zeit der Verhandlungen in Berndorf angebrochen, in denen zügig ein Ausstiegsszenario für die Altaktionärinnen und -aktionäre sowie ein neues Partizipati-onsmodell entwickelt wurde, das eine dauerhafte Anteilnahme der Mitarbeitenden am Unternehmenserfolg garantiert. Die Anteile aus der ersten Mitarbeiterbeteiligungsrunde von 1989 wurden von der Berndorf AG zurückgekauft. Dabei flossen nicht weniger als 11 Mio. Euro an Aktienerlösen an die Mitarbeiterinnen und Mitarbeiter und auf diesem

Weg zurück in die Region. Der rückgekaufte 24-Prozent-Anteil an der Berndorf AG wurde 2003 in eine neu gegründete Berndorf Privatstiftung eingebracht (vgl. Zimmermann 2011, S. 133 ff.).

Als reformiertes System für eine Erfolgsbeteiligung von Mitarbeitenden in Berndorf wurde ein Genussrechtsmodell erarbeitet. Bisher acht Berndorf-Gesellschaften haben dieses umgesetzt. Das Genussrecht ist ein Hybrid aus Eigen- und Fremdkapital. Mitarbeitende erwerben damit eine Forderung gegenüber dem eigenen Betrieb. Die Berndorf Privatstiftung registriert alle Genussscheine, berechnet den Wert des jeweiligen Unternehmens und gibt diesen einmal pro Jahr bekannt. Sämtliche Gewinnbeteiligungen, die an die Mitarbeiter fließen, sind bereits versteuert. Das Genussrecht ist an die aktive Mitarbeit in einer Gesellschaft der Berndorf Gruppe gebunden. Wenn Mitarbeitende ausscheiden, müssen sie ihren Genussrechtsanteil der Stiftung zum Rückkauf anbieten (vgl. Menschen am Werk-Magazin 2011, S. 36).

8.5.3 Einrichtung der Berndorf Privatstiftung zur Bewirtschaftung der Mitarbeiteranteile

Nach den langen Jahren des gewinnlosen Wirtschaftens in der verstaatlichten Zeit hatte sich in Berndorf innerhalb weniger Jahre eine positive Einstellung zur nachhaltigen Gewinnorientierung eines privatwirtschaftlich organisierten Unternehmens entwickelt. Entscheidend dafür war, dass eine faire und transparente Verteilung der Gewinne sichergestellt werden konnte. Im Sinne der Unternehmensphilosophie der Berndorf AG dient die Gewinnerzielung dazu, Betriebe dauerhaft gesund und handlungsfähig zu erhalten und gleichzeitig auch soziale Verantwortung zu leben. Über das Instrument der Berndorf Privatstiftung nimmt das Unternehmen seit nunmehr 15 Jahren gezielt soziale Verantwortung sowohl gegenüber der Belegschaft als auch gegenüber der Zivilgesellschaft wahr.

Norbert Zimmermann erklärte als Vertreter des Hauptaktionärs bei der Gründung der Berndorf Privatstiftung: „Wir wollen den Mitarbeiterinnen und Mitarbeitern, die sich täglich mit Leidenschaft für das Unternehmen einsetzen, etwas zurückgeben. Darüber hinaus wollen wir in- und außerhalb der Berndorf Gruppe Verantwortung für zukunftsorientierte Kernfragen des gesellschaftlichen Zusammenlebens übernehmen". Gemeinnützige Projekte werden vor allem in den Bereichen unternehmerisches Handeln, Soziales, Bildung und Kultur unterstützt. Gespeist wird die Berndorf Privatstiftung aus den Berndorf-Dividenden. Von jedem Euro Gewinn, den die Berndorf AG macht, gehen 25 % an den Fiskus. Die verbleibenden 75 Cent werden zum größeren Teil für Investitionen aus Eigenmitteln im Unternehmen belassen, der Rest wird an die Aktionäre als Gewinnbeteiligungsdividende ausgeschüttet. An die Berndorf Privatstiftung gehen dann 24 % der dann ausbezahlten Dividende gehen an die Berndorf Privatstiftung und stehen für gemeinnützige Aufgaben bereit (vgl. Menschen am Werk – 175 Jahre, S. 133).

Innerhalb der Unternehmensgruppe wird – neben Sozialem – Innovation gefördert und so die Bereitschaft zum Wandel am Leben erhalten. In Berndorf wird dabei in natürlichen Zyklen gedacht. Auf jede Saat folgen der Reifungsprozess und schließlich die Ernte. Erst die Vergänglichkeit bedingt, dass immer wieder Neues entstehen kann. Wer substanziell wirtschaftet und damit dauerhafte Werte schaffen möchte, darf den Kreislauf nie mehr unterbrechen. Während die Ernte noch im Laufen ist, wird bereits wieder gesät. Anschaulich für den solcherart vollzogenen Wandel – bei Erhalt und Neuinterpretation traditioneller Kompetenzen – ist die Entwicklung der Besteckfertigung in Berndorf. Die Erzeugung wurde Jahr für Jahr kleiner und wurde schließlich komplett verlagert, weil sie nicht mehr konkurrenzfähig war. Im Gegenzug erzielen die Besteckpolierer mit ihren Fähigkeiten heute die zehnfache Wertschöpfung in der Bearbeitung von neuen Endlosbandprodukten in der Berndorf Band Gesellschaft (vgl. Zimmermann 2011, S. 131).

8.5.4 Verankerung der Philosophie der Management- und Mitarbeiterbeteiligung auch bei Neuübernahmen

Nicht nur in ökonomischer, sondern vor allem in kultureller Hinsicht wurden Wandel und Wachstum in den letzten Jahrzehnten zu den bestimmenden Faktoren der Entwicklung in der Unternehmensgruppe der Berndorf AG. Bei der Wahl möglicher Übernahmekandidaten, die als Neuzugänge für die Gruppe geeignet sind, haben wir stets eine sehr langfristige industrielle Perspektive im Auge. Das Potenzial zur inhaltlichen und kulturellen Weiterentwicklung unserer Unternehmensfamilie sowie Verantwortung für die neuen Standorte zu übernehmen, ist uns wichtiger als der kurzfristige Erfolg. Viele der Betriebe, die in den letzten Jahrzehnten zugewachsen sind, befanden sich zum Übernahmezeitpunkt in einer vergleichbaren Situation wie die Berndorf AG vor 30 Jahren.

Auf dieser Basis konnte Berndorf stets größtmögliche Erfahrung einbringen und auch die nachhaltig erarbeitete Führungskultur am besten anwenden. Norbert Zimmermann beschreibt dieses Prinzip im „Blickwinkel"-Interview „als kontinuierliche Management-Beteiligung" so: Unser Wachstum erlaubt es uns, laufend neue Führungsaufgaben in den Gruppen-Unternehmen zu kreieren. Wer eine solche Position übernimmt, erwirbt zusätzlich auch eine Beteiligung am Unternehmen. So können wir unseren besten Leuten Aufgabengebiete mit großen Freiräumen anbieten und erzeugen dennoch eine starke, auch emotionale Bindungskraft zum Unternehmen durch die Mit-Eigentümerschaft. Unsere besten Leute werden zu Familienmitgliedern. Die Fluktuation unter Führungskräften ist gering. Man hat uns schon vorgeworfen, dass wir diese Management-Beteiligung als Droge einsetzen. Damit können wir gut leben, weil wir wissen, dass „die Beteiligung gesund und mit Sicherheit kein Gift ist. Wenn jemand also auf Karotten süchtig ist, halte ich das für einen Segen" (vgl. Zimmermann 2011, S. 62).

8.6 Berndorf-Kultur steht für Innovation, Bildung und soziale Verantwortung

8.6.1 „Cultural Fit" etabliert sich als wirkungsvolles Kriterium der Partnerwahl für Gruppenwachstum

In den Jahrzehnten privatwirtschaftlicher Prägung versteht sich die Berndorf AG als Holding einer mittelständischen Gruppe, die Firmen hält und in einem Abstand von drei bis vier Jahren auch immer wieder welche zukauft. Von all diesen Neuzugängen wurde kein einziger wieder verkauft. Unser Konzept ist stets kontinuierlicher Aufbau, der langfristig zu unserer eigenen Positionierung als „Hidden Champion" passt. Diesen Begriff habe ich von Hermann Simon – Unternehmensberater, Wirtschaftsprofessor und Buchautor – übernommen. Er versteht darunter mittelständische Unternehmen mit einer ausgeprägten Kultur, die gut bezahlte Arbeitsplätze schaffen und bei Mitarbeitenden und Kunden wie Kundinnen hoch im Kurs stehen. Sie verkaufen Produkte in die ganze Welt, sind aber in der Heimat weitgehend unbekannt.

Die Berndorf AG gibt Geld für die Verbesserung der Wettbewerbsfähigkeit der Neuzugänge aus. Darin besteht unser hauptsächlicher Anspruch in puncto Nachhaltigkeit. Außerdem verstehen wir darunter auch, dass wir bei der Akquisition und beim Reengineering von Unternehmen sehr genau darauf achten, was mit den Stakeholdern des Unternehmens passiert. Das gilt insbesondere für Mitarbeitende und Kunden wie Kundinnen. Wenn wir bei einem Unternehmen einsteigen, fühlen wir uns verantwortlich.

Manchmal kann ein Jahrzehnt vergehen, bis die Berndorf-Kultur auf neue Unternehmen übertragen wird. Das bedingt die dezentrale Organisationsform in der Berndorf-Gruppe. Unternehmen, die wir übernehmen, behalten ihren Namen und im Prinzip auch ihre Tradition. Die Führungskräfte dieser Unternehmen führen wir jedoch an unsere Kultur heran. Die Pflege und Weiterentwicklung des Berndorf-Spirits im direkten menschlichen Umgang macht letztlich den Erfolg aus (vgl. Peter Pichler, Interview CorporAid-Magazin – 2012; vgl. Menschen am Werk – 175 Jahre, S. 176).

8.6.2 Konsequentes Festhalten an langfristiger Unternehmensperspektive erlaubt strategische Neuausrichtung von Produktionen

Mit der Etablierung des Angebots regelmäßiger Führungskräftetrainings in Form der Berndorf Academy wurde die Pflege der Führungskultur in der Gruppe ab 2009 institutionalisiert. Pro Jahrgang kommen rund 15 bis 20 Personen an drei Terminblöcken zusammen, um sich mit Organisations- und Führungsfragen auseinanderzusetzen. Binnen kurzer Zeit entsteht ein starkes Band zwischen Menschen, die sich vorher kaum kannten. Eine Kultur der Offenheit lässt es zu, dass sich die Leute zutrauen, Dinge infrage zu stellen.

Damit entsteht eine positive Unruhe, in der gut erkennbar wird, wer auf der gleichen Wellenlänge schwingt. Von unseren rund 3000 Leuten haben bisher rund 200 Führungskräfte und solche, die es werden wollen, diese Programme absolviert (vgl. Peter Pichler, Interview CorporAid-Magazin – 2012; Vgl. Menschen am Werk – 175 Jahre, S. 176).

Die Absolventinnen und Absolventen sind wichtige Botschafter der Berndorf-Kultur in den Unternehmen. Insbesondere bei Unternehmensneuzugängen werden sie zu den wesentlichen Mittlern einer Perspektive, die in der Lage ist, Brücken zwischen der bisherigen Tradition eines Betriebs und unserer in den letzten 30 Jahren erarbeiteten Berndorf-Kultur zu schlagen. So ließ sich zum Beispiel auch die strategische Neuausrichtung einer Produktion, von der Teile nicht ursprünglich zu unserer Wertekultur gepasst haben, nachhaltig vermitteln. Bei einem Unternehmenskauf vor einigen Jahren haben wir bewusst rund ein Drittel des Umsatzes gestrichen, weil er im Zusammenhang mit Verteidigung und Abwehr gemacht wurde. Die Berndorf AG beteiligt sich grundsätzlich nicht an Waffengeschäften. Als Berndorf-Betrieb hat sich das Unternehmen nunmehr auf Medizintechnik und Automatisierung konzentriert und steht heute kurz davor, den Break-Even zu erreichen.

Einen ähnlichen Zugang – in der Verantwortung für Mitarbeitende, Kunden, Kundinnen und Standorte – wählen Berndorf-Unternehmen bei der Internationalisierung ihrer Produktion. Lokal zu produzieren rechnet sich bei entsprechender Nachfrage, und es ist auch eine Frage der Fairness gegenüber den Menschen dort. Unsere Unternehmen gehen meist in ein Land, weil sie ihren internationalen Kunden und Kundinnen folgen. Das ist der Grund, warum Berndorf-Unternehmen in Indien, China oder Brasilien präsent sind. Dass wir durch unser Engagement dort einen Beitrag zur gesellschaftlichen Entwicklung leisten, ergibt sich sozusagen als Nebenprodukt (vgl. Peter Pichler, Interview CorporAid-Magazin – 2012).

8.6.3 Verantwortungsvolle Weiterentwicklung der Unternehmen der Berndorf-Gruppe im Zusammenspiel mit der Berndorf Privatstiftung – ein Ausblick

Für die Ausrichtung der Unternehmensgruppe spielt die klar identifizierbare Positionierung der Eigentümerseite eine wesentliche Rolle. Die Berndorf AG befindet sich mehrheitlich im Besitz der Familie Zimmermann, die sich als kontinuierlicher Faktor versteht. Norbert Zimmermann sieht Berndorf gern als Hybrid. „Wir wollen die Tugenden eines Familienunternehmens und die Tugenden eines professionell geführten Kapitalmarkt-Unternehmens in Berndorf vereinen. Das bedeutet, dass die Eigentümerfamilie keinen Anspruch auf operative Führung stellt. Qualifikation ist dafür entscheidend. Eigentümer erhalten Gewinnausschüttungen, aber keine Entlohnung für schlechte oder gar nicht erbrachte Leistung. Das Quartalsergebnis ist uns weniger wichtig als das Ergebnis von fünf Jahren" (vgl. Zimmermann 2011, S. 62).

Dass diese Interpretation unternehmerischer Verantwortung nun schon seit drei Jahrzehnten gelebt wird, strahlt aus. Wiederholt macht sich das nicht nur bei Bewerbungen neuer Mitarbeiterinnen und Mitarbeiter bemerkbar, sondern in Kontaktgesprächen mit potenziellen Partnern und Partnerinnen. Es wird positiv bewertet, wie die Berndorf AG etwa bei Unternehmensübernahmen mit den Altgesellschaftern umgegangen ist oder wie in weiterer Folge in die Zukunft des Unternehmens investiert wurde.

Für aktuelle wie für künftige Schritte der Unternehmensentwicklung sowie der Internationalisierung unserer Unternehmensgruppe legen wir hohe Standards an – etwa in Umweltschutzfragen oder in Fragen der Sicherheit am Arbeitsplatz an. Am Mutterstandort Berndorf haben wir die Tradition einer eigenen Betriebsfeuerwehr, die vor über 130 Jahren ins Leben gerufen wurde, fortgeführt und 2016 eine eigene vollwertig ausgestattete Betriebsrettung eingerichtet. In der Produktion arbeiten wir in Indien mit denselben Standards wie im Triestingtal, nicht aus dem Gedanken der Entwicklungshilfe heraus, wohl aber in der Überzeugung, dadurch das Land weiterzubringen.

Wachstum und Entwicklung der Unternehmensgruppe haben auch zu einer weiteren Öffnung und Erweiterung der Aktivitäten der Berndorf Privatstiftung in neue gesellschaftliche Bereiche geführt. In der Werkschronik beschreibt Stiftungsvorständin Sonja Zimmermann die Position der Stiftung als Unterstützerin von Bildungsprojekten so: „Jene guten Dinge, die heute schon in der Bildung passieren und die Vorbildcharakter haben können, wollen wir sichtbar machen, mit dem Ziel, dass sie weitere Verbreitung finden. Wir wollen aber auch dort, wo wir auf Mängel aufmerksam gemacht werden und sehen, dass es Probleme gibt, Veränderungen zum Positiven anstoßen. Projekte, die von engagierten Menschen oder Gruppen initiiert wurden und einer guten Entwicklung den Weg ebnen, können wir so langfristig absichern und mit jenen Werten unterstützen, die wir in unseren Unternehmen schaffen" (vgl. Menschen am Werk – 175 Jahre, S. 131).

Für alle Unternehmen der Berndorf Gruppe gilt: Unser Beitrag zur Entwicklung vor Ort ist nicht der Anlass, warum wir investieren und unser Business betreiben, aber es ist ein großer Ansporn für uns und ergibt sich, wenn wir unseren Job gut machen.

Die persönlichen Einschätzungen von Peter Pichler fußen auf einer 2018 geführten Interviewreihe im Gespräch mit dem Berndorf-AG-Chronisten und Autor des Buchs „Menschen am Werk", Peter Bichler, der den vorliegenden Gastbeitrag redaktionell bearbeitet hat.

Literatur

Berndorf AG. (1990–2017). Geschäftsberichte.
Berndorf AG. (2018). Menschen am Werk – 175 Jahre Berndorfer Metallwarenfabrik, Unternehmenschronik.
Berndorf Gruppe. (2011). Menschen am Werk – Mitarbeitermagazin der Berndorf Gruppe.
Pichler, P. (2012). Hidden Champion aus dem Triestingtal. Interview im CorporAid-Magazin.
Zimmermann, N. (2011). *Blickwinkel – Lebensausschnitte reflektiert mit Peter Bichler*. Berndorf: Kral.

Dr. Peter Pichler wurde 1958 in Graz geboren. Nach dem erfolgreichen Abschluss eines Betriebswirtschaftsstudiums an der Universität Graz und der Promotion an der Universität Wien startete er seine berufliche Laufbahn bei der Chase Manhattan Bank im Bereich Corporate Finance – M&A in Wien. 1990 wechselte er in die Industrie und wurde Vorstand der Berndorf AG, wo er 2008 Norbert Zimmermann als Vorstandsvorsitzendem folgte. Die Berndorf AG ist eine Holding von mehr als 60 Industriegesellschaften mit den Schwerpunkten Werkzeugbau, Prozess- und Oberflächentechnik, Wärmebehandlung, Bäderbau und Verfahrenstechnik. Sie beschäftigte 2017 mehr als 3000 Mitarbeitende in über 20 Ländern. Peter Pichler ist verheiratet und Vater von drei Töchtern.

Das Modell der gesamtheitlichen Verantwortung bei CUITEC Großküchentechnik

Manfred J. Schieber

Zusammenfassung

Die CUITEC Großküchentechnik GmbH beschäftigt sich seit sechs Jahren strategisch mit nachhaltigem Wirtschaften und verantwortungsvoller Unternehmensführung. Top-down getrieben ist es dem Eigentümer wichtig, einen nachhaltigen Abdruck in der Branche zu verankern und im Sinne einer Vorbildwirkung auch andere Stakeholder zu inspirieren. Basis für verantwortungsbewusstes Handeln im Unternehmen ist neben der kontinuierlichen Motivation des eigenen Teams ein aus dem Entwicklungsprozess der CSR-Strategie gewachsenes und aus acht Perspektiven bestehendes Modell einer gesamtheitlichen Verantwortung. Die inhaltliche, innovative, zeitliche, räumliche und monetäre Perspektive sowie die Wissens-, Stakeholder- und Kommunikationsperspektive stellen hierbei die Säulen einer Weiterentwicklung verantwortungsvoller Unternehmensführung bei CUITEC dar.

Die CUITEC Großküchentechnik GmbH, gegründet als Einzelunternehmen im Oktober 2000, beschäftigt sich seit 2012 bewusst mit nachhaltigem Wirtschaften bzw. verantwortungsvoller Unternehmensführung. Wie in anderen, vor allem kleineren und regional tätigen Organisationen vermutlich auch, wurde auch in diesem Unternehmen schon von Beginn an in gewisser Weise verantwortungsvoll geführt, dies aber kaum bewusst und schon gar nicht strategisch.

Das ursprüngliche Geschäftsmodell von CUITEC Großküchentechnik war die Instandhaltung gewerblicher Kücheneinrichtungen. Auch wenn diese Tätigkeit immer noch die Kernkompetenz des Unternehmens darstellt, wurde das Portfolio später um Beratungs-,

M. J. Schieber (✉)
Cuitec Großküchentechnik GmbH, Markgrafneusiedl, Österreich
E-Mail: manfred.schieber@fh-wien.ac.at

© Springer Fachmedien Wiesbaden GmbH, ein Teil von Springer Nature 2019
D. Ortiz et al. (Hrsg.), *Verantwortungsvolle Unternehmensführung im österreichischen Mittelstand*, Forschung und Praxis an der FHWien der WKW,
https://doi.org/10.1007/978-3-658-25328-8_9

Planungs- und Verkaufsleistungen erweitert. Das Kundenbedürfnis, möglichst wenige, idealerweise nur einen Ansprech- bzw. Servicepartner für die Betreuung einer komplex zusammengestellten und von verschiedenen Herstellern und Herstellerinnen bestückten Großkücheneinrichtung beauftragen zu müssen, war und ist ein wesentlicher Unique Selling Point des Unternehmens.

Das nunmehrige Geschäftsmodell, das auf die beiden Säulen Beratung und Vertrieb sowie Instandhaltung setzt, bewegt sich im Spannungsfeld von wirtschaftlicher Nutzung und sinnvoller Instandsetzung. Auf der einen Seite stehen Überlegungen, insbesondere Geräte zu ersetzen, deren Nachfolgeprodukte in puncto Ressourcenverbrauch entscheidend verbessert wurden. Auf der anderen Seite bedeuten Instandsetzungsarbeiten verglichen mit einem Austausch zuerst einmal einen geringeren Ressourceneinsatz unter Berücksichtigung der Summe der Bauteile.[1] Mit zunehmendem Gerätealter steigt aber nicht nur die Zahl der zu ersetzenden Bauteile, auch der Ressourcenverbrauch in Form des Einsatzes des technischen Außendiensts nimmt durch die kürzer werdenden Instandsetzungsintervalle zu. Ergänzend sind die für den Betrieb erforderlichen Betriebsmittel zu berücksichtigen. Die Abwägung, wann der richtige Zeitpunkt für ein Replacement gekommen ist, lässt sich nur aufwendig und nicht pauschal feststellen, kann kaum mithilfe buchhalterischer Abschreibung bestimmt werden und ist außerdem noch viel stärker von der Investitionsbereitschaft bzw. Investitionsfähigkeit der jeweiligen Eigentümer und Eigentümerinnen abhängig.

Hilfreich und eine gute Basis für Entscheidungen ist hierbei die langjährige Erfahrung von technischen Mitarbeitern und Mitarbeiterinnen. Eine objektive, von bestimmten Herstellern und Herstellerinnen unbeeinflusste Betrachtung eröffnet darüber hinaus auch einen Blickwinkel auf die über die Anschaffung hinausgehenden Parameter wie beispielsweise Instandsetzungsfähigkeit,[2] Entsorgung bzw. Rohstoffrückführung von Altgeräteteilen, notwendiger Betriebsmitteleinsatz[3] oder die generelle Überlegung, nach gänzlich anderen Lösungsansätzen zu suchen bzw. Lösungen im Sinne von Produktinnovationen selbst in den Markt zu bringen.

9.1   Allgemeine Überlegungen zur Motivation für unternehmerische Verantwortung

Nach einem Motiv oder nach einer Rechtfertigung für verantwortungsvolles Wirtschaften zu suchen, sollte im Grunde entbehrlich sein, liegen Wesen und Zweck von Unternehmen doch in der Bereitstellung von Lösungen für die Gesellschaft. Gemeinhin erlangen

---

[1] Zum Beispiel: Die Erneuerung einer Pumpe bedeutet einen wesentlich geringeren Ressourceneinsatz (ein Bauteil) als der Austausch des ganzen Geräts (z. B. 280 Bauteile).

[2] Instandsetzungsfähigkeit ist primär abhängig von einer langfristigen Bereitstellung von Ersatzteilen durch die Hersteller und Herstellerinnen.

[3] Neben den Betriebsmitteln Strom, Gas und Wasser insbesondere Chemikalien für die Reinigung/ Entkalkung.

Unternehmen ihre Existenzberechtigung durch die Befriedigung von Bedürfnissen, indem sie verantwortungsvoll nutzenstiftende Produkte und Dienstleistungen bereitstellen. Vereinfacht könnte festgehalten werden, dass diese Verantwortung von der Gesellschaft eingefordert und bei Nichteinhaltung entsprechend sanktioniert wird. In dem Fall könnte man davon ausgehen, dass die Gesellschaft durch die Verleihung oder den Entzug der „licence to operate" unmittelbar einen Markteintritt erlaubt bzw. verhindert oder durch ihr Kaufverhalten dazu beiträgt, dass Angebote, die dem Anspruch verantwortungsvollen Wirtschaftens nicht entsprechen, wieder aus den Märkten genommen werden müssen.

Dieser Logik widersprechen jedoch zwei Aspekte. Erstens eine Informationsasymmetrie, die üblicherweise die Unternehmen im Vorteil sieht. Zum Wissen über die bereitgestellten Produkte und Leistungen, etwa zur Herkunft von Rohstoffen und den begleitenden Umständen der Gewinnung oder zu den Arbeitsbedingungen in vorgelagerten Wertschöpfungsketten, haben Abnehmer und Abnehmerinnen aufgrund der medialen Vernetzung zwar mehr und mehr Zugang, der globalisierte Handel und die fehlgeleitete Profitorientierung unterstützen aber immer noch bewusst oder unbewusst eine gefilterte Kommunikation.[4] Zweitens trägt unser Verhalten als Individuen insofern zur Problematik bei, als wir Entscheidungen meist zum eigenen Nutzen und oftmals unter Ausblendung unangenehmer Begleiterscheinungen treffen bzw. kollektiv-rationale Überlegungen hintanstellen.

Der stärkste Hebel für Veränderung liegt daher bei den Unternehmen. Die Politik ist gefordert, Rahmenbedingungen für das Wohl der Gesellschaft zu schaffen, die Verbraucher und Verbraucherinnen entscheiden, wie und wo sie ihr Geld ausgeben, aber Unternehmen sind die Treiber von Veränderung. Sie sind auch ein Treiber von politischer Gestaltung sowie von Verhaltensänderungen bei Verbrauchern und Verbraucherinnen. Sie sind die Quelle von Innovation, die Quelle von Entwicklung, die Quelle von Wohlstand. Unternehmen dürfen dabei jedoch nicht als leblose, anonyme Rechtsformhülsen gesehen werden, sondern als Rahmen für Menschen, die die Welt mit einem Beitrag zum Besseren verändern wollen und *ihr* Unternehmen als Werkzeug dafür nutzen.

CUITEC möchte eine solche Quelle der Veränderung sein und einen Teil zum Umdenken, zur Verhaltensänderung, zur zukunftsfähigen Ausrichtung von Wirtschaft innerhalb des möglichen Gestaltungsspieleraums beitragen.

---

[4] Abnehmer und Abnehmerinnen sind in diesem Zusammenhang nicht nur Konsumenten und Konsumentinnen, sondern auch Business-to-Business-Kunden und -Kundinnen, die Rohstoffe oder Halbfertigprodukte weiterverarbeiten, über deren Herkunft sie keine, keine korrekten bzw. keine ausreichenden Informationen haben.

9.2   Ursachen verantwortungsvoller Unternehmensführung bei CUITEC

Die in den letzten Jahren zunehmend intensive Auseinandersetzung mit dem Thema des nachhaltigen und verantwortungsbewussten Wirtschaftens bei CUITEC war und ist Top-down getrieben und lässt sich auf fünf Ursachen zurückführen:

- Erstens die Frage des Eigentümers an sich selbst, was von der Positionierung des Unternehmens, was vom eigenen Verhalten und den getroffenen Entscheidungen, was vom Umgang mit der Umwelt,[5] was vom Wirken des Unternehmens heute wahrgenommen und später in Erinnerung bleiben wird.
- Zweitens – und die obige Frage weiterführend – die Überlegung, welchen Einfluss ein Unternehmen in der Größenordnung von etwa zehn Mitarbeitern und Mitarbeiterinnen tatsächlich auf Veränderungen in der Branche, in der unmittelbaren Gesellschaft, womöglich auch darüber hinaus hat bzw. haben könnte und was es hinsichtlich einer positiven Veränderung zum großen Ganzen beitragen kann.
- Der dritte treibende Parameter war und ist wachsendes Wissen hinsichtlich der Auswirkungen des eigenen Handelns. Wissen, das sich speist aus einer bewussten und aktiven Herangehensweise an das Thema und dem ehrlichen Interesse, sich intensiv mit Zusammenhängen, Ursachen sowie Lösungsansätzen für das eigene Geschäftsmodell, aber auch für dessen Umfeld, auseinanderzusetzen.
- Viertens die Frage nach der Verantwortung jeder und jedes Einzelnen, aber auch der Organisation mit gemeinsamen Werten und Zielen, eine positive Veränderung zu nachhaltigem Wirtschaften zu initiieren und voranzutreiben sowie andere zu inspirieren, dies ebenfalls zu tun.
- Und schließlich fünftens das Bestreben, die Positionierung des Unternehmens auch im Sinne einer Abgrenzung zum Wettbewerb zu nutzen und sich hieraus einen Wettbewerbsvorteil zu verschaffen. Darüber hinaus ist auch die Frage zu stellen, ob der eingeschlagene Weg hinsichtlich des Geschäftsmodells mit den angestrengten Überlegungen grundsätzlich noch vereinbar ist bzw. inwieweit dieses zu ändern ist, um den vorgenannten Ansprüchen gerecht zu werden.[6]

Versteht man unter verantwortungsvoller Unternehmensführung die laufende Erarbeitung innovativer Lösungen für *eine bessere Welt*, so bedarf es hierfür zwei wesentlicher Voraussetzungen, die sich auf den ersten Blick widersprechen mögen. Einerseits sind

---

[5] Umwelt ist hier nicht nur im ökologischen Sinn gemeint.
[6] Aktuell wird bei CUITEC Großküchentechnik gerade das Geschäftsmodell hinterfragt, weil das Unternehmen hinsichtlich der Veränderungsbereitschaft an innere und äußere Grenzen stößt.

klare Rahmenbedingungen vonnöten, die den Werten der verantwortungsvollen Unternehmensführung in der Organisation entsprechen und möglichst verständlich und konkret definiert sind. Solche Rahmenbedingungen können sich auf fachliche bzw. technische Anforderungen (z. B. Ressourcenverbrauch, Mitarbeiterschulungen), auf Geschäftsprinzipien (z. B. regionale Wertschöpfung, Auswahl der Lieferanten bzw. Kunden)[7] oder auch auf das Produkt- und Leistungsportfolio (z. B. Auswahl bestimmter Material- bzw. Qualitätskriterien, Einzugsgebiet und Routenplanung) beziehen. Andererseits erfordert es einen größtmöglichen Gestaltungsspielraum im Sinne der Förderung der Kreativität des gesamten Teams, um Lösungen auch jenseits der täglichen Routine entstehen zu lassen. Innerhalb der definierten Rahmenbedingungen sollte demnach alles an Ideen möglich sein, was Produkte und Dienstleistungen ökologisch unbedenklicher und gesellschaftlich wertvoller macht. Kann darüber hinaus eine ökonomische Wertschöpfung geschaffen werden, macht dies eine innovative Weiterentwicklung im wahrsten Sinn des Wortes nur noch wertvoller.

9.3 Schaffung eines Bewusstseins für das Thema verantwortungsbewusstes Wirtschaften und die Berücksichtigung von acht Perspektiven

Als größte Herausforderung bei den Bemühungen, nachhaltiges Wirtschaften bei CUITEC als Strategie zu entwickeln und herausgearbeitete Maßnahmen konsequent umzusetzen, hat sich die Überzeugungsarbeit im eigenen Unternehmen herausgestellt. Anstrengungen, das gesamte Team in den Gestaltungs- und Umsetzungsprozess einzubeziehen, erwiesen sich trotz der Durchführung von Informationsveranstaltungen und Workshops sowie der regelmäßigen und offenen Diskussion als schwierig und in Einzelfällen sogar als unmöglich.

Die ursprünglich oberflächliche Analyse der Auswirkungen des CUITEC-Geschäftsmodells ließ weder eine halbwegs neutrale Bewertung hinsichtlich verantwortungsvollen Wirtschaftens zu, noch war eine daraus abgeleitete Rechtfertigung des Geschäftsmodells für die entstandenen Ansprüche hinreichend. Nach und nach und mit zunehmendem Fokus auf einen strategischen Ansatz hat sich ein Modell der *gesamtheitlichen Verantwortung* entwickelt. Das Unternehmen versucht hierbei die nachfolgenden Perspektiven in der Weiterentwicklung seines Geschäftsmodells zu berücksichtigen:

---

[7] Hierzu gehört auch die Ablehnung von Aufträgen aufgrund mangelnder eigener Kompetenzen oder wegen des Verdachts fragwürdiger Geschäftspraktiken.

- Die *inhaltliche Perspektive* stellt die Frage nach den ökonomischen, ökologischen und gesellschaftlichen Auswirkungen eines Geschäftsfelds an sich. Spätestens im Zuge einer genaueren Betrachtung wird klar, dass jede unternehmerische Tätigkeit auch negative Auswirkungen auf bestimmte Stakeholder nach sich zieht. Unternehmerische Verantwortung wahrzunehmen bedeutet daher, die positiven und negativen Aspekte abzuschätzen und daraus entsprechende Entscheidungen abzuleiten. Gleichzeitig gilt es, die akzeptierten negativen Auswirkungen laufend auf die Möglichkeit der Beseitigung oder wenigstens auf eine Reduktion zu prüfen.

Die Einbindung in ein komplexes wirtschaftliches Umfeld erschwert dieses Entscheidungsszenario dort, wo sich zwischen den Säulen der Ökonomie, der Ökologie und des Sozialen Widersprüche auftun. In letzter Konsequenz reduziert sich die Entscheidungsfreiheit auf das Maß *Dabei-Sein* oder *Nicht-dabei-Sein*. Fällt eine verantwortungsvolle Entscheidung dann im Sinne des *Nicht-dabei-Seins* aus, bedeutet das die Nichtteilnahme an dem betreffenden Markt und, je nach Unternehmen und bearbeiteten Geschäftsfeldern, unter Umständen sogar den Existenzverlust.

CUITEC Großküchentechnik berücksichtigt diese Perspektive insbesondere bei der Auswahl der Produkte und bei der kontinuierlichen Suche nach neuen bzw. der Weiterentwicklung von bestehenden Dienstleistungen. Aktuell finden hierzu Projekte zu den Themen *Circular Economy*, *Wet Waste Solution* und *chemiefreie Reinigung* statt.

- Die *innovative Perspektive* greift das Dilemma der zuvor beschriebenen Gefahr des *Nicht-dabei-Seins* auf. Unternehmen, deren Marktlösungen nicht akzeptiert werden und denen die Nichtteilnahme an einem Markt droht, haben die Wahl, sich zurückzuziehen oder nach einer anderen Lösung für ein bestehendes Problem zu suchen. Innovation bedeutet in erster Linie, wie für verantwortungsvolles Wirtschaften auch, die richtigen Fragen zu stellen. Gelingt dies, sind Lösungen oftmals naheliegend.

Wie an früherer Stelle schon ausgeführt, liegt die große Herausforderung in der Überzeugungsarbeit gegenüber den eigenen Mitarbeitern und Mitarbeiterinnen. Insbesondere dann, wenn ein Geschäftsmodell gerade erfolgreich ist, haben es neue Ideen, Produkte und Dienstleistungen schwer, akzeptiert zu werden. Die präventive, auf die Zukunft ausgerichtete Veränderung von Routinen und Verhaltensweisen ist auch bei CUITEC dann noch schwieriger umzusetzen, wenn aus Sicht der Mitarbeiter und Mitarbeiterinnen offensichtlich kein Handlungsbedarf besteht. Vereinzelt ist die Umsetzung innovativer und auf verantwortungsbewusstes Handeln abgestellter Lösungen deshalb auch am Widerstand von Einzelnen bzw. deren Wirkungskreisen gescheitert.

- Die *zeitliche Perspektive* bezieht sich nicht nur auf die Gegenwart und auf die kurz- bis mittelfristige Zukunft. Sie muss die gesamte Lebensdauer der Organisation und die Auswirkungen von Unternehmensentscheidungen über den Unternehmenslebenszyklus hinaus umfassen. Verantwortungsvolle Unternehmensführung berücksichtigt alle bekannten möglichen Auswirkungen auf kurz- und langfristige ökologische und/oder gesellschaftliche Belange.

Bei CUITEC Großküchentechnik wirken sich Entscheidungen schon aufgrund der Verschränkung von Verkaufs- und Instandhaltungsleistungen unmittelbar auf die Zukunft des eigenen Geschäftsmodells aus. Gewerbliche Kücheneinrichtungen wollen als Investitionsgüter über Jahrzehnte genutzt werden. Eine Produktauswahl erfolgt demnach im Sinne einer langfristigen Nutzung, einer langfristigen Möglichkeit der Instandhaltung und dementsprechend auch einer langfristigen Kundenbeziehung.

- Die *räumliche Perspektive* umfasst die Verantwortung über Unternehmens-, Branchen- und regionale Grenzen hinweg. Die Auflösung eines Unternehmens macht weder die Auswirkungen unternehmerischen Handelns ungeschehen, noch lässt sich schlechtes mit gutem unternehmerischen Handeln anderswo kompensieren.[8] Argumente wie, *die Branche arbeitet eben so* oder *anders lassen sich keine Geschäfte machen, der Wettbewerb macht das auch,* sind aus der Sicht verantwortungsvollen Wirtschaftens nicht akzeptabel.

In der Wahrnehmung der Verantwortlichen von CUITEC Großküchentechnik zeigen sich in der Branche auf gleicher Wertschöpfungsebene leider noch keine ambitionierten Aktivitäten zum nachhaltigen Wirtschaften. Das Thema wird in der vorgelagerten Stufe, bei den Produzenten und Produzentinnen (stärker) und auch in der nachgelagerten Stufe, bei den Kunden und Kundinnen (wenn es nicht mehr kostet) vorangetrieben, (noch) nicht jedoch bei den Händlern und Händlerinnen (und angeschlossenen Instandhaltungsabteilungen). Für Bemühungen, aufgrund der Dimension von Aktivitäten (etwa eine gemeinsame Plattform für Altgeräteaufbereitung) branchenübergreifende Ideen und Maßnahmen aufzusetzen, konnte bisher keine Kooperation gestartet werden.

- Die *monetäre Perspektive* darf sich nicht nur mit direkten Zahlungsströmen beschäftigen, sondern muss auch indirekte Aspekte berücksichtigen. Der naheliegende und korrekte Zugang, verantwortungsvolle Unternehmensführung habe primär das wirtschaftliche Überleben der eigenen Organisation im Fokus, ist allein noch kein Widerspruch dazu, indirekte monetäre Auswirkungen des unternehmerischen Tuns ebenfalls zu berücksichtigen.

---

[8] Dies darf aber keinesfalls eine Ausrede für mangelndes verantwortungsvolles Wirtschaften sein.

Wer sich als Teil des großen Ganzen sieht, muss trotz des zunehmend globalen Wettbewerbs davon ausgehen, dass externalisierte Kosten schlussendlich von der Gesellschaft zu
tragen sind, deren Teil Unternehmen wiederum sind. Dass sich *Gesellschaft* nicht mehr so
einfach abgrenzen lässt und ebenfalls globalen Charakter hat, führen uns globaler Handel,
globale Informations- und Finanzströme und nicht zuletzt die Flüchtlingsthematik vor Augen. Dem Argument, der Wettbewerb würde diese Perspektive nicht berücksichtigen und
sich aus der Nichtberücksichtigung externalisierter Kosten einen Vorteil im Markt verschaffen, mag auf den ersten Blick wenig entgegenzusetzen sein. Es ist jedoch keine hin-
reichende Begründung, sich selbst ebenfalls aus der Verantwortung zu nehmen. Gerade die
offensive Herangehensweise an diese Problematik kann die Basis für innovative Lösungen
sein. Ein Trugschluss ist die Annahme, dass neue Lösungen im Sinne des nachhaltigen
Wirtschaftens grundsätzlich monetär nachteilig für das jeweilige Unternehmen sein müssen. Die Auseinandersetzung mit alternativen Lösungen – die Risiken und Ressourceneinsatz reduzieren, die Sicherheit und Lebensqualität für alle Beteiligten erhöhen, die für die
Gesellschaft wertschaffend sowie nutzenstiftender als frühere Lösungen sind und die
dabei auch noch ökonomisch erfolgreich sind – ist oftmals das Ergebnis solcher Prozesse,
das Ergebnis dieser offensiven Herangehensweise.

Der Zugang bei CUITEC Großküchentechnik liegt insbesondere darin, die monetäre
Vorteilhaftigkeit eines Produkts über die Lebenszykluskosten zu kommunizieren und nach
Möglichkeit auch mit weiteren indirekten, nicht immer bezifferbaren Auswirkungen zu
argumentieren. Eine Rolle spielen hierbei etwa geringere Transportwege, verarbeitete Materialien (auch mit Bezug zu gesundheitsgefährdenden Stoffen), Recyclingfähigkeit von
Produkten, Art und Menge von Betriebsmitteln oder Ersatzteilliefergarantien von Herstellern und Herstellerinnen.

- Die *Wissens-Perspektive* scheint gerade bei der Beschäftigung mit verantwortungsvoller Unternehmensführung eine selbstauferlegte Hürde zu sein. Weil in einer Wis-
  sens- und Kommunikationsgesellschaft lebend, wird argumentiert, dass es zunehmend
  schwieriger sei, richtige von falschen Informationen zu trennen, die Objektivität von
  Nachrichten, Berichten und Studien zu verifizieren und trotz intrinsischer Motivation
  das Richtige herauszulesen. Debatten über Fake News tragen das ihre zur Verunsiche-
  rung bei, welche Informationen als zuverlässig gelten können und welche nicht. Der
  Mangel an Initiative wird daher durchaus auch mit scheinbaren Wissenslücken argumentiert.

Führungskräfte haben sich mit komplexen Rahmenbedingungen hinsichtlich ihrer Geschäftsmodelle sowie mit unzähligen Rechtsnormen und Branchenusancen auseinanderzusetzen und Verstöße dagegen zu verantworten. Das Argument, sich darüber hinaus auch
noch Wissen hinsichtlich ökologischer und gesellschaftlicher Auswirkungen des eigenen
Portfolios anzueignen, greift ob der ohnehin umfassenden Verantwortung, insbesondere
aber hinsichtlich der sich bietenden Chancen zu kurz.

Wie immer die exorbitante Zunahme von Informationen und die Herausforderung, damit umzugehen, auch beurteilt wird, es ist nicht einzusehen, dass gerade die Orientierung beim Thema verantwortungsvolle Unternehmensführung unberücksichtigt bleiben soll. Ein für den Wohlstand der Gesellschaft derart wichtiges Thema hat sich eine gewisse Priorität definitiv verdient.

Diese Perspektive wird aktuell bei CUITEC aufgegriffen und soll in den kommenden Monaten und Jahren zu einem wesentlichen Element des Geschäftsmodells werden. Gerade die Informationsüberflutung kann zu einem Wettbewerbsvorteil genutzt werden, wenn Unternehmen es schaffen, potenziellen Kunden und Kundinnen nachvollziehbare und zukunftsorientierte Argumente zur Unterstützung der Entscheidungsfindung zu liefern.

• Die *Stakeholderperspektive* rückt in der Praxis ganz oft drei wesentliche Gruppen in den Vordergrund: Kunden bzw. Kundinnen, Eigentümer bzw. Eigentümerinnen und Mitarbeiter bzw. Mitarbeiterinnen. Von dieser einschränkenden Sichtweise einmal abgesehen, fällt bei der theoretisch-lehrbuchhaften Betrachtung von Stakeholdern und deren Ansprüchen auf, dass diese üblicherweise isoliert betrachtet werden. Die Tatsache, dass Individuen vielfältige Rollen und Rollenkombinationen einnehmen und sich in unterschiedlichsten Organisationen bewegen, bleibt dabei oftmals ebenso unberücksichtigt wie die Tatsache, dass deren Ansprüche sich durch diesen permanenten Rollentausch laufend verändern.

Die Berücksichtigung der verschiedenen Rollen, die CUITEC-Mitarbeiter und -Mitarbeiterinnen, Kunden und Kundinnen, Lieferanten und Lieferantinnen, Angehörige von Mitarbeitern und Mitarbeiterinnen, Anrainer, sonstige Partner, Behörden, Medien, Interessenvertretungen etc. einnehmen, spielt bei der Stakeholderanalyse und der Lösungsfindung daher eine wesentliche Rolle im Zusammenhang mit verantwortungsvoller Unternehmensführung.

Diese Komplexität macht es schwer, die Bedürfnisse zu systematisieren oder gar zu steuern. Am Ende bleibt im Grunde nur ein Lösungsansatz: ZUHÖREN.

• Die *Kommunikationsperspektive* und in weiterer Folge die Kommunikationsstrategie von Unternehmen greift einerseits die vorhandene Wissensbasis auf, was den Kommunikationsinhalt betrifft, und zum anderen stellt sie (mehr oder weniger) auf die Kenntnis der Rollenkomplexität der Stakeholder ab, was die Kommunikationskanäle angeht. Die Wissensbasis spielt nicht nur in der Entwicklung von neuen Lösungsansätzen eine Rolle, sondern muss darüber hinaus auch die Auswirkungen des Einsatzes solcher neuen Lösungen intern wie extern argumentieren.

Ziel der Kommunikation sollte es demnach sein, innovative Leistungen aus dem Ansatz verantwortungsvoller Unternehmensführung mit einem Bündel an Argumenten so zu platzieren, dass diese nicht nur ihren unmittelbaren Nutzen, sondern darüber hinaus auch ihren Beitrag zum nachhaltigen Ganzen erkennen lassen.

Der Ansatz bei CUITEC setzt hierbei auf einen möglichst umfangreichen Austausch im Sinne hoher Transparenz und der Teilnahme an einer Vielzahl von Netzwerken. Daraus soll wechselwirksam Nutzen generiert werden, der einerseits für das eigene Unternehmen Ideenbringer, andererseits ein Multiplikator für Ideen und Maßnahmen sein soll.

9.4 Die Rolle der Unternehmensleitung betreffend verantwortungsvolle Unternehmensführung

Unternehmensgründung, Eigentümerschaft und Geschäftsführung liegen bei CUITEC in der Hand einer Person. Dies macht es einerseits einfacher, die eigenen Werte ins Unternehmen einzubringen und verantwortungsvolles Unternehmertum zu definieren. Andererseits bedeutet dies die kontinuierliche Arbeit an der Begeisterungsfähigkeit und Veränderungsbereitschaft des Teams. Diesbezügliche Bestrebungen werden von den Mitarbeitern und Mitarbeiterinnen nicht immer mitgetragen und sind wesentlich davon abhängig, wie sehr diese das Unternehmen auch als *das ihre* empfinden. Die Bandbreite zeigt hierbei Unterstützer ebenso wie Gleichgültige bis hin zu Verweigerern. Die Motive für oder gegen eine Umsetzung von Visionen, Strategien und Maßnahmen sind daher entsprechend vielfältig.

Die Herausforderung liegt in der Schaffung eines Bewusstseins betreffend die Auswirkungen von verantwortungsvollem Wirtschaften für jede Einzelne und jeden Einzelnen. Da diese Auswirkungen oft erst über Umwege wahrgenommen werden können bzw. ein unmittelbarer Nutzen für Mitarbeiter und Mitarbeiterinnen nicht erkennbar ist, müssen diese Zusammenhänge plausibel und wiederkehrend dargestellt werden. Das Risiko des Untergangs des eigenen Geschäftsmodells mangels Antizipation der Erwartungshaltung zukünftiger Zielgruppen sowie allfällig zu erwartender Rahmenbedingungen als Bedrohungsszenarien vorauszusagen, reicht nicht aus, um das Team abzuholen und für Veränderungen zu motivieren, weil der Wettbewerb diesbezüglich auch keinen Handlungsbedarf zu haben scheint.

Eine weitere Hürde geht einher mit der verbreiteten Meinung, das Unternehmen wäre zu klein, um Veränderungen zu bewirken. Entsprechende Bemühungen würden aufgrund der vernachlässigbaren Größe und des geringen Einflusses auf den Markt nicht honoriert und wären den Aufwand deshalb nicht wert. Deshalb bemüht man sich bei CUITEC um entsprechende Partner- und Mitgliedschaften, um auch nach innen die Wesentlichkeit des Themas darzustellen, den potenziellen Multiplikatoreffekt aufzuzeigen und das Bewusstsein betreffend notwendiger Veränderungen hin zu einem verantwortungsbewussten Geschäftsmodell zu schärfen.[9]

---

[9] Beispielsweise die Teilnahme am Programm und im Netzwerk BGF Betriebliche Gesundheitsförderung, Erfolg mit FAIRantwortung; Mitglied bei respACT, ARGE proEthik, Charta der Vielfalt, Unternehmen für Familien; TRIGOS NÖ Gewinner 2017; TRIGOS Österreich nominiert 2017.

Manfred J. Schieber, MA, MSc, leitet den Studienbereich Management & Entrepreneurship sowie den International MBA in Management & Communications an der FHWien der WKW und verantwortet hierbei etwa 700 Studierende. Er ist seit 30 Jahren in der Großküchentechnik tätig und gründete im Jahr 2000 die CUITEC Großküchentechnik GmbH sowie später ein weiteres Kleinunternehmen in einer Nische der Branche. Mit seinen Aktivitäten zu nachhaltigem Wirtschaften führte er CUITEC zum Gewinn des TRIGOS NÖ 2017 und zur Bundesnominierung. Im Zuge von Vorträgen, der Teilnahme an Podiumsdiskussionen sowie Lehrveranstaltungen an anderen Bildungseinrichtungen verknüpft er das Bewusstsein für verantwortungsvolles Wirtschaften mit den klassischen Themen der Betriebswirtschaftslehre, aber auch mit der Zukunft von Bildung und Ausbildung.

„Mich haben alle für verrückt erklärt"

10

Willi Luger und Helmuth Santler

Zusammenfassung

Willi Luger machte es anders – alles. Im Jahr 1996 wird der Friseurmeister zum Natur-kosmetikhersteller: Als Antwort auf die vielen Gesundheitsprobleme in seiner Branche entwickelt er eine einzigartig konsequente ökologische Alternative zu herkömmlicher Friseurkosmetik. Dem negativen Image seines Berufsstands wirkt er mit einer ganz-heitlichen Ausbildung entgegen. Sie hat mittlerweile Eingang in die Berufsschulen ge-funden und eröffnet neue Zukunftschancen. Etablierten Marktgesetzen verweigert er sich. Es gibt keinen Mengenrabatt, verkauft wird nur über Fachbetriebe. Und die Rech-nung ist aufgegangen, für ihn und seine Kunden: Ein anderes Wirtschaften ist möglich. Die Erfolgsgeschichte des Gemeinwohlunternehmens ist untrennbar mit der persönli-chen des Firmengründers verbunden und eine der Konsequenz, der Ehrlichkeit und des Glaubens an sich selbst. Sie zeigt Wege auf – zu mehr Fairness, mehr ökologischem Bewusstsein und neuen ökonomischen Perspektiven.

Ich könnte leicht den fünffachen Umsatz machen, aber ich werde nicht auf der einen Seite alles unternehmen, um die Friseure zu unterstützen, um ihnen hintenrum erst wieder das Geschäft wegzuschnappen. Ich kann doch, wie jeder andere, ohnehin nur mit einem Löffel essen.[1]

---

[1] Luger und Santler (2016).

W. Luger (✉) · H. Santler
CULUM NATURA Wilhelm Luger GmbH, Ernstbrunn, Österreich
E-Mail: willi@culumnatura.at

© Springer Fachmedien Wiesbaden GmbH, ein Teil von Springer Nature 2019
D. Ortiz et al. (Hrsg.), *Verantwortungsvolle Unternehmensführung im österreichischen Mittelstand*, Forschung und Praxis an der FHWien der WKW,
https://doi.org/10.1007/978-3-658-25328-8_10

Dieses Zitat von mir sagt eine ganze Menge aus. Über mich und über meine Art, meine Firma zu führen, was laut Aussage meiner Frau Astrid ohnedies dasselbe ist: „Willi ist die Firma", hat sie einmal kurz und treffend festgestellt. Folgerichtig lautet die Firmenbezeichnung auch Wilhelm Luger GmbH, auch wenn man das Unternehmen viel eher unter dem Namen Culumnatura kennt (und im Netz findet).

10.1 Die Eckdaten

Hier die Eckdaten: Culumnatura – Unternehmensgegenstand: „Herstellung und Vertrieb von Naturkosmetikprodukten und Bedarf für Naturfriseure" – ist ein Gemeinwohl-Ökonomie-Unternehmen mit Sitz in Ernstbrunn, Niederösterreich. Gegründet wurde es 1996 gewissermaßen im Keller des eigenen Wohnhauses, nachdem ich 27 Jahre als Friseurmeister tätig gewesen und angesichts der diversen Problemlagen – dazu später mehr – in eine berufliche Sinnkrise geraten war. Am heutigen eigens errichteten Standort gibt es uns seit 2008. Stand Mai 2018 arbeiten 27 Personen im Betrieb und unsere Bilanzsumme betrug beim letzten Audit 479. Das liegt allerdings schon einige Jahre zurück und ich wage zu behaupten, dass wir aktuell noch besser abschneiden würden.

Kurzer Einschub: Als Gemeinwohl-Ökonomie-Unternehmen ist natürlich die Rede von einer Gemeinwohl-Ökonomie-Bilanz, alle Details dazu sind aber andernorts in aller Ausführlichkeit zu erfahren, vorzugsweise in Christian Felbers erst im März dieses Jahres komplett aktualisierten und überarbeiteten Grundlagenwerks „Gemeinwohl-Ökonomie" oder auf der Website der Gemeinwohl-Ökonomie-Bewegung (2019) www.ecogood.org. Ich werde deshalb im Folgenden inhaltlich nicht näher darauf eingehen.

10.2 Das Ansehen des Friseurberufs …

Zurück zum Zitat am Anfang dieses Beitrags. Wirtschaftlicher Erfolg ist natürlich ein unerlässlicher Bestandteil einer erfolgreichen Unternehmensführung. Geld war für mich aber nie etwas anderes als ein Mittel zum Zweck. Mir geht es darum, das Ansehen des Friseurberufs wieder zu heben, und dafür muss fehlendes Hintergrundwissen vermittelt werden. Im besten Fall ist ein Friseur heute ein Dienstleister, der Haare schneiden kann; das trauen sich allerdings nicht weniger als 40 % der österreichischen Bevölkerung laut einer Umfrage der Wirtschaftskammer Österreich auch selbst und ohne jede Ausbildung zu und erledigen das Haarekürzen in Eigenregie. Alles, was darüber hinausgeht, die Beschaffenheit von Haut und Haar, die gesundheitsbezogenen Zusammenhänge, Wissen um die Inhaltsstoffe und Wirkungen von Haut- und Haarpflegeprodukten, der Einfluss der Ernährung auf einfach alles, erfordert ein Hintergrundwissen, über das die wenigsten in der Branche verfügen. Diese Zusammenhänge werden mit ganz wenigen Ausnahmen – auch dazu später mehr – an den Berufsschulen nicht gelehrt, sie werden in den herkömmlichen Salons nicht angewendet, sind schon gar nicht Thema in den üblichen Seminaren der Großfirmen. Da geht es nur um die Show und ums Verkaufen. Produkte werden vorgestellt, aber nicht erklärt. Und viele meiner Berufskolleginnen und -kollegen machen mit: Sie sind zu Handlangern der Industrie verkommen, machen im Salon fleißig unbezahlte Werbung für Produkte, die sich die Kundschaft dann billig im Supermarkt kauft. Das war ja früher anders, da hat der Verkauf von Haarpflegeprodukten, Kosmetika und dergleichen im Frisiersalon einen wesentlichen Teil des Umsatzes ausgemacht. Heute reden wir von kaum mehr als zwei, drei Prozent.

Wenn es ein Wort brauchte für diesen Bereich meiner Motivation, wäre das der Begriff der Würde – und wer sich mit der Gemeinwohl-Ökonomie beschäftigt, wird feststellen, dass die Würde des arbeitenden Menschen, die Sinnhaftigkeit des eigenen Tuns auch dort den Grundstein bilden, auf dem alles Weitere aufbaut – nicht am meisten Geld, ewiges Wachstum oder das Bezwingen des Mitbewerbs.

Mit dem Stichwort „Sinnhaftigkeit des eigenen Tuns" kommen wir zum nächsten grundlegend wichtigen Thema und einer der Ursachen für die weiter oben angesprochene berufliche Sinnkrise: Anfang der 1990er-Jahre wurde mir mehr und mehr bewusst, wie häufig meine Kollegenschaft mit gesundheitlichen Problemen zu kämpfen hatte. Die als Friseur-Ekzem zu trauriger Berühmtheit gelangten Hautirritationen vergällten so manchen die Arbeit und das Leben: Schuppige, rissige, trockene, gerötete, entzündete Haut an den Händen begann geradezu epidemische Ausmaße anzunehmen. Heute betrifft die häufigste berufsbedingte Hautkrankheit mehr als die Hälfte aller Lehrlinge bereits im ersten Lehrjahr. Und anderen erging es noch weitaus schlechter: Atemnot, Druck auf der Brust und ähnliche Beschwerden beim Luftholen, beileibe nicht nur, wenn stechender Ammoniakgeruch oder Haarsprayschwaden den Salon durchziehen, haben es mittlerweile auch zu einem eigenen Namen gebracht, dem Friseur-Asthma.

10.3   ... und die krankmachende Wirklichkeit

Obwohl ich selbst nie mit derlei Schwierigkeiten zu kämpfen hatte, hatte ich die teils sehr aggressive Friseurchemie im Verdacht, die etwa beim Blondieren, Färben, Tönen oder dem Legen von Dauerwellen zum Einsatz kam. Und auch das Friseurkosmetikum Nr. 1, das Haarshampoo, schien die Haut zu reizen – jedenfalls wenn es, wie bei Lehrlingen häufig der Fall, täglich mehrmals verwendet wurde. Ich habe mich auf die damals noch sehr mühsame und aufwendige Suche nach Informationen begeben und binnen drei Jahren hat sich mein Verdacht immer weiter erhärtet, bis die Beweislage dermaßen erdrückend war, dass mir zwei Dinge völlig klar wurden: Ich brauchte alternative Produkte für meinen Salon. Und ich musste die Unmengen an Informationen, die ich angehäuft hatte, unbedingt weitergeben. Um, ja genau, meinem Tun seine Sinnhaftigkeit zurückzugeben – und meinen Kolleginnen und Kollegen ebenfalls diese Möglichkeit zu verschaffen, im Idealfall bevor sie aus gesundheitlichen Gründen dazu gezwungen waren.

Soweit meine Motivationslage, die mich, den Friseurmeister aus Überzeugung (und in zweiter Generation), zum Handeln zwang. Freilich hatte ich nicht erwartet, mit welchen

Schwierigkeiten ich konfrontiert werden würde und dass am Ende aus dem Wunsch, ein ordentliches, gesundheits- und umweltverträgliches Haarshampoo für den Einsatz im Salon zu haben, ein eigenes Unternehmen mit mehr als 20 Beschäftigten werden sollte. Was dazwischen lag, waren zunächst einmal Jahre mit endlosen Stunden der Überzeugungsarbeit, der Entwicklungsarbeit, der Handarbeit und der Kopfarbeit, in denen der Exekutor mein bester Freund war, jedenfalls gemessen an seiner Besuchsfrequenz. Es ist mithin vor allem eine Geschichte der Hartnäckigkeit und des Glaubens an sich selbst, an seinen Weg und seine Ideen. Das ist natürlich nichts Neues, gehört für mich aber definitiv auch zum Generalthema verantwortungsvolle Unternehmensführung – im Sinne von vorbildhaft Verantwortung zu übernehmen, sich persönlich mit aller Kraft einzusetzen und eben auch im Sinne des Wortes zu führen. Möglich ist das, so meine feste Überzeugung, wiederum im Umkehrschluss nur mit der richtigen Motivation. Und das ist eine, die von innen kommt (intrinsisch), und hat wiederum mit Sinn und Würde zu tun. Motivatoren gibt es ja diverse, Angst, Konkurrenz, Profitstreben, Ärger, die alle unbestritten ihre Wirkung haben. Es sind aber äußerliche (extrinsische) und mithin nie ureigene Einflüsse und zudem – aus meiner Sicht – negative, weil trennende Einflüsse. Deshalb funktionieren sie zwar bis zu einem gewissen Grad, sind dem aus sich selbst kommenden Willen, etwas zu schaffen, mit dem man Sinn und Erfüllung verbindet, auf lange Sicht aber klar unterlegen.

10.4   Große Frage: Kooperation oder Konkurrenz?

Die Frage nach der Effektivität der persönlichen Motivatoren zieht zwingend die Frage nach der Effizienz der prinzipiellen Umsetzungsstrategie nach sich: Kooperation oder Konkurrenz? Wettbewerb kann sicherlich im Einzelfall motivierend sein, aber ist er wirklich „in den meisten Fällen die effizienteste Methode", wie es etwa Friedrich August von Hayek, seines Zeichens Träger des sogenannten Wirtschaftsnobelpreises, an der Spitze ganzer Legionen von Wirtschaftswissenschaftlern behauptet? Ich habe dazu ein mit Arbeits- und Organisationspsychologie vertrautes Mitglied der Gemeinwohl-Ökonomie-Bewegung befragt, Katharina Kronsteiner, und ihre Antwort fällt eindeutig aus: „Ganz und gar nicht. Motivierend in wirtschaftlichen Belangen bzw. in Bezug auf eine berufliche Tätigkeit ist nicht der Stress des Wettbewerbs, sondern vielmehr die Freude an der Tätigkeit selbst. Die Begeisterung für das, was ich tue, weil es beispielsweise nützlich ist für andere, und die Möglichkeit zur persönlichen Weiterentwicklung." Antrieb erfahren wir demnach zuvorderst über Anerkennung, die weit mehr ist als nur ein Lob für eine Leistung: „Die Anerkennung anderer lässt uns spüren, dass wir dazugehören, dass wir Teil einer Gemeinschaft sind, und das ist sehr erfüllend".[2] Christian Felber, der führende Kopf der Gemeinwohl-Ökonomie-Bewegung, ist dieser Frage natürlich ebenso nachgegangen:

---

[2] Ebd., S. 120.

„Keiner der nobelpreisgekrönten Ökonomen hat jemals mit einer Studie bewiesen, dass ‚Wettbewerb die effizienteste Methode ist, die wir kennen'. Ein ideologischer Fundamentalbaustein der ökonomischen Wissenschaft ist eine pure Behauptung, die von der großen Mehrheit der Ökonomen geglaubt wird. Und auf diesem Glauben beruhen Kapitalismus und Konkurrenz-Marktwirtschaft. (…) Zur konkreten Fragestellung (…) gibt es eine Fülle von Studien, in zahlreichen Disziplinen: Sozialpsychologie, Pädagogik, Spieltheorie, Neurobiologie. 369 davon wurden in einer Metastudie ausgewertet. Und von denjenigen mit einem klaren Ergebnis kommt eine erstaunliche Mehrheit von 87 Prozent zu dem Befund, dass Konkurrenz *nicht* die effizienteste Methode ist, die wir kennen. Sondern: Kooperation."[3]

Sein Schluss: „Wollten redliche ÖkonomInnen die Marktwirtschaft tatsächlich auf der effizientesten Methode aufbauen, die wir kennen, dann müssten sie sie auf struktureller Kooperation und intrinsischer Motivation aufbauen – zumindest, wenn sie den aktuellen Stand der wissenschaftlichen Forschung zur Kenntnis nehmen würden".[4]

10.5 Sieben magere Jahre oder: Aller Anfang ist schwer

Zurück zu den Anfängen meiner Firma, bei denen es wie schon erwähnt an persönlicher Motivation wahrlich nicht mangelte. Und was die Kooperation betraf: Ohne die ging gar nichts. Auf der ganz praktischen Ebene der Umsetzung stellte sich nämlich ein fundamentales Problem: Ich wusste, welche Art von Produkt ich für meinen Salon wollte, meine Vorstellung davon war detailliert bis hin zu Ansätzen einer Rezeptur. Bloß: Das gab es schlicht und ergreifend nicht. Ich habe den Markt eineinhalb Jahre lang sondiert und einfach nichts gefunden, was meinen zugegebenermaßen sehr hohen Ansprüchen gerecht wurde. Aber halbe Sachen mache ich nicht, mit verwaschenen Kompromissen habe ich nichts am Hut. Jedenfalls nicht, wenn es ans Eingemachte geht – und für mich, aus meiner beruflichen Perspektive, ist das Thema Naturkosmetik das Feld, in dem sich für mich die Lage der Welt in puncto Ökologie darstellt. Der Ernst dieser Lage war mir in den 1990er-Jahren schmerzlich bewusst. Reden wir nicht von heute … Mir wurde klar: Wenn ich ein wirklich konsequent natürliches, ehrliches Naturprodukt will, dann muss ich es selbst herstellen. Ich war also gezwungen, zum Produzenten zu werden. Was zunächst bedeutete, jemanden zu finden, der bereit und fähig war, mein Wunschprodukt in Lohnfertigung herzustellen.

Auch das stellte sich als weit weniger einfach heraus, als man sich das von außen vielleicht vorstellt: Was kann an einem Haarshampoo schon groß kompliziert sein? Einiges, wie sich zeigte. Ein vorgeblicher Naturkosmetikhersteller nach dem anderen verwässerte meine Produktvorstellungen bis zur Unkenntlichkeit, nicht zuletzt mit dem Hinweis, dass das so einfach nicht machbar sei. Aber *at long last* gelang die Entwicklung von *corpus*, ein auch zum Duschen geeignetes Shampoo auf höchstmöglichem ökologischem Standard, gleichermaßen schonend für Haar, Haut und Umwelt. Meine damalige Lebensgefährtin

---

[3] Felber (2018).

[4] Ebd., S. 21.

und ich füllten das langersehnte Produkt persönlich in Flaschen ab, wochenlang Ende 1995. Dann kamen noch zwei weitere Haar- und Hautwäscheprodukte hinzu, *clarus,* ein Shampoo mit einer etwas anderen Rezeptur, und *terra,* ein gänzlich tensidfreies Produkt mit Ghassoul, einer Wascherde.

Mit diesen drei, für die damalige Zeit reichlich exotischen Produkten, startete ich 1996 meine Firma, in einem wenig aufnahmebereiten Umfeld: Das ökologische Bewusstsein erlebte Mitte der 1990er-Jahre sein erstes zaghaftes Erwachen und war nicht selten Spott und Hohn seitens der konventionellen, marktbeherrschenden Anbieter ausgesetzt. Als Birkenstockträger und Müesli-Men bzw. Öko-Tanten standen die Umweltbewegten im Ruf, tendenziell müffelige Spaßbremsen zu sein. Naturkosmetik erhielt in den Kategorien Sexyness, Lebenslust und Fun zunächst einmal null Punkte und war zu allem Überfluss auch noch preislich sehr weit oben angesiedelt. (Dabei hatte ich bei meinen Produkten mit teureren Zutaten, aufwendigerer Herstellung, höherwertiger Verpackung und im Industriemaßstab gesehen winzigen Produktionsmengen den eigentlich größten Preisfaktor gar nicht einkalkuliert: meine Arbeitszeit.) Wenn in Sachen Öko überhaupt etwas ging, dann im Bereich Lebensmittel (*Ja!Natürlich* war 1994 an den Start gegangen, die erste Biomarke Österreichs), die nahm man immerhin in sich auf. Darüber hinaus waren Produkte, die man sich auf die Haut schmierte, auf der Haut trug oder in denen man wohnte, den Menschen mit buchstäblich wachsender Entfernung zunehmend unwichtig.

Ich will mich nicht allzu sehr ins Rampenlicht rücken, aber dieser Kontext ist notwendig, um die folgende Anekdote gebührend einordnen zu können. Wir kommen zu jenem Teil meines Geschäftsgebarens, wegen dem mich alle Welt für verrückt erklärt hat, der am schwierigsten umzusetzen war und mit dem wir einmal mehr zum Eingangszitat zurückkehren; schließlich steht meine Behauptung, ich könne den fünffachen Umsatz machen, wolle den Friseurinnen und Friseuren aber nicht das Geschäft wegschnappen, bisher einfach so im Raum, und reden kann man viel, wenn der Tag lang ist. Beim Geld aber sind wir bei des Pudels Kern, da hört sich ja sprichwörtlich so ziemlich alles auf, was wichtig ist, Spaß, Freundschaft, Gemeinschaft usw. Dessen ungeachtet lag und liegt mein Fokus nicht auf der Profitmaximierung, weshalb ich mich scheinbar naturgesetzlichen Marktregeln widersetzte. Was ist geschehen? Greifen wir noch einmal zu „Kopfwäsche".

10.6 „Bei mir zahlt jeder denselben Preis"

„Ich war da in Stuttgart, zwei Stunden im Büro vom Chef, der war hochinteressiert und total angetan. Und am Ende fragt er dann: ‚Und, wie sieht es aus mit dem Preis?'

Ich: ‚Da sehen S' ja eh die Preisliste.'

‚Aber ich hab 24 Mitarbeiter und mach soundso viel Umsatz, und Ihre Produkte werden dann ja auch entsprechend präsentiert ...' Und das war wirklich ein Topsalon, der beste, den ich jemals gesehen hatte, auf drei Etagen.

‚Alles recht und schön', hab ich gesagt, ‚nur ich mach das nicht. Bei mir zahlt jeder denselben Preis.'

‚Na, das gibt's nicht, das gibt's nirgends.'

‚Das kann schon sein, aber bei mir ist es so.'
‚Dann sind Sie kein Geschäftsmann, das kann nicht sein!'
‚Dann bin ich kein Geschäftsmann.'
‚Na, dann nehm' ich nichts!'
‚Dann nehmen Sie nichts.' Und damals ist jeden Monat der Exekutor vor der Tür gestanden. Aber ich hab das durchgezogen, hab mir gesagt: Nein, das fange ich mir gar nicht erst an. Ich bin dann gegangen, der konnte nicht einmal auf Wiedersehen sagen. Ich seh' den heut' noch, wie er mit offenem Mund am Türstock lehnt und mir nachsieht. Der konnte das nicht glauben. Gott sei Dank, kann ich heute sagen, habe ich das durchgehalten, denn sonst werden einem ja nur ständig die Daumenschrauben angezogen."[5]

Also: keine Mengenrabatte. Was geschieht, wenn man sich in die Abhängigkeit eines Großkunden begibt, habe ich aus nächster Nähe verfolgt. Noch als Friseur habe ich die Entwicklung eines meiner Kunden vom kleinen lokalen Fleischer zum Toplieferanten einer Supermarktkette miterlebt. Manche erachten, gerade am Beginn, einen wirklich großen Kunden vielleicht als Jackpot und Lösung aller Probleme. Aber wenn ein Kunde die Hälfte oder mehr des Gesamtumsatzes ausmacht, ist man diesem Kunden auf Gedeih und Verderb ausgeliefert. Der Fleischer hat ständig nur gestöhnt, weil ihm unmögliche Preise diktiert wurden, Motto: friss oder stirb. Faktum ist: Bildet sich ein Supermarkt eine Aktion ein, dann machen die das auf Kosten des Lieferanten. Weil sie die Marktmacht haben und das können. Wenn sie es übertreiben, wie im Fall meines ehemaligen Kunden, der längst in Konkurs ist und heute Auslieferungen für die Konkurrenz fährt, ist das kein Problem – hinter dem in den Ruin getriebenen Lieferanten wartet schon ein Dutzend darauf, als nächster auf den Schleuderstuhl zu gelangen. Dieses infernale Karussell ist eine direkte Folge des ungebremsten, reinen Kapitalismus mit Geld als oberstem Ziel und beinhartem Verdrängungswettbewerb als einziger Methode.

Für mich kam das nicht infrage, ich habe aber glücklicherweise eine Alternative gefunden, mit der ich gleich auch meinem obersten Ziel, der Stärkung des Berufsstands, näher kam. Wenn es nicht ein, zwei, drei Riesenkunden sein können, kann die Lösung nur in einer Vielzahl von kleinen und kleinsten Kunden bestehen. Und so habe ich zwei Fliegen mit einer Klappe geschlagen, denn das entstehende, durch die Vielgliedrigkeit ausfallsichere Kundennetzwerk definierte ich als ausschließlich dem Fachbereich zugehörig. Mehr noch, ich verlange von meinen zukünftigen Kunden sogar, eigens eine Schulung zu absolvieren, damit sie meine Produkte verwenden und weiterverkaufen dürfen. Damit sichere ich mich zum einen selbst ab, weil manche meiner Produkte ein gewisses Know-how in der Anwendung benötigen, z. B. die, die als Baukastensystem aus Basissubstanz und individuell hinzuzufügenden Zusätzen bestehen. Und auch, weil es beim Umstieg von konventioneller auf Naturkosmetik manchmal zuerst schlimmer wird, bevor es besser wird – etwa wenn in den ersten Wochen der Anwendung eines Shampoos nach wer weiß wie vielen Jahren, in denen dem menschlichen Kopfschmuck mit Glanz-Struktur-Fülle-Chemieshampoos künstliche Scheinvitalität eingehaucht worden war, erst einmal sukzessive Silikonreste, Glatt- und

---

[5] Ebd., S. 53 f.

Weichmacherspuren, Feuchthaltemittelrückstände und dergleichen mehr entfernt werden. Bis das derart auf chemische Nulldiät gesetzte Haar von der Abhängigkeit befreit ist und seine eigene Spannkraft und ureigene Schönheit wiedererlangt, können im schlimmsten Fall mehrere Wochen vergehen. Darüber muss man als Dienstleistungsbetrieb natürlich Bescheid wissen und die Kundschaft entsprechend aufklären und vorbereiten. Zum anderen geht es um das Wissen selbst: Es war schon von Zusammenhängen – Haut, Haar, Ernährung, Lebensführung – die Rede und dass diese Dinge aus der Berufsausbildung und damit dem Berufsbild der Friseurbranche verschwunden sind. Hier steuere ich gegen, wie ich es von Anfang an vorhatte. Bevor ich näher auf diesen Bereich eingehe, möchte ich aber noch den im engeren Sinn wirtschaftlichen Teil beschließen.

10.7   Exklusivität und Know-how

Es gibt meine Produkte also nur für den Fachbereich und nur bei Nachweis des entsprechenden Know-hows. Dieses Business-to-Business-Verkaufsmodell stärkt den kleinen Frisiersalon, insbesondere auch pekuniär, und wertet dessen Arbeit auf. Dank meiner Mengenrabattverweigerung gibt es meine Produkte in keinem Supermarkt, in keiner Drogeriekette. Nicht aus Mangel an Interesse: Alle großen einschlägigen Handelsunternehmen haben angefragt. Darunter gibt es welche, die die Know-how-Hürde theoretisch hätten nehmen können, wenn sie zum Beispiel auch Kosmetik- und/oder Friseurstudios betreiben. Aber dass es einfach keinen Unterschied für den Stückpreis macht, ob man fünf *corpus*-Shampoos oder 5000 kauft, hat alle vergrault. Wer als Endkunde meine Haar- und Hautpflegeprodukte kaufen möchte, muss daher einen Betrieb aufsuchen, der diese anbietet – in aller Regel der nächste „Culumnatura-Frisiersalon". (Unter Anführungszeichen deshalb, weil ich kein Franchisesystem anbiete. Es handelt sich also in Wirklichkeit um die Lokale von (zumeist) selbstständigen Salonbetreiberinnen und -betreibern, die nur eines gemeinsam haben: Sie haben das Mindestmaß an Ausbildung von mir in Anspruch genommen, um für den Einsatz meiner Produkte infrage zu kommen). Die Exklusivität macht sich unmittelbar bezahlt: Der Produktverkauf in diesen Salons macht nicht die bereits erwähnten, läppischen zwei, drei Prozent des Umsatzes wie in den konventionellen Salons aus, sondern bildet mit 20 bis 30 % ein wichtiges Standbein. Nicht zuletzt auch deshalb, weil wir auch keinen (Online-)Direktverkauf oder Fabrikverkauf oder dergleichen haben. Das wäre eben genau das eingangs erwähnte Wegschnappen des Geschäfts. Ja, ich würde definitiv mehr verkaufen, mehr Umsatz machen, könnte die Produktion steigern, mehr Leute beschäftigen, wachsen und größer werden – aber all das erscheint nur so lange als logisch und alternativlos, solange man im alten Wirtschaftsdenken verhaftet ist. Mein Ziel ist ja eben gerade nicht die Profitmaximierung, streng egoistisch, also betriebswirtschaftlich gedacht. Es geht mir um die Wiedererlangung der Würde eines aus meiner Sicht schönen und ehrenvollen Handwerks, um die Stärkung eines ganzen Berufsstands. Also kooperiere ich exakt in dem Bereich, in dem der Egoismus ansonsten seine fettesten, übelsten Blüten treibt: dem monetären.

10.8   Die Flamme weiterreichen

Alles bisher Gesagte bleibt jedoch nur Stückwerk, nur eine flüchtige Momentaufnahme, wenn es nicht weitergegeben wird. Das letztlich trotz eines Höchstmaßes an Umweltverträglichkeit in der Produktgestaltung und einer von vielen als verrückt eingestuften Anti-Verkaufspolitik (danke, meiner Firma geht es gut) wohl wichtigste Element meiner verantwortungsvollen Unternehmensführung ist deshalb das Wissen.

Die Wissensweitergabe ist ein eigener Zweig in unserem Unternehmen. Wir bieten eine komplette Ausbildung zur Haut- und Haarpraktikerin bzw. zum Haut- und Haarpraktiker an, haben unseren Firmensitz in Ernstbrunn als Seminarzentrum mit angeschlossenem Gästehaus ausgestaltet. Im Laufe der Jahre haben Tausende unsere Seminare besucht, die wir in Ernstbrunn und im gesamten deutschsprachigen Raum anbieten, und von den vielen bemerkenswerten Dingen, die mir dabei aufgefallen sind, möchte ich zwei besonders herausstreichen: Die Tatsache, dass es aufgrund der hohen gesundheitlichen Belastungen im Friseurberuf mittlerweile Hunderte sind, die ihrer gewählten und hochgeschätzten Arbeit ohne den Umstieg auf ehrliche, konsequente Naturkosmetik nicht mehr oder nur sehr eingeschränkt nachgehen könnten. Und zum anderen die immer wieder aufs Neue ungemein befriedigende Wahrnehmung, was geschieht, wenn sich im Zuge der ersten Vorträge und Erklärungen die Erkenntnis breitmacht: Sie wollen mehr. Genau wie ich, nachdem ich mich in den 1990er-Jahren aufgemacht hatte, die Zusammenhänge herauszufinden und zu verstehen. Es ist dieser Puzzlespieleffekt: Man sucht und sucht und gibt vielleicht fast schon auf, da findet sich doch plötzlich ein Teilchen, das zum anderen passt. Und dann geht es oft Schlag auf Schlag, und auf einmal ergeben ganze Flächen einen Sinn.

Die Qualität unserer Seminare ist uns sehr wichtig. Derzeit referieren 16 Damen und Herren für uns, die alle mit beiden Beinen im Berufsleben stehen und deshalb das exakte Gegenteil der Verkaufsveranstaltungen liefern, von denen weiter oben die Rede war. Sie sind auf dem letzten Stand der Dinge in ihrem jeweiligen Fachgebiet und sprechen direkt aus der Praxis. Um allfälligen Missverständnissen vorzubeugen: Wenn davon die Rede war, dass man eine Produktschulung machen muss, um mit unserem Sortiment arbeiten zu dürfen, dann bezieht sich das auf genau einen von acht Teilen unserer Ausbildung. Alle anderen sind produktneutral, da geht es wirklich um Fortbildung im besten Sinn des Wortes. Als Wahrheitsbeleg dafür kann ich mit großem Stolz darauf verweisen, dass Teile unserer Ausbildung in den Lehrplan der Berufsschule Hollabrunn (Niederösterreich) aufgenommen wurden und wir in einem Programm zur engeren Verbindung von Lehrlingen, Gewerbe und Industrie an der Berufsschule Goldschlagstraße (Wien XV.) jedes Jahr eine Woche des Unterrichts für einen Crashkurs Naturfriseur zur Verfügung haben. Anfragen seitens der Berufsschulen, ob wir die Lehrkräfte in den Grundregeln der Naturkosmetik schulen können, häufen sich in der letzten Zeit.

Das alles ist erst der Anfang. Aus dem Tagesgeschäft habe ich mich mittlerweile zurückgezogen; umso engagierter bin ich dabei, im Hintergrund Entwicklungen zu verfolgen, kritisch Stellung zu beziehen, Alternativen vorzuschlagen, vorzubereiten und vorzumachen und nach wie vor junge Menschen anzusprechen und sie zu sensibilisieren und zu interessieren für einen anderen, fairen, ökologisch nachhaltigen, sozialen und sinnstiftenden Weg.

Literatur

Felber, C. (2018). *Gemeinwohl-Ökonomie* (S. 19). München: Piper. Hervorhebung im Original.
Gemeinwohl-Ökonomie. (2019). Gemeinwohl-Ökonomie-Bewegung. https://www.ecogood.org. Zugegriffen am 12.02.2019.
Luger, W., & Santler, H. (2016). *Kopfwäsche* (S. 128). Bad Traunstein: Steinverlag.

Willi Luger, Jahrgang 1952, wurde wie sein Vater Friseurmeister und führte 27 Jahre lang einen konventionellen Salon, bevor er Mitte der 1990er-Jahre sein erstes konsequent ökologisches Naturkosmetikprodukt für den Fachbereich auf den Markt brachte – die Geburtsstunde von Culumnatura. Seit mehr als zwei Jahrzehnten leitet er die Geschicke seines Gemeinwohlunternehmens im niederösterreichischen Ernstbrunn, das mit fast 30 Mitarbeiterinnen und Mitarbeitern zu den wichtigsten Arbeitgebern der Region zählt. Zum 20-Jahr-Jubiläum des Betriebs veranstaltete Culumnatura im Oktober 2016 den 1. Internationalen Tag der Naturfriseure, ein alles zusammenfassender Höhepunkt in seiner persönlichen Firmen-Biografie und der Tag der Veröffentlichung des Buches „Kopfwäsche". Willi Luger ist seit 2015 mit seiner langjährigen Lebensgefährtin Astrid verheiratet, die sich mit ihm die Geschäftsführung teilt.

Helmuth Santler, Jahrgang '64, ist Schreibender von Kindesbeinen an. Mit Willi Luger und dem Thema (Natur)-Kosmetik kam der mehrfache Buchautor, Übersetzer, Rezensent und Vater in den 1990ern erstmals in Kontakt, damals als Hauptverantwortlicher für zwei kleine Öko-Magazine der ersten Stunde. Die Zusammenarbeit überdauerte die Magazine und kulminierte 2016 in der Veröffentlichung von „Kopfwäsche" zum 20-Jahr-Jubiläum von Culumnatura: Willi Lugers Leben und Werk in Buchform.

Soziale Verantwortung übernehmen – der entscheidende Wendepunkt in jedem Unternehmen

Hans Jörg Ulreich

Zusammenfassung

Soziale Verantwortung in Unternehmen zu tragen ist zwar löblich, aber nicht immer von Anfang an umsetzbar. Mag. Hans Jörg Ulreich weist in seinem Beitrag aus sehr persönlicher Sicht darauf hin, dass ein Markteintritt – egal in welcher Branche – anfangs schwierig ist und unter Umständen von Jungunternehmern und -unternehmerinnen fordert, außer Gewinn kaum andere Ziele zu verfolgen. Laut Ulreich stellt jeder Anfang einen derartigen Kraftakt dar, dass soziale Verantwortung erst nach einigen erfolgreichen Jahren am Markt in Unternehmen einziehen kann, dann aber auch seinen dauerhaften Platz finden muss.

Der folgende Beitrag soll aufzeigen, dass es für Unternehmen an einem bestimmten Entwicklungspunkt wesentlich ist, ganz bewusst soziale und ökologische Gesichtspunkte einzubeziehen. Das ist für mich persönlich als Unternehmer eine sehr wichtige Erfahrung gewesen, die mich bis heute leitet und prägt.

11.1 Wohl gegen Gewinn?

Allen, die bereits bei der Gründung das Ziel verfolgen, ein verantwortungsvolles Unternehmen zu führen, kann ich nur gratulieren. Bei mir selbst war das zugegebenermaßen nicht der Fall. Nicht, dass ich das totale Gegenteil vorgehabt hätte, nein, vielmehr waren

H. J. Ulreich (✉)
Ulreich Bauträger GmbH, Wien, Österreich
E-Mail: h.ulreich@ulreich.at

© Springer Fachmedien Wiesbaden GmbH, ein Teil von Springer Nature 2019
D. Ortiz et al. (Hrsg.), *Verantwortungsvolle Unternehmensführung im
österreichischen Mittelstand*, Forschung und Praxis an der FHWien der WKW,
https://doi.org/10.1007/978-3-658-25328-8_11

löbliche Ziele wie die Zufriedenheit meiner Mitarbeiterinnen und Mitarbeiter oder Umweltschutz bei der Gründung einfach überhaupt nicht in meinem Kopf. Ich betone das
deswegen, weil ich meine, man darf junge Gründer und Gründerinnen nicht verunsichern.
Daher ist es auch wichtig, hier an dieser Stelle zu sagen, dass nur die wenigsten diese Ziele
in der Realität vom ersten Tag an umsetzen oder besser gesagt umsetzen können. Mit Mitarbeiterinnen, Mitarbeitern, Geschäftspartnerinnen, Geschäftspartnern, Kundinnen sowie
Kunden und Ressourcen verantwortungs- und respektvoll umzugehen, ist ein wichtiges
langfristiges Ziel und im Grunde auch ein Garant für dauerhaften Erfolg im Bereich der
kleinen und mittleren Unternehmen (KMU).

Ich selbst zum Beispiel wollte von klein auf immer nur Unternehmer, genauer gesagt
Bauträger werden. Neben dem sehr kindlichen Ziel, schöne Häuser bauen zu wollen, hat
mich später vor allem mein Charakter angetrieben: Ich wollte nie unter der Leitung eines
anderen arbeiten, immer selbstständig Entscheidungen treffen und dafür auch Konsequenzen tragen und mich ganz allein um meine zukünftige Familie, sozusagen auf eigenes Risiko, kümmern. Und ganz klar wollte ich mehr – nämlich viel Geld verdienen.

In meinen sogenannten Lehrjahren, ob als Helfer im bäuerlichen Betrieb der Eltern
oder bei meinen ersten Jobs in Unternehmen während und kurz nach dem Studium, be-
obachtete ich alle meine Chefs (ich hatte nur männliche Vorgesetzte) – immer mit dem
Hintergedanken, wie ich an deren Stelle handeln würde. Und ohne jede Führungser-
fahrung hatte ich den Blick starr auf Gewinnsteigerung bzw. Kostenminimierung gerichtet.

Das führte (natürlich) besonders auf dem elterlichen Bauernhof zu vielen Grundsatz-
diskussionen, denn mein Vater, ein erfahrener Landwirt, hatte sich bereits am Markt etabliert und daher ging es ihm mehr um – ich drücke es jetzt sehr einfach aus – das Wohl als
um den Gewinn. Eine Unterscheidung, die ich damals, in meinem junge n Ehrgeiz, noch
nicht genau zu begreifen wusste. Heute weiß ich, dass ich genau diesem Blick meines
Vaters auf das Wohl statt auf den reinen Gewinn mein Unternehmen zu verdanken habe.
Als ich nämlich meine Firma gründete und mein allererstes Objekt sanieren konnte, war
es mein Vater, der den bäuerlichen Hof einsetzte, für mich einstand und mir dadurch das
notwendige Startkapital für mein eigenes Unternehmertum lieh. Dieser persönliche Einsatz meines Vaters war weit von dem Gedanken der Gewinnmaximierung entfernt, sondern allein durch sein Augenmerk auf das Wohl aller geprägt.

Ich selbst hatte, wie gesagt, nur eines im Kopf, als ich mit dem geliehenen Kapital mein
Unternehmen startete, nämlich das Überleben meiner Firma auf dem Markt.

11.2   Knappes Kalkulieren zu Beginn

Die Ulreich Bauträger GmbH ist nicht am Reißbrett entstanden. Ich wollte unbedingt
selbstständiger Bauträger werden, habe das dafür passende Projekt gesucht, so knapp wie
es eben zulässig ist, kalkuliert, mir das Kapital geliehen und bin ins kalte Wasser ge-
sprungen. Mit Partnerinnen und Partnern, die heute zu wichtigen Freunden geworden

sind, habe ich alles auf den finanziellen Erfolg des Projekts abgestellt, damit sich unter dem Strich die Rückzahlung des Fremdkapitals und genügend Gewinn für die Umsetzung des nächsten Projekts ausgingen. Andere Parameter waren für mich anfangs nicht wichtig oder, besser gesagt, stellten sich für mich zu diesem Zeitpunkt solche Fragen einfach nicht. Das gesamte unternehmerische Denken und Handeln ist anfangs auf vollkommen andere Schwerpunkte ausgerichtet. Man kämpft darum, kostendeckend und gewinnbringend zu handeln und gleichzeitig ein Produkt auf den Markt zu bringen, das einem selbst und den eigenen Vorstellungen entspricht. Diese Herausforderung kommt automatisch und auch ungefragt auf Unternehmer und Unternehmerinnen zu, der Blickwinkel verändert sich.

Erst wenn man diese erste Hürde, das Eindringen und Überleben am Markt, geschafft hat, ist es möglich und notwendig, sich höheren Zielen zu widmen. Diese höheren Ziele, die über kurzfristigen Profit hinausgehen, werden vielleicht nicht vordergründig an den Universitäten gelehrt, aber sie bauen ein Unternehmen nachhaltig auf und geben ihm längerfristig Zukunftsperspektive. Die unternehmerischen Werte, die ich ganz grundsätzlich von meinem Vater gelernt habe, haben mir geholfen, den modernen, erfolgreichen Betrieb zu schaffen, auf den ich heute stolz bin.

11.3   Der Wendepunkt: Keine Qualität ohne zufriedene Mitarbeiter und Mitarbeiterinnen

Am Markt angekommen, geht es nämlich darum, sich von Mitbewerberinnen und Mitbewerbern zu unterscheiden und sich mit seiner Qualität und dem Kundenservice dauerhaft zu verankern. Beides, höchste Qualität und hervorragender Kundenservice, sind natürlich eng mit dem Team und den Geschäftspartnerinnen und -partnern, wie beispielsweise Lieferanten, verbunden. Ab diesem entscheidenden Wendepunkt ist man als Unternehmer gefordert. Es geht darum, den Fokus von der reinen Gewinnsteigerung umzulenken auf das dauerhafte Wohl des Unternehmens, mit allen, die dazu gehören. Wer hier nachlässt oder den Schalter nicht umlegt, wird sich gerade im KMU-Bereich nicht dauerhaft erfolgreich am Markt halten können.

Ab meinem dritten Bauprojekt verlagerte sich daher auch mein Arbeitsschwerpunkt. Der Arbeitsaufwand machte die Anstellung neuer Mitarbeiterinnen und Mitarbeiter erforderlich, die an meiner Stelle nun den Erstkontakt mit den Kundinnen und Kunden sowie den Lieferanten führten.

Spätestens an diesem Punkt wird einem als Unternehmer, als Chef klar, dass man eigentlich keine andere Wahl hat, als sich um ein positives Arbeitsklima, um das Wohl seiner Angestellten zu bemühen. Versäumnisse in diesem Bereich führen unter Garantie zu Qualitätseinbußen. Wichtig zu erwähnen ist in diesem Zusammenhang, dass alle Mitarbeitermaßnahmen, die in unserem Unternehmen gesetzt werden, sich weniger aus Zertifizierungsprogrammen oder Ähnlichem ergeben, sondern vielmehr aus dem zwischenmenschlichen Zusammenarbeiten.

Ich habe alle Kolleginnen und Kollegen im Unternehmen persönlich eingestellt. Es sind inzwischen 25 Vollzeitbeschäftigte, mehr als die Hälfte davon Frauen, und ich bin stolz darauf, dass sie alle schon lange in meinem Unternehmen sind und wir fast keine Fluktuation haben. Ich lege Wert darauf, dass mein Büro im wahrsten Sinne des Wortes ein offenes ist.

Ich verstecke mich hinter keiner verschlossenen Tür, sondern bin über eine Glaswand jederzeit sichtbar und auch erreichbar. Gerade weit weg genug, dass sich die Kollegen und Kolleginnen nicht von mir kontrolliert fühlen, aber immer als Ansprechpartner in Reichweite, wenn jemand Unterstützung braucht. Dass Mitarbeiter über die Jahre hindurch ein Unternehmen nicht verlassen, ist nicht planbar, sondern muss in einem KMU gemeinsam von beiden Seiten hart erarbeitet werden.

11.4   Menschen vor Qualifikationen

Man sucht in Wahrheit nicht eine Assistenzkraft oder eine/n Bautechniker/in, sondern man sucht Menschen, die ins Team passen und denen man zusätzlich zu den passenden Qualifikationen und Erfahrungen Problemlösungskompetenzen zutraut.

Zutrauen statt Vertrauen ist für mich in jeder Geschäftsbeziehung, ob bei Mitarbeiter oder Geschäftspartner der in Wahrheit treffendere Begriff. Nicht alle sind von Anfang an darauf eingestellt, nachhaltige Produkte zu verkaufen oder mein Unternehmen entsprechend mit Fachkräften oder Produkten zu beliefern. In meiner Auswahl an geeigneten Teamworkern lege ich vielmehr Augenmerk darauf, ob die Menschen von ihrer Persönlichkeit her die geeigneten Grundwerte und die Bereitschaft, mit mir ein Stück des Wegs gemeinsam zu gehen, auch tatsächlich mitbringen.

Nicht jeder Elektrik- oder Installationsbetrieb hat sich bereits auf jene Technologien und Produkte umgestellt, mit denen wir in meinem Unternehmen arbeiten. Wenn das menschliche Verhältnis jedoch stimmt, dann ist es mir lieber, diese Partner mit mir wachsen zu lassen, als von vornherein auf dem richtigen Gebiet spezialisierte Anbieter auszuwählen. Ähnlich ist es mit meinem Team. Niemand wird von vornherein mit der meinem Unternehmen eigenen Philosophie zu uns in die Firma kommen und sich für eine freie Stelle bewerben. Es ist meine Aufgabe, sie in dieses Umfeld einzubinden, damit sie sich dort ganz entsprechend unseren firmeneigenen Gegebenheiten entwickeln und entfalten können. Rahmenbedingungen wie gerechte Entlohnung, gute Arbeitszeiten, familienfreundliche Arbeitsplatzverhältnisse, Unterstützung bei Aus-/ Fortbildungen und vieles mehr sind dabei hilfreiche Werkzeuge, aber nicht allein ausschlaggebend.

Natürlich wird heute in meinem Unternehmen höchster Wert auf Umweltschutz gelegt, wir haben allerdings auch eine Größe und einen Umsatz erreicht, bei dem wir uns das leisten können und wollen. Zu Anfangszeiten lag mein Augenmerk nicht auf umweltschonendem Druckpapier oder einer biologischen Safttheke für Kollegen. Heute ist es mir wichtig, dass meine von mir persönlich ausgebildeten Fachkräfte im Unternehmen bleiben. Wenn Fehler gemacht werden, gebe ich eine zweite oder dritte Chance; zu Beginn hatte ich nur im Auge, dass das Produkt, in meinem Fall das Objekt, fertiggestellt wird.

11.5 Gemeinsam Neues entwickeln

Als Partner oder Zulieferer sind mir kleine, manchmal junge und ländliche Betriebe lieber, weil es mir Freude macht, sie beim Wachsen zu unterstützen und mit ihnen gemeinsam Neues zu entwickeln. Ich leiste es mir und meinem Betrieb, ausgewählte Nichtregierungsorganisationen zu unterstützen, die inhaltlich wie organisatorisch zu mir und meinen Werten passen. Wohnungen und Geschäftsflächen stelle ich beispielsweise unentgeltlich zur Zwischennutzung zur Verfügung.

Am Anfang hätte ich mir all das nicht leisten können und zugegebenermaßen auch nicht leisten wollen. Es nutzen die besten Rahmenbedingungen und Maßnahmen nur wenig, wenn das Zwischenmenschliche und hier vor allem die Bereitschaft des Chefs bzw. der Chefin, auf Partner und Partnerinnen wie auf Arbeitnehmer und Arbeitnehmerinnen einzugehen, fehlen. Wenn die zwischenmenschliche Basis stimmt und die Einschätzungen real bleiben, kann ein verantwortungsbewusster Unternehmer auch in Krisenzeiten auf Mitarbeiter und Mitarbeiterinnen und Lieferanten und Lieferantinnen zählen und mit ihnen diese gemeinsam bewältigen und durchstehen.

Ich traue mich heute zu sagen, dass ein Großteil meines Teams mit mir weiterarbeiten würde, wenn das Unternehmen einmal kurzfristig in eine schwere finanzielle Krisensituation geraten würde. Das liegt zum größten Teil daran, dass sich unser Verantwortungsbewusstsein daran messen lässt, dass ich als Chef auch in schwierigen Zeiten einmal für die anderen da bin. Wir haben zwar keinen Betriebskindergarten, aber wenn eine Mitarbeiterin überraschend in die Kinderbetreuungspflicht gerufen wird, ist das bei uns kein Thema. Wenn ein Kunde durch eine Notsituation in einen Zahlungsverzug kommt, findet man im Gespräch auch eine Lösung. Verantwortungsvolles Unternehmertum im KMU-Bereich bedeutet für mich, Illusionen durch Visionen zu ersetzen, ab einer gewissen Größe auf das Wohl statt auf den Gewinn zu fokussieren und Zutrauen statt Vertrauen aufzubauen.

Mich stört oft, dass heute zukünftigen Gründern und Gründerinnen Unternehmensbeispiele vor Augen geführt werden, die vor sozialer und ökologischer Verantwortung nur so strotzen, es aber unerwähnt bleibt, dass der Weg dorthin unter Umständen kein leichter ist. Als Beispiel möchte ich anführen, wie viele Menschen beispielsweise im Handelssektor, gerade in Wien, mit kleinen Geschäften starten. Das gesamte Lokal wird teuer und ökologisch nachhaltig mit viel Geld renoviert, die Produkte entsprechend gewählt, alles ist stylisch, nachhaltig, teuer. Alles ist – meist durch Kredite der Bank oder von Eltern finanziert – trendy und fertig, ohne noch einen Cent an Umsatz erwirtschaftet zu haben. Ich sehe viele, die sich damit vollkommen übernehmen, so löblich die Werte und Einstellung auch sind.

Wir müssen jungen Unternehmern und Unternehmerinnen viel mehr Hilfestellung bieten, indem wir sie mit der Realität konfrontieren: Jeder Markteintritt, ob Neugründung oder Unternehmensübernahme, ist ein harter, und am Anfang in der Regel immer ein Kampf um den Preis. Wir haben mittlerweile zwar die glückliche Ausgangssituation, dass der Markt, die Kunden und Kundinnen immer mehr ökologisches und soziales Bewusstsein entwickeln und einfordern, dennoch ist jeder Start schwierig.

Wenn man die(se) Überlebensphase jedoch überwunden hat, ist es für den dauerhaften Erfolg – so es nicht sowieso ein moralisch persönlicher Anspruch des Gründers bzw. der Gründerin ist – unumgänglich, den Schalter von Gewinnmaximierung auf das Ziel eines allgemeinen Wohlstands umzulegen. Anders holt man sich im KMU-Bereich keinen dauerhaften Erfolgsvorsprung, vor allem aber bleibt man über kurz oder lang selbst persönlich und menschlich auf der Strecke – man geht auf alle Fälle mit seinem Unternehmen unter.

Sobald man selbst mit seinem Unternehmen den Kopf quasi über Wasser hat, gilt es daher, nicht mehr nur an das Produkt, sondern an alle anderen Beteiligten, nicht nur die Kunden und Kundinnen zu denken. Ab diesem Moment muss es immer leistbar sein, Zwischenmenschliches und Fehler bis zu einem verträglichen Maß zuzulassen. Dieser entscheidende Entwicklungsschritt kommt in jedem Unternehmen, immer. Bei dem einen früher, bei dem anderen später.

11.6   Die Verantwortung der Erfahrenen

Die Aufgabe von uns als Erfahrenen, als Ausbildnern ist es, den Jungen mit ganzer Kraft dabei zu helfen, diesen Wendepunkt zu erkennen und die Herausforderung anzunehmen. Das Etablieren von internen Standards, das Formalisieren durch Zertifikate und ähnliche Prozesse sehe ich hier mehr als hilfreiche Reißleinen oder Wegweiser; wichtiger ist es jedoch, Unternehmer und Unternehmerinnen in ihrer Ethik und Moral zu stützen und zu schulen, damit sie für alle als Vorbild vorangehen können.

KMU können nur erfolgreich sein, wenn sie auf ihre Mitarbeiter und Mitarbeiterinnen, Lieferanten wie Lieferantinnen und ihre Zielgruppen bauen können, sie hängen ganz dicht in diesem Netzwerk und sind nicht an der Spitze, sondern ein ebenbürtiger Teil davon. Daher muss man auch auf die Unternehmer und Unternehmerinnen in guten wie in schlechten Zeiten zählen können. Der Erfolg unseres Hofs war eng mit der Persönlichkeit meines Vaters verbunden; er setzte immer auf Fairness, Handschlagqualität, Ehrlichkeit und Miteinander. Selbst dann, wenn jemand einmal nicht sein Bestes geben konnte. Dafür braucht es meiner Meinung nach nicht unbedingt Auszeichnungen oder intern geschliffene Kommunikationsprozesse, sondern Persönlichkeit, Charakter, Ethik und Moral.

Es liegt an uns, den erfolgreichen Unternehmern und Unternehmerinnen von KMU, dies der nächsten Generation mitzugeben, sie darin zu schulen und auch zu ermutigen. Und wir müssen sie auch auf die Rückschläge vorbereiten, denn es gibt gerade am Anfang Phasen, in denen ökologische und soziale Verantwortung im Unternehmen noch eine untergeordnete Rolle spielen oder, besser gesagt, spielen müssen – jedoch auf keinen Fall auf Dauer.

Mag. Hans Jörg Ulreich ist geschäftsführender Gesellschafter und Gründer der Ulreich Bauträger Gmbh. Seit 2010 ist er Bauträgersprecher der Wirtschaftskammer Österreich, seit 2014 Obmann der von ihm mitbegründeten Interessengemeinschaft Private Immobilienwirtschaft (IGPI). Neben seiner Lektorentätigkeit an der Fachhochschule Wien der Wirtschaftskammer Wien und Technischen Universität hält er immer wieder diverse Vorträge, u. a. beim Forum Alpbach. Ulreich ist regelmäßiger Gastkommentator in Fachzeitschriften wie der „OIZ", aber auch in der „Kronen Zeitung".

Seine Liebe zu Gründerzeitbauten in der Wiener Vorstadt floss in sein Unternehmen ein, mittlerweile ist er mehrfach preisgekrönter Experte für ökologisch nachhaltige Sanierung. Privat ist Ulreich durch und durch Familienmensch und Hobbylandwirt. Die Grundhaltung seiner Arbeit, dass „alleine keiner etwas ausrichten kann und die Bedachtnahme auf Umwelt und Nachbarschaft essenziell sind", zieht sich wie ein roter Faden durch sein Berufsleben, spiegelt sich aber auch in seinem politischen und karitativen Engagement sowie seinem Privatleben wider.

Stefan Schauer

Zusammenfassung

Wir alle tragen Verantwortung, beruflich wie privat. Als Unternehmer gilt es, Verantwortungsbereiche zu schaffen und diese gleichzeitig mit den Grundwerten der Unternehmensphilosophie in Einklang zu bringen. Der vorliegende Beitrag greift Leitsätze und Werte heraus, die STAUD'S WIEN seit der Gründung aktiv (vor-)lebt: Da geht es um den Faktor Mensch als Credo, das sich über die gesamte Wertschöpfungskette zieht. Um die Nachhaltigkeit im Denken, aber vor allem auch im Handeln, die sich vor allem am Firmenstandort Ottakring manifestiert. Und die Selbstverständlichkeit, mit der Migration seit Anbeginn gelebt wird. Es geht aber auch um die Hürden, die es aufgrund dieser Werte zu überwinden gilt. Das alles mündet in dem übergreifenden und zukunftsorientierten Ziel, nicht nur zu wirtschaften, sondern vor allem auch zu leben. Und leben zu lassen.

Beginnen wir mit einem Zitat, das mir immer schon zu denken gab:

> Jene Menschen sind Wilde im gleichen Sinne, wie wir die Früchte wild nennen, welche die Natur aus sich heraus und nach ihrem gewohnten Gang hervorbrachte, während wir in Wahrheit doch eher die wild nennen sollten, die wir durch unsere künstlichen Eingriffe entwertet und der allgemeinen Ordnung entzogen haben. In jenen sind die ursprünglichsten und heilsamsten, die wahren Eigenschaften und Kräfte der Natur lebendig und wirkungsmächtig, die wir in diesen, nur um sie den Gelüsten unseres verdorbenen Geschmacks anzupassen, völlig verfälschten. Und dennoch empfindet selbst unser Gaumen bestimmte dortzulande ohne Anbau wachsende Früchte im Vergleich zu unseren als außerordentlich aromatisch und delikat. (Michel de Montaigne)[1]

---

[1] De Montaigne (1998).

S. Schauer (✉)
Staud's GmbH, Wien, Österreich
E-Mail: office@stauds.com

© Springer Fachmedien Wiesbaden GmbH, ein Teil von Springer Nature 2019   133
D. Ortiz et al. (Hrsg.), *Verantwortungsvolle Unternehmensführung im
österreichischen Mittelstand*, Forschung und Praxis an der FHWien der WKW,
https://doi.org/10.1007/978-3-658-25328-8_12

Wir im Unternehmen STAUD'S WIEN beschäftigen uns tagtäglich mit dem Ursprung unserer Lebensmittel. Nicht im theoretischen Sinn natürlich, sondern ganz praxisnah, indem wir diese beziehen und verarbeiten. Gehen wir einen Schritt weiter, wird die Frucht zu unserem Handeln, unser Gaumen zur Arbeitsmoral, der Geschmack doch wohl zur unternehmerischen Verantwortung, um die es hier in weiterer Folge geht.

Wir alle tragen sie in verschiedenen Ausprägungen. Die Verantwortung für unser Handeln, unsere Umwelt, unsere Mitmenschen. Im unternehmerischen Umfeld gilt es, nicht nur Verantwortungsbereiche zu schaffen, sondern diese auch mit den Grundwerten der Unternehmensphilosophie in Einklang zu bringen. Es braucht also Leitsätze, die (vor-) gelebt werden müssen. Sie niederzuschreiben ist das eine, tatsächlich danach zu leben unser täglicher Ansporn. Ich möchte nicht sagen Herausforderung, denn nur, wer seine Werte in den Arbeitsalltag integriert, sie voll und ganz verinnerlicht hat, kann sie auf das große Ganze übertragen, für das wir als Führungsperson im Unternehmen letztendlich verantwortlich sind.

Im Zuge meiner Überlegungen möchte ich einzelne Werte herausgreifen und ergründen, was sie für das Unternehmen STAUD WIEN bedeuten, wie wir mit ihnen umgehen und warum wir es als unsere Verantwortung sehen, nicht nur nach ihnen zu handeln, sondern sie zu leben. „Leben und Wirtschaften". Das muss in Summe das zukunftsorientierte Ziel unserer Unternehmensführung sein. Dazwischen kamen mir immer wieder Zitate von Johann Nepomuk Nestroy in den Sinn. Nicht nur ein großer Dichter, sondern auch ein Denker, dessen ein oder anderer Ausspruch auch heute noch seine Gültigkeit hat. Sie zierten 2001 die erste Verschlussserie unserer STAUD'S Gläser, die wir unter ein kunstvolles Motto stellten. Viele weitere sollten folgen.

12.1   Vom Leben beim Wirtschaften

„Gute Vorsätze sind grüne Früchte, die abfallen, ehe sie reif sind". Johann Nepomuk Nestroy

Gemeinsam stark sein. Der Faktor Mensch steht bei STAUD'S tatsächlich im Fokus. Das ist keine Floskel, sondern vielmehr ein Credo, das über die gesamte Wertschöpfungskette hinweg gelebt wird. Beginnen wir bei unseren Lieferanten, den Bauern, mit denen wir jahrelange Partnerschaften pflegen. Ihre hochwertigen Rohstoffe sind die Grundlage für die Qualität unserer Produkte. Der respektvolle Umgang miteinander, die gegenseitige Wertschätzung und der gemeinsame Glaube an die Sache selbst sind Grundpfeiler unserer Philosophie. Denn nur aus Gutem kann Gutes entstehen.

Das betrifft die Rohstoffe genauso wie die Motivation der Mitarbeiter und Mitarbeiterinnen im Unternehmen. Sie stehen bei uns stark im Fokus. Ihnen verdanken wir nicht nur die hohe Qualität unserer süßen und sauren Spezialitäten, sondern auch die positive Aufladung der Marke STAUD'S. Jeder von ihnen ist in seinem kleinen Bereich Markenbotschafter und trägt seinen Teil zum unternehmerischen Erfolg bei. Voraussetzung dafür ist ein gesamtheitlicher Denkansatz, der die Solidarität fördert und über die direkt Involvierten hinausreicht. Die eigene Einbettung in ein größeres soziales System wird bewusst gelebt. Es bereitet Freude und auch Stolz, für die feine Manufaktur STAUD'S zu arbeiten. Dazu gehören neben einer fairen Entlohnung vor allem auch Faktoren wie Sicherheit, das persönliche Wohlbefinden am Arbeitsplatz und die Identifikation mit dem Unternehmen selbst. Es ist unsere Aufgabe, dieses Umfeld zu schaffen.

Freude bereiten, das sollen in letzter Konsequenz natürlich unsere Produkte, die Platz auf den Frühstückstischen, in den Küchen und bei besonderen Anlässen unserer Konsumenten und Konsumentinnen finden. Ihre Wünsche und Bedürfnisse nehmen eine zentrale Stellung im gesamten Gefüge ein. Der Kontakt mit ihnen und die Gespräche über geplante Aktivitäten gehören für uns zu den wichtigsten Marktindikatoren. Mit unserem STAUD'S Pavillon am Brunnenmarkt, unserer kleinen Schmuckkassette, haben wir ein etwas anderes Marktforschungsinstitut geschaffen. Natürlich nur im Kleinen, doch im sehr persönlichen Austausch mit wenigen kann oft mehr entstehen als durch die anonyme Befragung von vielen. Wir gehören eben nicht zu einer anonymen Masse von Unternehmen. STAUD'S ist etwas Besonderes und das Besondere steht im Fokus unseres Handelns.

Von den Erntehelfern und Erntehelferinnen zu den Konsumenten und Konsumentinnen, von der Geschäftsführung zu den Produktionsmitarbeitern und -mitarbeiterinnen. Die Dynamik im Inneren ist der Antrieb für die positiven Auswirkungen, die von außen wahrgenommen werden. Das sind die guten Zahlen, die auch schwierige Zeiten überstehen, aber auch die Marke, die positiv aufgeladen ist. Es geht nicht nur um Bilanzen und Gewinnmaximierung. Wir streben nach Ausgewogenheit zwischen den Interessen und Bedürfnissen aller beteiligten Personen. Diese kann sich nur einstellen, wenn sich jeder und jede innerhalb der Produktionskette ernst genommen fühlt, sich als Teil des Ganzen sieht und auch für sich Vorteile erkennen kann, die sich aus dem persönlichen Einsatz ergeben. Dabei forcieren wir keine kurzfristigen Produktionssteigerungen oder die Verbesserung von Unternehmenszahlen. Es ist das harmonische Zusammenleben aller Stakeholder – der Mitarbeiter und Mitarbeiterinnen, der Lieferanten und Lieferantinnen, der Konsumenten und Konsumentinnen –, das wir fördern, damit daraus wiederum ein fruchtbares Miteinander entsteht.

12.2 Nährwert mit Mehrwert

„Ich habe für nichts Sinn, als die Schönheit der Gegend. – Larifari, der gedeckte Tisch, das is' die schönste Gegend". Johann Nepomuk Nestroy

Nachhaltig denken UND handeln. Unsere Wurzeln ankern tief. Sie zu verleugnen heißt einen Teil von sich aufgeben. Die Verankerung von STAUD'S in Wien, speziell im 16. Wiener Gemeindebezirk Ottakring, hat für uns Tradition. Als kleines Familienunternehmen können wir es uns erlauben, nicht ausschließlich an den Shareholder Value zu denken, sondern auch eine aktive soziale Rolle in der Umgebung einzunehmen. In Wien zu produzieren, hier unseren Standort zu haben, hat für uns einen großen Stellenwert, der auch als Subline innerhalb unseres Logos und somit auf all unseren Produkten zum Ausdruck kommt. Die Einbettung in den Bezirk, in das Brunnenmarktviertel, war für uns als Unternehmen von Beginn an ein Stück unserer Geschichte, die Kontakte in der unmittelbaren Umgebung werden von uns aktiv gepflegt.

Besonders Firmengründer Hans Staud lebte und lebt seine Rolle als Unternehmer in Ottakring mit Leidenschaft. Von Geburtswegen ein halber Bauer und ein halber Standler, ist er regelmäßig am Brunnenmarkt anzutreffen und kennt viele Marktstandbetreiber und -betreiberinnen persönlich. Es ist eine besondere Stärke der kleinen und mittleren Unternehmen (KMU), persönliche Beziehungen aufzubauen und diese auch pflegen zu können. Egal ob Marktstandler, Gastronomin oder Nachbar, wir suchen mit jedem das Gespräch und halten den Kontakt aufrecht. In die Umgebung zu investieren, ist Teil der unternehmerischen Verantwortung, wie wir sie leben. Als wir unseren STAUD'S Pavillon am Brunnenmarkt umgebaut und erneuert haben, war das für viele ein Zeichen des Aufbruchs, das Viertel und gleichzeitig dessen Wirtschaft zu beleben. In sich erfolgreich zu sein, ist das eine, etwas davon in seine unmittelbare Umgebung zu tragen, das wirklich Wichtige.

Der soziale Gedanke mündet hier direkt in das ökologische Bewusstsein. Das Kurzhalten von Transportwegen, die möglichst schnelle Verarbeitung von Rohstoffen und die damit verbundene Vermeidung von Verschwendung – von Energie und Lebensmitteln gleichermaßen – haben wir in unseren täglichen Arbeitsprozessen verankert. Die lokalen und regionalen Lieferanten und Lieferantinnen sind dabei unsere treuen und verlässlichen Partner. Wachauer Marillen, Erdbeeren aus Niederösterreich oder Gurkerln und Pfefferoni aus dem Burgenland – durch unsere Verwurzelung und langjährigen Beziehungen schaffen wir es, inmitten unserer Konsumenten und Konsumentinnen und Lieferanten und Lieferantinnen zu arbeiten und auf nachhaltigem Weg zu produzieren. Es ist für uns keine Option, möglichst günstig einzukaufen und die Qualität außen vor zu lassen. Nur wenn die Lieferanten und Lieferantinnen wie auch Mitarbeiter und Mitarbeiterinnen und Kunden und Kundinnen gut von und mit unseren Produkten leben können, gelingt beides: für die Gesellschaft einen Mehrwert und gleichzeitig einen Nährwert zu schaffen.

12.3   Im Kleinen ganz schön groß

„Kultur beginnt im Herzen jedes einzelnen". Johann Nepomuk Nestroy

Brücken bauen, wo Gräben sind. Hans Staud, Gründer des Unternehmens STAUD'S WIEN, ist nicht nur ein Pionier im Bereich neuer Produktionsmethoden. Er war sich auch sehr früh seiner gesellschaftlichen Verantwortung als Unternehmer bewusst. Bereits in den 1970er-Jahren, als er das Unternehmen am heutigen Standort in Wien Ottakring aufbaute, setzte er sich stark für seine Mitarbeiter und Mitarbeiterinnen ein. Ein Großteil von ihnen bringt einen Migrationshintergrund mit, damals wie heute. Sein Anliegen war und ist es, ihnen nicht nur einen Platz zum Arbeiten, sondern einen Raum zum Leben zu bieten. Dazu gehörte für ihn auch, sich dem Jugoslawischen zu widmen, der Sprache vieler seiner Mitarbeiter und Mitarbeiterinnen, um mit ihnen kommunizieren und besser auf ihre Bedürfnisse eingehen zu können. Was damals viele belächelten, gilt heute als weltoffen.

Das Gemeinsame aller Beteiligten in den Vordergrund zu rücken, das steht auch heute noch im Zentrum unseres Handelns. Was in anderen Organisationen und Unternehmen oft erst später als Innovation präsentiert wurde, ist grundlegend in der STAUD'S Philosophie verankert: die Selbstverständlichkeit, mit der Integration gelebt wird. Während moderne Managementliteratur die Notwendigkeit von Diversität für erfolgreiche Unternehmen in volatilen Wirtschaftszeiten betont, ist diese bei STAUD'S seit Jahrzehnten Realität und fix im Leitbild des Unternehmens verankert.

Konsequent seinen Weg zu gehen, Disziplin an den Tag zu legen und Durchhaltevermögen zu beweisen – das sind Grundwerte von Hans Staud, die er als Gründer auch seinen Mitarbeitern und Mitarbeiterinnen vermittelt. Als Führungskraft zu agieren heißt schließlich auch, Entscheidungen zu treffen und in weiterer Folge für die positiven wie auch negativen Konsequenzen einzustehen. Es geht um mehr als nur den individuellen Erfolg, es geht um die Existenz vieler Menschen, die mit dem Unternehmen verbunden sind. Hans Staud erkannte sehr früh, dass es wichtig ist, aufeinander zuzugehen und Brücken zu bauen, wo sich vielleicht zu Beginn noch gesellschaftliche Gräben aufgetan haben. Ein Weg, den wir entschlossen und konsequent weitergehen.

12.4   Alles im Rahmen

„Die Wahrheit ist das Erhabenste, drum kann man's nicht jedem auf die Nase binden".
Johann Nepomuk Nestroy

Flexibel bleiben. Die ständige Weiterentwicklung unserer Produkte, das Realisieren neuer Ideen und flexibel im Handeln zu bleiben, sind Leitgedanken, die das Unternehmen STAUD WIEN auszeichnen. Das Elastische, die Wendigkeit und das schnelle Reagieren auf gesellschaftliche, aber auch marktspezifische Veränderungen sind wichtige Teile unseres Arbeitens und ein Vorteil gegenüber großen Unternehmen. Dort können sich Entscheidungen über Jahre ziehen. Eine Idee bei STAUD'S wird im Umfeld geprüft, einmal überschlafen und schließlich in die Tat umgesetzt. Die Perfektion im Nichtperfekten zu finden, darin liegt mit Sicherheit eine unserer Stärken. Das zeichnet uns neben den vielen süßen und sauren Delikatessen aus.

Dennoch ist und bleibt es eine Herausforderung, einen mittelständischen Betrieb in Österreich zu führen. Unsere Erfahrung lehrt uns, dass es eine gewisse Mindestgröße braucht, um langfristig überleben zu können. Laut aktueller WKO-Statistik haben rund 90 % der Unternehmungen in Österreich weniger als zehn Mitarbeiter. Dennoch haben die Kleinen das größte Steueraufkommen zu verzeichnen. Die Unterstützung durch die Politik ist für KMU ein ausschlaggebender Faktor.

Auch STAUD WIEN ist sehr klein strukturiert. Die Rahmenbedingungen, die uns von politischer Seite auferlegt werden, stellen uns im Alltag oft vor große Herausforderungen. Als hochqualitativ produzierendes Unternehmen im österreichischen Mittelstand gibt es zwar Chancen, die wir bestmöglich nutzen. Dennoch stoßen wir auch auf Steine, die wir aus eigener Kraft nicht aus dem Weg räumen können. So finden Produzenten und Produzentinnen von landwirtschaftlichen Erzeugnissen oft nicht genügend Erntehelfer und -helferinnen. Einer schweren Arbeit stehen geringe Löhne gegenüber, die Besteuerung in Österreich ist nachteilig, während es in Nachbarländern wie Deutschland vorteilhaftere Bedingungen gibt. Das setzt die Bauern und Bäuerinnen zusätzlich unter Druck. Die Suche nach qualifizierten Arbeitskräften wird zum Spießrutenlauf. Ein Großteil von ihnen kommt aus Osteuropa, für Helfer und Helferinnen aus Nicht-EU-Staaten fehlt der rechtliche Rahmen, der uns die Beschäftigung erleichtern würde. Ohne politische Unterstützung kann keine lohnintensive Landwirtschaft bestehen. Die Verantwortung liegt beim Staat, hier wirtschaftliche und soziale Rahmenbedingungen zu schaffen, um die Wertschöpfung im Land zu erhalten.

Was ist also die Folge? Zu wenig Rohstoffe, die zur Weiterverarbeitung zur Verfügung stehen, eine Abwanderung der Wertschöpfung aus dem eigenen Land und aus Europa, ein Verlust für den Wirtschaftsstandort. Auch ein Wiener Traditionsbetrieb, wie wir es mit STAUD'S sind, stößt trotz verantwortungsvoller Unternehmensführung, großer Solidität und Durchhaltevermögen hier in letzter Konsequenz an seine Grenzen. Ein positives und effizient gestaltetes Umfeld in Europa zu schaffen, das eine verantwortungsvolle Unternehmensführung für uns erst effektiv macht, wird die Herausforderung der Politik und das Thema der Zukunft bleiben. Den Rest schaffen wir selbst – mit Unternehmergeist, Freude an der Arbeit und dem Glauben an ein fruchtbares Miteinander.

„Was die Leute denken werden? Gewiss nicht viel, schon deswegen, weil die denkenden Leute die wenigsten sind". Johann Nepomuk Nestroy

So denken wir, dass es wohl auch das Wilde in uns ist, das uns als Unternehmen STAUD'S WIEN auszeichnet, das uns zu dem macht, was wir sind. Ein Unternehmen ohne starre Strukturen – agil im Handeln, ehrlich im Sein.

Literatur

De Montaigne, M. (1998). *Essais*, Erste Moderne Gesamtübersetzung von Hans Stilett. Frankfurt a. M.: Hans Magnus Enzensberger.

Stefan Schauer wurde 1969 in Krems an der Donau als Sohn von Stefanie und Karl Schauer geboren, die eine Landwirtschaft in Willendorf in der Wachau betrieben. Nach erfolgreicher Absolvierung der Höheren Bundeslehr- und Versuchsanstalt für Wein und Obstbau in Klosterneuburg sowie dem Bundesheer zog es ihn in die weite Welt. Von Australien über Indonesien bis nach Thailand führten ihn diese Lehr- und Wanderjahre. Im Mai 1991 startete er seinen Werdegang bei der Delikatessenmanufaktur STAUD'S WIEN, die damals schon ihren Sitz im 16. Wiener Gemeindebezirk Ottakring hatte. 2006 wurde er Produktionsleiter und erhielt den Berufstitel Ingenieur, seit August 2015 ist er Geschäftsführer des Wiener Traditionsunternehmens, das seine Produkte mittlerweile in die ganze Welt exportiert. 2018 beschäftigte es 46 Mitarbeiter und Mitarbeiterinnen in Wien und saisonabhängig rund 30 im burgenländischen Stegersbach. Stefan Schauer ist leidenschaftlicher Marillenbauer. Die Früchte, die STAUD'S Limitierter Marille vom Venusberg jedes Jahr ihren einzigartigen eigenen Geschmack verleihen, pflanzt und erntet er selbst am eigenen elterlichen Boden in Willendorf.

Verantwortungsvolle Unternehmensführung aus Tradition: Die Ölmühle Fandler

13

Julia Fandler

Zusammenfassung

Die Ölmühle Fandler ist seit 1926 ein eingesessener Familienbetrieb im steirischen Pöllau, der mit 46 Mitarbeiterinnen und Mitarbeitern derzeit knapp € 7 Mio. jährlich erwirtschaftet. Mit der Übernahme der Gesamtverantwortung 2005 hat sich Julia Fandler den Freiraum für ein alternatives Wirtschaften herausgenommen – eine sehr persönlich geprägte Unternehmensführung, basierend auf dem Erbe ihrer Vorfahren, ihren Werten und ihrer Lebenseinstellung. Die Ölmühle Fandler wächst langsam, gesund und nachhaltig, aber nicht um jeden Preis und eröffnet Innovationspotenziale, während gleichzeitig strenge, gesetzliche Rahmenbedingungen und selbst auferlegte Anforderungen eingehalten werden. Den Schlüssel des Erfolgs der Ölmühle sieht Julia Fandler in der Personalpolitik, die Raum für Menschlichkeit und individuelle Entwicklung eröffnet, sowie in einem kompromisslosen Qualitätsanspruch in allen Produktions- und Geschäftsbereichen.

13.1 Erbe und Emanzipation als Ansporn

Die Ölmühle Fandler wurde nicht auf dem Reißbrett skizziert, sie ist über 90 Jahre gewachsen. Vieles, was in Ratgebern zur Unternehmensführung gelehrt wird, wurde bei uns einfach gelebt – mit bäuerlicher Erfahrung, viel Fleiß, Geduld und Handschlagqualität. Und so mussten wir uns auch das verantwortungsvolle Handeln nicht als neues Unternehmensziel verordnen, denn es hat in der Ölmühle Fandler eine ebenso lange Tradition

J. Fandler (✉)
Ölmühle Fandler GmbH, Sonnhofen, Österreich
E-Mail: julia.fandler@fandler.at

© Springer Fachmedien Wiesbaden GmbH, ein Teil von Springer Nature 2019
D. Ortiz et al. (Hrsg.), *Verantwortungsvolle Unternehmensführung im österreichischen Mittelstand*, Forschung und Praxis an der FHWien der WKW,
https://doi.org/10.1007/978-3-658-25328-8_13

wie der Qualitätsanspruch, den wir an unsere Produkte stellen. Aus diesen Grundsteinen konnte ich eine Unternehmenskultur weiterentwickeln, die meinen Vorstellungen entspricht: Wirtschaftlich erfolgreich zu sein, aber nicht um jeden Preis.

Seit 1926 produzieren wir im steirischen Pöllau einen großen Sortenreichtum hochwertiger Öle mit arttypischem Duft und unverfälschtem Geschmack. Ich bin in der Ölmühle aufgewachsen und habe das Unternehmen nach dem frühen Tod meines Vaters in jungen Jahren und in vierter Generation übernommen. Und so denke ich auch in Generationen und nicht in Quartalen. Diese Langfristigkeit wurde mir also quasi mit dem Familienbetrieb in die Wiege gelegt. Auch die damit verknüpfte Nachhaltigkeit ist etwas, das bereits meine Vorfahren vorgelebt haben – freilich ohne zu wissen, dass sich daraus eine unternehmerische Größe entwickeln würde, an der heutzutage jeder Betrieb gemessen wird.

Doch Verantwortung ist keine Eintagsfliege, an der man sich fallweise orientieren kann – sie muss sich in die Unternehmenskultur einschreiben und fordert von mir und meinen Mitarbeiterinnen und Mitarbeitern, dass wir sie tagtäglich neu und bewusst zur Maxime für unsere unternehmerischen Konzepte und Entschlüsse erheben, für große und scheinbar weniger wichtige Entscheidungen, um nachhaltig Wirkung zu zeigen, auch wenn damit finanzielle und strukturelle Mehraufwände verbunden sind.

Mut zum eigenen Stil

Meine Art der Unternehmensführung ist sehr stark persönlich geprägt. Man könnte vielleicht auch sagen: Ich kann nicht anders, vor allem aber will ich nicht anders. Als ich 2005 die Geschäftsführung der Ölmühle Fandler übernommen habe, ging es mir im ersten Moment natürlich darum zu bewahren, was meine Vorfahren aufgebaut hatten. Aber bald war mir auch klar, dass ich das angetretene Erbe und die damit verbundene Verantwortung nach meinen eigenen Vorstellungen gestalten wollte. So, dass die Ölmühle Fandler immer noch jener Traditionsbetrieb bleiben konnte, zu dem er über 80 Jahre gewachsen war, sich aber gleichzeitig neue Wege und Entwicklungspotenziale eröffnen konnten, um zu meinem Unternehmen zu werden und um weiterhin in eine gesunde Zukunft wachsen zu können (Abb. 13.1).

Wie diese Erneuerung aussehen konnte, die das Produkt in seiner Vollkommenheit unangetastet ließ und mir gleichzeitig Spielraum ermöglichte, habe ich gemeinsam mit meiner Agentur entwickelt. Geprägt vom landwirtschaftlichen Umfeld war unser Markenauftritt lange Zeit sehr bodenständig. Mein Vater hatte – um sich auch optisch vom Mitbewerb zu unterscheiden – in den 1980er-Jahren die charakteristische Henkelflasche eingeführt. Über 20 Jahre lang war sie das visuelle Erkennungszeichen für unsere Öle. Im Jahr 2007 haben wir die Corporate Identity, das Logo, die Verpackungslinie bis hin zur Kommunikation nach innen und außen nicht nur adaptiert, sondern radikal erneuert. Es war für mich nicht einfach, mich in diesem Emanzipationsprozess von Gewohntem wie der Henkelflasche zu verabschieden, schließlich waren diese Dinge auch ein Andenken an meinen verstorbenen Vater. Heute weiß ich, dass dieser umfassende Relaunch, den wir auch in allen kommenden Entwicklungsschritten konsequent fortgesetzt haben, wesentlich dazu beigetragen hat, dass aus dem Unternehmen Ölmühle Robert Fandler meine Ölmühle wurde.

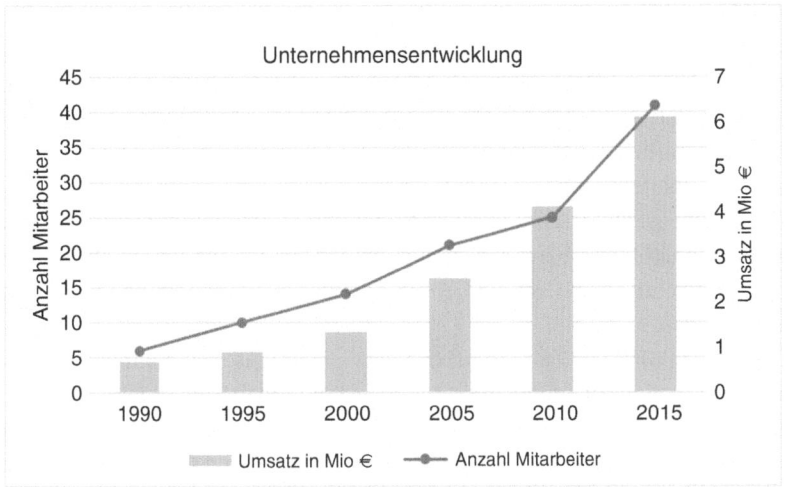

Abb. 13.1 Unternehmensentwicklung (Stand 2018)

Die Kraft dafür kam aus einem inneren Antrieb – zu beweisen, dass ich als junge Frau das Unternehmen leiten konnte, war sicher ein Faktor, doch das allein wäre zu kurz gegriffen. Das wie erschien mir bei der Unternehmensführung immer schon ebenso wichtig wie der ökonomische Erfolg an sich. Ich selbst bin überzeugt davon und möchte beweisen, dass man mit viel Menschlichkeit wirtschaftlich erfolgreich sein kann!

Verantwortung leben – für Natur, Mensch und unser Erbe
Wir verstehen unsere Arbeit im Kreislauf der Natur verankert und produzieren gesunde Lebensmittel mit viel Fingerspitzengefühl, Leidenschaft sowie meisterlicher Handwerkskunst und sind damit nahe am Wohlergehen der Menschen:

- Über unsere Produkte an den Kundinnen und Kunden, denen wir die Schätze der Natur in unverfälschter Reinheit zu einem fairen Preis anbieten.
- Über die wertvollen Rohstoffe, die wir in der Ölmühle verarbeiten, an den Produzentinnen und Produzenten – Bäuerinnen und Bauern, mit denen wir langfristige und vertrauensvolle Partnerschaften pflegen. Manche unserer Ölsaaten wie Walnüsse, Hanf, Sonnenblume, Distel oder Camelina (Leindotter) sind das erfreuliche Ergebnis von Pionierprojekten, die wir gemeinsam mit den Produzenten in unserer Region entwickelt haben. Durch Jahresverträge und garantierte Abnahmen haben wir ihr Risiko abgefedert und sind nun stolz auf den gemeinsamen Erfolg. Wir sichern damit Arbeitsplätze in der Region, gewährleisten für uns selbst beste, regionale Qualität und leisten zudem einen Beitrag für die umsichtige Bewirtschaftung der heimischen Kulturlandschaft im und um unseren Naturpark Pöllauer Tal hinaus.
- Und schließlich sind wir unmittelbar am Alltag unserer Mitarbeiterinnen und Mitarbeiter dran. Ihr Fachwissen, Engagement und ihre Bereitschaft, Verantwortung für unser gemeinschaftliches Handeln mitzutragen, ist neben den Rohstoffen die wichtigste „Zutat" für unseren Erfolg.

Raum für Menschlichkeit

Ich möchte meine Werte – Menschlichkeit, Geselligkeit, Gerechtigkeit und Toleranz – sowie meine Lebenseinstellung in meiner Unternehmensführung verankern. Meine Philosophie ist es, andere so zu behandeln, wie ich selbst behandelt werden möchte. Das lebe ich privat wie beruflich mit Kundinnen, Kunden, Lieferantinnen, Lieferanten, Mitarbeiterinnen und Mitarbeitern sowie allen anderen Menschen in meinem Umfeld.

Die Rechnung ist dabei eine ganz einfache: Ein kurzfristig höheres Investment hat langfristig einen größeren bzw. nachhaltigeren Erfolg zu verbuchen. Diese Formel ist ebenso simpel wie universell auf die Größen Qualität, Arbeitsklima und Leistungsbereitschaft anzuwenden.

Wir verbringen oft mehr Zeit am Arbeitsplatz als mit unseren Familien zu Hause, deshalb will ich in meinem Unternehmen für meine Mitarbeiterinnen und Mitarbeiter und mich Raum dafür schaffen, ein Individuum bleiben zu dürfen, als Neuling Anschluss zu finden, und einen Ort zur Verfügung stellen, der – geprägt von Offenheit und Wertschätzung – ein freudvolles, motiviertes und eigenverantwortliches Arbeiten fördert.

Mit übermäßigen Überstunden kann man mich nicht beeindrucken und ich will auch nicht, dass jemand krank arbeiten geht oder sonntagnachts E-Mails an mich schreibt, um zu zeigen, dass er bzw. sie immer parat ist. Ich möchte, dass meine Mitarbeiterinnen und Mitarbeiter ihre Ruhezeiten einhalten und damit langfristig gesünder bleiben. Ich nehme meine Vorbildfunktion wahr, indem ich in meinem Team Verständnis und Empathie für andere fördere und fordere: Ältere Mitarbeiterinnen und Mitarbeiter sind vielleicht nicht mehr so leistungsfähig wie ihre jungen Kolleginnen und Kollegen, haben das Unternehmen aber mit aufgebaut, bereichern es mit ihrer Kompetenz und Erfahrung und müssen daher nicht mehr die Schnellsten und Stärksten sein. Es geht mir um den Respekt unterschiedlichen Fähigkeiten gegenüber, die Anerkennung zwischen Lebensaltern und Persönlichkeiten, Chancengleichheit und Partnerschaftlichkeit.

Auch Geburtstage oder Mitarbeiterjubiläen finden in unserem Arbeitsalltag Platz – nicht nur, weil wir alle gern feiern, sondern weil wir sie im wertschätzenden Miteinander als nennens- und beachtenswert erachten. Unsere Weihnachtsfeiern fallen ebenso feudal wie legendär aus und auch für gemeinsame Unternehmungen – Wanderungen oder Betriebsausflüge – wird in der Ölmühle Fandler regelmäßig Raum und Zeit geschaffen. Wer sich nun fragt, ob wir neben all diesen Wohlfühlaktionen denn auch noch arbeiten, dem sei gesagt: Ja, das tun wir – mit einem besonderen Einsatz- und auch Erfolgswillen, vielleicht sogar deshalb, weil wir uns auch unsere Lebensqualität behalten wollen.

Langfristige Investments

Extras kosten Geld. Wir betreiben einen Mittagstisch, den wir finanziell unterstützen – schließlich möchten wir als Hersteller gesunder Lebensmittel auch, dass unsere Mitarbeiterinnen und Mitarbeiter sich ausgewogen ernähren und ihre Mittagspause in Ruhe halten können. Die biologischen Lebensmittel für die Küche kaufen wir in der Region und stärken somit den ortsansässigen Handel; beim gemeinsamen Essen wird neben dem Körper aber auch der Teamgeist ganz wesentlich gestärkt.

Manchmal ist es auch Zeit, die es zu investieren gilt: Regelmäßige Entwicklungsgespräche sind ein fixer Bestandteil unserer Unternehmenskultur. Ich möchte wissen, wie es jedem einzelnen Teammitglied mit den übertragenen Aufgaben und innerhalb der Gruppe geht, wohin er bzw. sie sich entwickeln möchte und was wir als Geschäftsführung dazu beitragen können.

Besprechungen in den einzelnen Abteilungen, abteilungsübergreifend und im Gesamtforum, finden bei uns nicht nur zu allen heiligen Zeiten statt oder wenn es brennt, sondern sind als regelmäßige Feedback- und Abstimmungsinstrumentarium in den alltäglichen Abläufen verankert. Bei ausgewählten Themen werden Mitarbeiterinnen und Mitarbeiter intensiv in die Entscheidungsprozesse mit einbezogen, weil sie mit ihrem Fachwissen aus dem Produktionsalltag wesentliche Inputs liefern und weil z. B. im Vertrieb auch sie es sind, die von außen zu Neuerungen angesprochen werden und diese kompetent argumentieren müssen.

Natürlich werden nicht alle unternehmensrelevanten Entscheidungen basisdemokratisch gefällt und manchmal gilt es auch, unpopuläre Entscheidungen zu treffen. Meine Erfahrung zeigt mir aber, wenn man offen, ohne Umschweife, gezielt und gerecht ist, werden auch radikale Veränderungen von Mitarbeiterinnen, Mitarbeitern, Kolleginnen und Kollegen vertrauensvoll mitgetragen.

Darüber hinaus geht die Geschäftsführung alljährlich mit den Teamleiterinnen und -leitern in Klausur, um sich in Ruhe über Vision, Strategie und Werte auszutauschen. Die Ergebnisse und daraus resultierenden Entwicklungen werden dann in den Abteilungen weiter an die Kolleginnen und Kollegen kommuniziert, sodass alle Mitarbeiterinnen und Mitarbeiter wissen, wohin die Reise geht.

Entwicklung möglich machen
Pressmeister ist nach wie vor kein eigener Lehrberuf, auch wenn es hier jede Menge zu lernen und zu wissen gibt. Die gesamte Ausbildung erfolgt hausintern in unserer Ölmühle – Fachwissen, Praxis und Betriebsgeheimnisse werden dabei von der älteren Generation an die jüngere weitergegeben. So haben wir schon ehemalige Elektriker, Installateure und Landwirte zu Pressmeistern ausgebildet, die durch Engagement und Interesse später zu Teamleitern bzw. ins Qualitätsmanagement aufgestiegen sind.

Wir fördern die individuelle und persönliche Entwicklung unserer Mitarbeiterinnen und Mitarbeiter und sind offen für flexible Arbeitsmodelle und temporäre Auszeiten. Auch die Vereinbarkeit von Arbeit und Kinderbetreuung ist uns ein Anliegen – junge Mütter und Väter, deren Kinder immer wieder einmal krank werden können, werden bei uns nicht als Risiko-Personal eingestuft, sondern innerhalb des Teams unterstützt, um beide Herausforderungen möglichst gut unter einen Hut zu bringen.

Viele Mitarbeiterinnen und Mitarbeiter sind untereinander bekannt, befreundet oder gar verwandt, dies stärkt das Vertrauensverhältnis, das familiäre Klima und auch das Verantwortungsbewusstsein jeder und jedes Einzelnen im Team. Dass es bei den Mitarbeiterinnen und Mitarbeitern der Ölmühle Fandler eine signifikant hohe Verweildauer im Unternehmen gibt, lässt sich wohl aus unserer Personalpolitik (und jener der vorangegangen

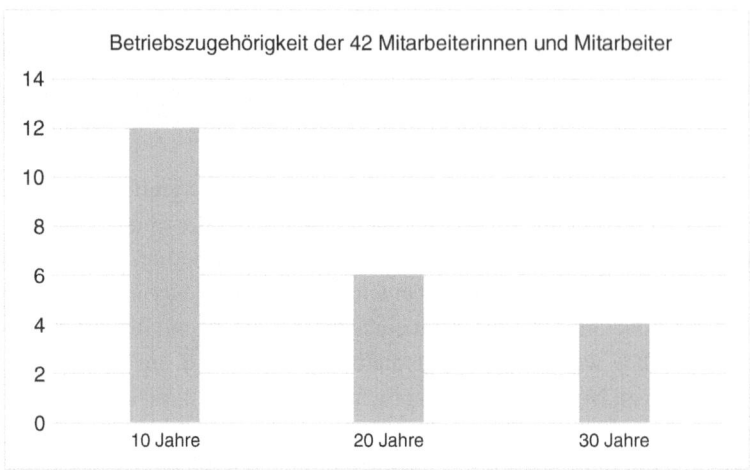

Abb. 13.2 Verweildauer im Unternehmen (Stand 2018)

Fandler-Generationen) ableiten. So sind Firmenjubiläen zwischen 10, 20 und 30 Jahren bei uns keine Seltenheit (Abb. 13.2).

Für mich liegt in der verantwortungsvollen Personalpolitik der Schlüssel für unseren Unternehmenserfolg – engagierte und motivierte Mitarbeiterinnen und Mitarbeiter sind ganz einfach ein entscheidender Wettbewerbsvorteil!

13.2 Unternehmensprozesse im gesellschaftlichen Kontext

Regionalität und Ganzheitlichkeit

Den Heimvorteil nutzen wir unter anderem bei den Rohstoffen unserer Produkte, die wir bevorzugt aus der Umgebung beziehen. Wir fördern die kleinstrukturierte Landwirtschaft, indem wir den Bauern und Bäuerinnen zuhören und gemeinsam neue Ideen entwickeln – darüber, was sie anbauen könnten, um sich vom Weltmarkt unabhängig zu machen und auch eine Nebenerwerbslandwirtschaft gewinnbringend und sinnstiftend führen können.

- Wir informieren über neue Erntetechnologien;
- geben durch unsere langfristigen Kooperationen Sicherheit;
- nehmen die Ernte zuverlässig ab, verlangen aber bei Ernteausfällen keine Pönale;
- suchen bei besonders ertragreichen Erntejahren und Übermengen gemeinsam nach Lösungen;
- wir zahlen schnell, sodass unsere Produzenten ihren Gewinn gleich wieder investieren können;
- wir pflegen einen aufrichtigen und kontinuierlichen Kontakt zu unseren regionalen Lieferanten, wodurch sich partnerschaftliche Kooperationen ergeben, die weit über 20 Jahre hinaus währen.

Die Verwurzelung in der eigenen Region ist ein wesentliches Charakteristikum der Ölmühle Fandler und ein Kriterium, das wir mit großer Aufmerksamkeit pflegen. Wir sehen Regionalität als Verantwortung dem Betriebsstandort und unseren Mitarbeiterinnen und Mitarbeitern sowie der bäuerlichen Tradition gegenüber, aus der das Unternehmen gewachsen ist.

Regionalität spielt aber auch bei anderen Aspekten eine wichtige Rolle: Beim großen Zu- und Umbau der Ölmühle 2011 bis 2012 haben wir ganz bewusst auf heimische Baufirmen gesetzt, um Wertschöpfung und Arbeitsplätze in der Region zu sichern. Diese Entscheidung hatte höhere Kosten zur Folge, die sich aber ganz klar ausgezahlt haben – die räumliche Nähe ergab wesentlich kürzere Liefer- und Anfahrtswege und ging mit einer hohen Motivation und Identifizierung aller Beteiligten mit dem Bauprojekt einher.

Nachhaltiger Qualitätsanspruch
Höchste Qualität zieht sich wie ein roter Faden durch all unsere Unternehmensprozesse. Hier sind wir zu keinen Kompromissen bereit und sehen uns in einer Vorbildfunktion. Beginnend beim Einkauf der Rohstoffe für unsere Produktion oder den Mittagstisch, zeigt sich unser Qualitätsanspruch auch in der Sorgfalt, die wir bei der Herstellung unserer Produkte an den Tag legen, und macht auch beim Drumherum nicht halt.

Für den Umbau haben wir nur hochwertige, ressourcenschonende Materialien und Verfahren eingesetzt, auch wenn dies nicht die günstigste Variante war: Wir arbeiten mit Wärmerückgewinnung aus unserer Produktion, mit der wir unser Warmwasser herstellen und in den kalten Monaten die Fußbodenheizung betreiben. Unsere Photovoltaikanlage produziert zum Beispiel Strom für unsere Kühlzellen, der Überschuss wird ins Stromnetz eingespeist. Wir lassen uns für ein effizientes und zeitgemäßes Energiemanagement regelmäßig von Expertinnen und Experten beraten.

„Nose to tail" auf Steirisch
Wir hinterlassen in unserem Herstellungsprozess keinen Abfall, sondern verarbeiten den ganzen Rohstoff rückstandslos. Beim Pressen von Öl ergibt sich ein hochwertiges, vitalstoffreiches Nebenprodukt, der sogenannte Presskuchen – dieser wird zu unseren glutenfreien Mehlen fein vermahlen oder ergibt, mit Bergkernsalz vermischt, unsere aromatischen Charaktersalze. Durch diese neuen Produkte können wir manchmal sogar angespannte Rohstoffsituationen abfedern.

Unsere Verpackungen (Flaschen, Kartons, Papier und Etiketten) sind aus wiederverwertbaren Materialien gefertigt, zudem kaufen wir sie von österreichischen Produzentinnen und Produzenten. Qualität ist für uns Ehrensache – das schließt auch ein, dass wir den nachfolgenden Generationen mit unseren Produktionsprozessen keine negativen Auswirkungen und keinen Sondermüll hinterlassen.

Innovationsspielraum eröffnen
Innovationen werden bei uns immer dem ganzheitlichen Denken untergeordnet. Wir wollen uns nicht neu erfinden, wenn wir dafür unsere Werte und Überzeugungen über Bord werfen müssen. Etwas nur für den Wow-Effekt radikal anders zu machen, ergibt für mich

keinen Sinn. Richtige Innovationen funktionieren ohnedies nur aus dem Zusammenspiel aller Beteiligten – den Lieferanten für Rohstoffe und Verpackung, den Kundinnen und Kunden, unserem eigenen Aktionsradius und innerhalb der gesetzlichen Rahmenbedingungen.

Es gab in der Geschichte der Ölmühle Fandler Produktentwicklungen, von denen wir total überzeugt waren, die vom Markt aber nicht angenommen wurden. Unsere Lino³-Serie – Leinöl mit Kürbiskernöl (kräftig und herb) oder Mandelöl (lieblich und mild) vermischt; Kombinationen, die besonders wertvoll für unseren Körper sind und die wir als Hinweis für die kühle Lagerung mit einem besonderen Design aus metallisch glänzenden Etiketten versehen haben. Die Menschen haben dieses Produkt nicht angenommen, obwohl Leinöl an sich der wichtigste Artikel in unserem Ölsortiment ist. Es ist uns aufs Erste nicht gelungen, die Idee und den Nutzen des Produkts entsprechend zu kommunizieren, sodass wir zu wenig Drehung schafften, das Produkt zu lange im Regal stand und damit unseren Frischevorstellungen nicht gerecht werden konnte. Schweren Herzens haben wir die Lino³-Serie deshalb nach zwei Jahren wieder aus dem Programm genommen.

Solche Fehler spornen uns an, besser werden zu wollen und aus ihnen zu lernen. Da wir von der Lino³-Idee nach wie vor überzeugt sind, denken wir über eine neue Markteinführung nach, bei der wir versuchen werden, die Konsumentinnen und Konsumenten sowie den Markt mehr einzubinden und noch mehr Aufklärungsarbeit zu leisten. Bisweilen ist es schon ein besonderer Ehrgeiz, den wir bei unseren Produktinnovationen an den Tag legen und wer weiß, vielleicht ist der Markt ja nun bereit für diese Erfindung.

Für mich sind Nachhaltigkeit und verantwortungsbewusstes Wirtschaften keine Hürden im Innovationsprozess, auch wenn sich dieser Irrglaube hartnäckig hält. Ich denke sogar, dass uns die genannten Parameter dazu anspornen, noch kreativer, innovativer und radikaler im Entwicklungsdenken zu sein.

Es gibt Produktneuerungen, die sich durch eine Idee oder auch durch selbst auferlegte Anforderungen wie Ganzheitlichkeit (nach intensiver Entwicklungszeit) fast von selbst ergeben haben und zur richtigen Zeit entstanden sind. Nicht nur jetzt mit unserer neuen Produktschiene der Mehle, sondern auch schon vor 30 Jahren, als mein Papa neben den Klassikern Walnuss-, Raps-, Kürbiskern- und Leinöl begonnen hat, die Vielfalt der Öle zu propagieren. Es hat viel Überzeugungsarbeit und Engagement gebraucht, unsere Kundinnen und Kunden davon zu überzeugen, dass Öle unterschiedliche Charaktere, Geschmäcker und damit auch verschiedene Einsatzgebiete haben – nicht nur kulinarisch, sondern auch von ihrem gesundheitlichen Wert gesehen. Der Sortenreichtum ist etwas, womit wir unsere Marke schon sehr früh und nachhaltig weiterentwickelt und gebrandet haben. Mit der Überzeugungsarbeit haben wir uns zudem selbst einen neuen Markt erschaffen und eine Nachfrage geweckt, von der seit einigen Jahren auch der Mitbewerb ganz gut profitiert (Abb. 13.3).

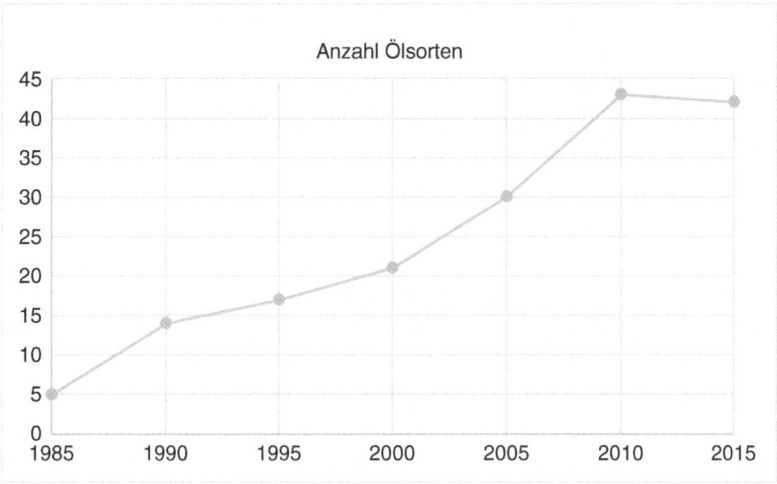

Abb. 13.3   Sortenreichtum/Anzahl Ölsorten

13.3   In die Zukunft denken und wirtschaften

Mitstreiterinnen und Mitstreiter im Geiste

Erntete man für unkonventionelle Wirtschaftsideen noch vor Jahren nicht mehr als ein mildes Lächeln, so finden sich mittlerweile jede Menge Beispiele dafür, dass Wirtschaften auch anders geht. Wertschätzung, Nachhaltigkeit und Verantwortung werden im kommerziellen Kontext längst nicht mehr als wachstumbremsende Überflüssigkeiten abgetan, sondern haben sich in einer ökonomischen Trendwende als hohe Ziele der Unternehmensführung etabliert. Umgesetzt werden sie vielerorts noch immer nicht, aber immerhin hat in den Köpfen ein Umdenken stattgefunden.

Vor etwa zehn Jahren haben mich Robert Rogner und Johannes Gutmann anlässlich des einjährigen Bestehens ihres „Bad Blumauer Manifests" – eines Appells zum wirtschaftlichen Umdenken, den die beiden gemeinsam mit Josef Zotter verfasst hatten – angesprochen. Die enthaltenen Forderungen und Ansätze deckten sich großteils mit meinen Überzeugungen und dem Weg, den ich eingeschlagen hatte. Diese Kolleginnen und Kollegen haben mich in meinem Handeln bestärkt und mir auch gezeigt, dass ich nicht die einzige Idealistin bin, die entgegen den üblichen, gewinnorientierten Maximen wirtschaftet.

Ehrgeiz der anderen Art

Es soll hier nicht der Eindruck entstehen, dass ich mein Unternehmen wie einen „Ponyhof" führe; Friede, Freude, Eierkuchen herrscht auch bei uns nicht alle Tage. Auch wir sind dem tagtäglichen Wettbewerb ausgesetzt und müssen verkaufen und entsprechende

Gewinne erwirtschaften, um die skizzierte Unternehmensführung finanzieren zu können. Doch dabei geht es auch um Fairness, weil ich unsere Arbeit in einem größeren Ganzen verstehe, einem Miteinander, von dem alle profitieren und so gut wie möglich leben sollen.

Ich möchte aufzeigen, wie es in der Ölmühle Fandler gelungen ist, den kapitalistischen Erfolgsparametern, von denen unsere Wirtschaft lange Zeit bestimmt wurde, gesellschaftliche Werte entgegenzusetzen und sie in einer anderen Form der Unternehmensführung sogar zu vereinen. Es freut mich, wenn ich andere Unternehmerinnen und Unternehmer dazu motivieren kann, ebenfalls ein wenig gegen den Strom zu schwimmen, mich mit Gleichgesinnten auszutauschen und zu vernetzen.

Mit der Leitung der Ölmühle Fandler habe ich eine große Verantwortung übernommen und nehme mir dazu auch den Freiraum heraus, mein Unternehmen so zu führen, wie es mir gefällt. Denn sollte irgendwann etwas gehörig danebengehen, werde auch ich es sein, die die Suppe des Misserfolgs auszulöffeln hat. Und dieser Gestaltungsfreiraum ist es, der mir eine ungeheure Freude bereitet. Ich bin stolz darauf, dass ich unseren Erfolg mit einer wunderbaren Mannschaft – meinen „Ölis" – teilen kann, und es bedeutet mir viel mehr, durch unser langsames, aber stetiges Wachstum die Arbeitsplätze unserer Mitarbeiterinnen und Mitarbeiter und somit die Existenzen ganzer Familien zu sichern, anstatt in Saus und Braus zu leben. Wahrer Luxus ist für mich, meine Ideale privat und beruflich ausleben und verwirklichen zu können.

Julia Fandler betreibt die Ölmühle Fandler im steirischen Pöllau in vierter Generation. Mitten in der Ölmühle aufgewachsen, ist sie gleich nach der Matura in den Familienbetrieb eingestiegen und hat ab 2000 als leitende Angestellte an der Seite ihres Vaters gearbeitet. Mit der Umgründung des Einzelunternehmens in die Ölmühle Fandler GmbH 2005 hat sie die Geschäftsführung übernommen, die sie seit Anfang 2015 mit zwei Partnern teilt. Die Ölmühle Fandler gilt als Leitbetrieb in der Region Pöllauer Tal und beschäftigt derzeit 46 Mitarbeiterinnen und Mitarbeiter. Julia Fandler ist Mitglied von Slow Food, dem Regionalcluster Hartberg, der Gesellschaft für Gesundheitsförderung und war beim Tourismusverband Naturpark Pöllauer Tal mehr als zehn Jahre im Vorstand tätig. Unter ihrer Leitung wurde die Ölmühle Fandler mit zahlreichen Preisen und Nominierungen geehrt.

Teil IV

Verantwortungsvolle Unternehmensführung in der Praxis – Umsetzung und Umgang

Unternehmenswerte für Generationen sichern und leben – Beispiel Traditionsunternehmen Manner

14

Albin Hahn

Zusammenfassung

Die Josef Manner & Comp. AG ist als Spezialist für Waffeln, Dragees und Schaumwaren die Nummer eins am österreichischen Schnittenmarkt. Seit über 125 Jahren steht die Vision des Gründers „Chocolade für alle" im Mittelpunkt des Handelns der Josef Manner & Comp. AG. Realisiert wird dieses Ziel, indem faire Produkte in Bezug auf Produktion, Qualität und Preis am Markt angeboten und ein fairer Umgang mit allen Menschen als Wertvorstellung und faires Wirtschaften im Einklang mit Umwelt und Ressourcen gelebt werden. Verantwortungsvolles Handeln steht seit jeher im Zentrum der Geschäftstätigkeit des Familienunternehmens. Für Manner sind es die Werte, die langfristig und nachhaltig den Unternehmenswert sichern. Manner ist ein Beispiel dafür, dass Unternehmen mit hohen Wertvorstellungen auch über lange Zeit wirtschaftlich erfolgreich sein können.

14.1 Manner

14.1.1 Geschichte

Nähme man dem Österreicher ein paar ganz bestimmte Sachen weg, hätte das zur Folge, daß der Österreicher nur noch wenig Österreicher wäre, vielleicht gar kein Österreicher mehr. Er wäre dann ent-österreichert, ein unbestimmtes, wesenloses Individuum, letztendlich neutralisiert.

A. Hahn (✉)
Josef Manner & Comp. AG, Wien, Österreich
E-Mail: office@manner.com

© Springer Fachmedien Wiesbaden GmbH, ein Teil von Springer Nature 2019   153
D. Ortiz et al. (Hrsg.), *Verantwortungsvolle Unternehmensführung im österreichischen Mittelstand*, Forschung und Praxis an der FHWien der WKW,
https://doi.org/10.1007/978-3-658-25328-8_14

Diese ganz bestimmten, wie ich sie nennen will: austrolegendären Sachen sind maßgebliche Bausteine unseres nationalen Selbstwertgefühls. Es sind die wahren Wappen der Republik. (…) Da muß augenblicklich die Mannerschnitte erwähnt werden.[1]

Mit der Vision „Chocolade für alle" war Josef Manner I. bei der Gründung des Unternehmens im Jahr 1890 von Werten geleitet. Josef Manner, ein gelernter Kaufmann, hatte im Herzen Wiens, am Stephansplatz 6, wo heute das Dommuseum beherbergt ist, ein kleines Geschäft, in dem er Schokoladen und Feigenkaffee verkaufte. Als ihn aber die Qualität der Schokolade seines Lieferanten nicht mehr zufriedenstellte, entschloss er sich, selbst in die Produktion einzusteigen. Am 1. März 1890 bewies er Mut und gründete die Chocoladenfabrik Josef Manner. Noch im Gründungsjahr zog Josef Manner aus Platzmangel in das Haus seiner Eltern in Wien Hernals, Uniongasse 8, später Kulmgasse 14. Bald entstand rund um das Elternhaus eine Fabrik. Im Jahr 1897 zählte der Betrieb erstmals 100 Mitarbeiter und Mitarbeiterinnen.

Noch heute – mehr als 125 Jahre später – steht diese Vision des Gründers im Mittelpunkt des Handelns, indem:

- faire Produkte in Bezug auf Produktion, Qualität und Preis auf dem Markt angeboten werden,
- fairer Umgang mit allen Menschen als Wertvorstellung gelebt wird und
- faires Wirtschaften im Einklang mit Umwelt und Ressourcen im Zentrum der wirtschaftlichen Tätigkeit steht.

Der Aufstieg der Firma setzte sich unter Josef Manner und dem 1900 eingestiegenen Partner Johann Riedl stetig fort. Modernste Maschinen wurden angeschafft, und als Manner auch noch die Preise reduzierte, wurde die Firma mit dem Erfolgsrezept preiswert und gut zum führenden Süßwarenunternehmen der österreichisch-ungarischen Monarchie. Am Ende dieser Entwicklung stand 1913 die Umwandlung in eine Aktiengesellschaft. Das Produktsortiment umfasste zuerst vorwiegend Manner-Chocolade, Schokoladen-Bonbons sowie reinen Cacao.

Das heute bekannteste Produkt aus dem Haus Manner, die Manner-Schnitte, wurde 1898 erstmals als Neapolitaner Schnitte No. 239 urkundlich erwähnt. Die Haselnüsse für die Fülle kamen aus der Gegend um Neapel, daher die Produktbezeichnung Neapolitaner. Die Größe 47 × 17 × 17 Millimeter war mundgerecht bemessen, vier Lagen Streichmasse kamen zwischen fünf Waffelblätter. Dieses Format und die Grundrezeptur haben sich bis heute bewährt.

Der Ausbruch des Ersten Weltkriegs 1914 stellte die Firma Manner vor beträchtliche Probleme. Spätestens in den Jahren 1918 und 1919 versiegten die letzten Ressourcen, zudem schrumpfte durch die Folgen des Ersten Weltkriegs der einst schier unerschöpfliche Absatzmarkt der ehemaligen Donaumonarchie von 56 Millionen Menschen auf die gerade noch 6 Millionen Einwohner und Einwohnerinnen der Ersten Republik Österreich.

Die folgenden, nicht nur ökonomisch schicksalsschweren Jahrzehnte stellten die zweite Unternehmergeneration, die nach dem Tod von Johann Riedl im Jahr 1929 und der Pensionierung

---

[1] Gasler (1988).

von Josef Manner 1935 das Unternehmen zu führen hatte, auf eine harte Probe. Aus dieser Zeit stammt der bis heute überlieferte Seufzer: „Wenigstens einen Waggon Schokolade oder Schnitten (gemeint waren zehn Tonnen) sollte man am Tag doch verkaufen können!"

Der Ausbruch des Zweiten Weltkriegs 1939 schob allen Investitionsplänen einen Riegel vor. Den Bombenhagel des Jahres 1945 überstand das Produktionsgebäude der Firma Manner beinahe intakt, und auch der Maschinenpark blieb wie durch ein Wunder vollkommen erhalten. Nach Kriegsende wurde die Firma durch einen – allerdings unfreiwilligen – Beitrag zur „Stalinspende" zwar um ihre letzten Vorräte gebracht, doch es bestand immerhin die Möglichkeit eines vorsichtigen Neubeginns. Mitten in dieser unsicheren Zeit verstarb am 5. Mai 1947 der Firmengründer Josef Manner.

So konnte der Firmengründer nicht mehr miterleben, wie aus einem zaghaften Neubeginn in den späten 1940er-Jahren im Laufe der folgenden Wirtschaftswunderjahre sehr schnell ein auch international erfolgreicher Aufschwung des Unternehmens Manner wurde.

Im Jahr 1960 gelang dem Haus Manner schließlich der weithin akklamierte Absprung ins Technologiezeitalter. Entscheidend dafür war eine Innovation, die in der Geschichte des Industrial Design bis heute als maßgeblich gilt: Es handelt sich um die aromasichere Verpackung der Manner-Schnitten in dichter Doppelaluminiumfolie mit dem typischen roten Aufreißfaden. Die neuartige Verpackung verschaffte der guten alten Neapolitaner Schnitte mit einem Mal Weltgeltung: Die neue Manner-Schnitte war geboren. Sie garantierte nicht nur eine längere Haltbarkeit, sondern auch ein leichtes Öffnen der Packung und zählt seither zu den österreichischen Designklassikern. Bereits 1964 konnte das Haus Manner dank dieses Megasellers einen neuen Meilenstein setzen: Erstmals seit 1914 – also 50 Jahre nach dem besten Geschäftsjahr seiner Unternehmensgeschichte – wurde der zu Ende der Donaumonarchie erreichte Rekordumsatz überschritten. Manner war wieder ganz oben.

Im Jahr 1970 erfolgte der Zusammenschluss mit dem in Besitz der Familie Andres befindlichen zweitgrößten österreichischen Süßwarenunternehmen, der Firma Napoli, Ragendorfer & Co. Durch den damit verbundenen Zuwachs um die Marken Casali und Napoli konnte Manner sein Sortiment schlagartig um etliche populäre Produkte erweitern – wie etwa die Casali-Schoko-Bananen und Napoli-Dragee-Keksi. 1996 wurde die Firma Walde Candita in Wolkersdorf/NÖ von Manner übernommen. Und am 1. Januar 2000 feierte schließlich auch die renommierte Firma Victor Schmidt & Söhne GmbH mit den Kultmarken Ildefonso, Heller und Victor Schmidt Austria Mozartkugeln ihren Einstand in der mittlerweile zu einer süßen Großmacht unter der zu Global Players aufgestiegenen Manner-Großfamilie.

14.1.2 Familie und Verantwortung

Das Thema verantwortungsvolle Unternehmensführung muss bei Manner auch immer im Kontext des Familienunternehmens gesehen werden. Manner wurde von Josef Manner gegründet, aber auch die Familie des 1900 eingestiegenen Kompagnons Johann Riedl sowie die Familie Andres, die durch die Akquisition von Casali/Napoli zur Firma Manner stieß, haben zentrale Bedeutung für Manner als Familienunternehmen.

Einerseits spiegelt sich das Thema Familienunternehmen in der Aktionärsstruktur wider. Mit Ausnahme von Katjes 21, die 5,7 % an der Josef Manner & Comp. AG halten, gehören sämtliche Aktionäre, die zumindest vier Prozent direkte Beteiligungen am Kapital haben, dem Manner-Syndikat an; in Summe hält dieses Syndikat über 88 %. Durch diese Struktur kann gesichert werden, dass die Mehrheit der Entscheidungsrechte und damit die Mehrheit am Gesellschaftskapital von den Nachfahren jener Personen gehalten werden, die das Unternehmen gegründet haben.

Weiterhin sind die Manner-Werte jene eines Familienunternehmens, und das Thema Verantwortung ist dabei ein zentraler Bestandteil. Dr. Carl Manner erwähnte immer wieder, dass Nachhaltigkeit, Corporate Governance und Compliance auch dann, wenn man es in der Vergangenheit sicher nicht so genannt hatte, immer ein fixer Bestandteil des Unternehmens war. Verantwortung den Mitarbeitern und Mitarbeiterinnen gegenüber ist ein essenzieller Firmenzweck. Es ist überliefert, dass der Firmengründer sowie Generationen nach ihm stets die Anstellung von Mitarbeitern und Mitarbeiterinnen als sinnstiftenden Zweck des Unternehmens sahen. Menschen eine Arbeit zu geben, damit sie ihren Lebensunterhalt bestreiten können, war und ist einer der wichtigsten Motivationen für die Familien. Aber auch Verantwortung gegenüber den Konsumenten und Konsumentinnen („Chocolade für Alle") und gegenüber der Gesellschaft waren immer Teil der Unternehmensführung.

14.1.3 Herausforderung Tradition – Moderne

Die Josef Manner & Comp. AG ist heute als Spezialist für Waffeln, Dragees und Schaumwaren die Nummer 1 am österreichischen Schnittenmarkt. Die Produktion findet ausschließlich in Österreich statt. Mit etwa 700 Mitarbeitern und Mitarbeiterinnen erzielte Manner 2018 einen Umsatz von € 209,9 Millionen. Die Zentrale befindet sich in Wien/Hernals, ein zweiter Produktionsstandort in Niederösterreich/Wolkersdorf. Zur Manner-Familie gehören neben den berühmten Manner Neapolitaner-Schnitten mit Haselnusscreme unter anderem auch die Marken Casali mit den beliebten Rum-Kokos-Kugeln und Schoko-Bananen und Napoli mit dem Klassiker Dragee Keksi sowie die beliebten Mozartkugeln von Victor Schmidt und Ildefonso. Manner-Produkte werden weltweit in etwa 50 Ländern vertrieben. Manner ist der größte rein österreichische Süßwarenbetrieb, der die Schokolade noch von der Bohne weg verarbeitet.

Herausforderungen gibt es zahlreiche für Manner. Gab es vor einigen Jahren noch viele Süßwarenbetriebe in Österreich, sind diese heute entweder vom Markt verschwunden oder sie gehören multinationalen Konzernen an. Manner hat hier eine spezielle Stellung in der Branche. Manner ist kein Konzern, aber auch kein kleiner Familienbetrieb, sondern ein exportorientierter, mittelständischer Betrieb, der börsennotiert ist und über eine stabile Aktionärsstruktur verfügt. Aber auch die Handelswelt hat sich verändert. Waren zur Firmengründung noch Greißler zu beliefern, ist heute aufgrund der Handelskonzentration die Handelslandschaft eine überschaubare.

Aber auch interne Herausforderungen gilt es zu überwinden. Die vor vielen Jahren noch sehr patriarchal ausgerichtete Managementstruktur wurde durch externe Manager sowie Change-Management-Projekte aufgebrochen und es fand die letzten Jahre auch intern eine Neuorientierung statt. Die oftmals für Familienbetriebe heikle Phase des Generationenwechsels meisterte Dr. Carl Manner (†2017, Enkel des Firmengründers und langjähriger Vorstand und Aufsichtsratspräsident) mit viel Geschick und Fingerspitzengefühl. Er zog sich 2007 aus dem Vorstand zurück und bündelt seine Gesellschaftsanteile in einer Stiftung mit klaren Vorgaben. Somit war sein Tod 2017 zwar für alle von uns tragisch und auf persönlicher Ebene hat die Firma unglaublich viel verloren, die Abläufe waren aber geregelt und die Veränderungen im Unternehmen überschaubar. Es war Dr. Carl Manner wichtig, dass nach seinem Ableben keine Gefahr für die Firma durch unklare Eigentumsverhältnisse oder ein plötzlich anderes Werteverständnis drohte.

Für Dr. Carl Manner war es immer wichtig, sich seiner Herkunft bewusst zu sein. Bei den von ihm vermittelten Werte bedeuten Tradition und Bodenständigkeit nicht das Festhalten und Konservieren von überholten Verhaltensmustern, sondern die Wahrnehmung der Verantwortung eines sozial denkenden Unternehmers (= Tradition) und die Verbundenheit mit der Realität (= Bodenständigkeit). Gleichzeitig hat er sich auch immer für eine Zusammenarbeit und den Ideenaustausch mit Universitäten, Hochschulen und anderen Institutionen zur Stärkung der Innovationskraft in allen Bereichen des Unternehmens eingesetzt. Tradition und Modernität sind daher keine Gegensätze, sondern ergänzen sich in einem positiven Sinn.

14.2 Unternehmenswerte

Verantwortungsvolles Handeln steht seit jeher im Zentrum der Geschäftstätigkeit von Manner. Unsere niedergeschriebenen Werte wurden uns nicht von einem Berater von außen aufgesetzt, sondern kommen von innen und sind über Jahrzehnte gelebt worden. Der Wert Mensch bildet in unserer Wertepyramide (Abb. 14.1) – die es auch haptisch als Pyramide gibt – die Basis, auf der die weiteren Werte (externe Orientierung, Teamwork, Verantwortung und Leistung) gegründet sind. Diese rosa Pyramide ist unter anderem bei den Besprechungsräumen auf einem Sockel ausgestellt, aber auch jeder Mitarbeiter und jede Mitarbeiterin hat sie in kleinerer Form für den Schreibtisch erhalten. Auch die erste Seite des Code of Conduct zeigt die Pyramide. Ein sichtbares Zeichen für den Umgang und die Wichtigkeit mit den Unternehmenswerten.

Der Wert Findungs- und Formulierungsprozess gestaltete sich auf allen Ebenen des Unternehmens bereits über Jahre hinweg. Unabhängig davon müssen die Werte nicht nur gelebt, sondern immer wieder, auch mit externer Unterstützung, überarbeitet, dokumentiert und allen Mitarbeitern und Mitarbeiterinnen kommuniziert werden. Transparent werden die Werte als Manner-Werte-Fibel, aber auch als Leporello für Führungskräfte, sie finden sich bei den Unterlagen der Entwicklungsgespräche, bei Präsentationen ebenso wie in den Eintrittsmappen etc.

Als Familienunternehmen mit einer über 125-jährigen Tradition sind wir der festen Überzeugung, dass es Werte braucht, um langfristig und nachhaltig den Unternehmenswert zu sichern. Manner ist ein Beispiel dafür, dass Unternehmen mit hohen Wertvorstellungen auch über lange Zeit wirtschaftlich erfolgreich sein können. Mit der bestehenden Eigentümerstruktur wird Manner nicht durch Quartalsergebnisse getrieben, sondern durch nachhaltiges unternehmerisches Handeln und ist definierten Werten verpflichtet.

Abb. 14.1 Die Manner-
Pyramide – die
Unternehmenswerte

Einer der externen Partner, mit denen wir an der Weiterentwicklung der Manner-Werte gearbeitet haben, war die Fachhochschule Wien. Manner unterstützt seit Jahren die Stiftungsprofessur für Corporate Governance & Business Ethics an der FHWien der Wirtschaftskammer Wien. Durch diese Zusammenarbeit kann Manner dazu beitragen, dass zentrale Lehrinhalte, wie ethisch verantwortbare und ökonomisch sowie ökologisch erfolgreiche Wege des Wirtschaftens auch auf einer praktischen Ebene im Unternehmen dargestellt werden können. Gemeinsam mit dem an der Fachhochschule Wien ansässigen Center for Corporate Governance & Business Ethics unter der Leitung von Prof. Dr. Scholz haben wir bei Manner eine Werteanalyse unseres Traditionsunternehmens durchgeführt. Im Rahmen dieses dreijährigen Projekts ist auch das Wertevermächtnis von Dr. Carl Manner eingeflossen, das durch zahlreiche Interviews erhoben und anschließend wissenschaftlich aufbereitet wurde. Ziel war es, einen Wertekodex für die Privatstiftung von Dr. Carl Manner für die nächsten Generationen zu erstellen sowie die Wertevorstellungen der Familie Manner zu konservieren, um sie künftig mit den Entwicklungen des Unternehmens abzugleichen und sie zielgerichtet zu kommunizieren. Diese Werte wurden und werden im Unternehmen kommuniziert und wurden erstmals im Geschäftsbericht 2017 veröffentlicht. Werte sind sinnstiftend in der täglichen Arbeit bei Manner. Von einem Familienunternehmen wie Manner erwarten nicht nur Kunden und Konsumenten, dass wir uns mit unseren Werten beschäftigen. Auch für unsere Mitarbeiter und Mitarbeiterinnen ist es ein zentrales Element im täglichen Umgang miteinander.

Wertefindungsprozess[2]

Ziel des Projekts „Manner Werte" war die Erstellung eines Wertekatalogs, der zukünftigen Managementgenerationen als Anhaltspunkt für strategische Entscheidungen dienen kann. Aufgrund der Tatsache, dass Dr. Carl Manner keine direkten Nachkommen hatte, war dieses Projekt wichtig für die Erhaltung seiner Werte und die Überlieferung der Familienwerte.

In einem ersten Schritt wurden die offen über verschiedene Kanäle der Unternehmenskommunikation verbreiteten Manner-Werte und -Botschaften durch eine induktiv angelegte Inhaltsanalyse eruiert. Um die Kernelemente eines sogenannten Wertevermächtnisses herausarbeiten zu können, führten Markus Scholz und Marie Czuray auch Interviews mit Dr. Manner, um seine impliziten Werte hinsichtlich des Unternehmens Manner herauszuarbeiten. Die Auswertungen der Interviews mit Dr. Manner dienten als Basis für einen Gesprächsleitfaden einer Gruppendiskussion an der unterschiedliche Personen des Unternehmens teilnahmen. Ziel war eine gemeinsame Reflexion der Werte für das Unternehmen Manner. Die Teilnehmenden der Gruppendiskussion wurden gebeten, diese Begriffe hinsichtlich des Unternehmens nach ihrer persönlichen Einschätzung zu gewichten, gemeinsam zu analysieren und in Beziehung zueinander zu setzen.

Aus diesen Analysen wurden in Workshops die Werte von Dr. Manner ausformuliert und die Interpretation abgebildet. Diese Werte wurden den Unternehmenswerten gegenübergestellt und verglichen (Abb. 14.2). Wir legen in unserer täglichen Arbeit Augenmerk darauf, von diesen Werten nicht abzuweichen und sie ständig im Unternehmen präsent zu halten.

14.3 Werte der Privatstiftung

Diese im vorigen Abschnitt beschriebenen Werte von Dr. Manner dienten als Grundlage zur Entwicklung von Vision, Mission und Wertekatalog der Privatstiftung von Dr. Manner. Dieser wollte damit sicherstellen, dass auch nach seinem Tod der größte Aktionär von Manner entsprechend diesen Werten agiert und seine Eigentümeraufgaben als nachhaltiges und soziales Unternehmertum versteht.

Für Dr. Carl Manner waren es die Menschen, die den Erfolg eines Unternehmens sicherstellen. Ihr Engagement und ihre Leistung bringen das Unternehmen voran und sichern die Zukunft des Unternehmens und damit die Arbeitsplätze. Zu all den damit in Verbindung stehenden Werten wie Nächstenliebe und Demut, Loyalität und Leistung, Tradition und Innovation, Mut und Wissen, Toleranz und Freude an der Arbeit hat er im Rahmen eines Wertekatalogs Glaubenssätze und Ideen formuliert. Der Vorstand der Privatstiftung Manner handelt jetzt entsprechend dem von Dr. Carl Manner definierten Wertevermächtnis (Abb. 14.3).

---

[2] Czuray und Scholz (2015).

MANNER WERTE   DR MANNER WERTE

MENSCH	FAIRNESS UND TOLERANZ	NÄCHSTENLIEBE	FUNDAMENT DER WERTE MENSCH/CHRISTLICHE WERTE
	VERTRAUEN UND INTEGRITÄT		
	WERTSCHÄTZUNG	DEMUT	BESCHEIDENHEIT EXTERN U INTERN
LEISTUNG	ZIELSETZUNG UND MESSUNG		
	FEEDBACK & KONFRONTATION VON MITARBEITERN	LOYALITÄT UND LEISTUNG	ZUGEHÖRIGKEITSGEFÜHL
	ERGEBNISORIENTIERUNG		
TEAMWORK	KONFLIKTFÄHIGKEIT	TOLERANZ	ZUSAMMENARBEIT ALS OBERSTES ZIEL
	TEAMBUILDING		
	ANDERE MOTIVIEREN	FREUDE AN DER ARBEIT	ERFOLGSERLEBNISSE
EXTERNE ORIENTIERUNG	FÜHREN IN VERÄNDERUNGSPROZESSEN		
	MARKTORIENTIERUNG		
	FLEXIBILITÄT	TRADITION UND INNOVATION	FORTSCHRITT
VERANTWORTUNG	VERANTWORTUNG ÜBERNEHMEN	MUT	WILLEN ZUM RISIKO ALS NOTWENDIGKEIT
	DELEGATIONSFÄHIGKEIT		
	QUALITÄT DER ENTSCHEIDUNGEN	WISSEN	PRÄZISION UND GENAUIGKEIT

Abb. 14.2 Gegenüberstellung Manner-Werte und Werte von Dr. Carl Manner

Abb. 14.3 Wertepyramide der Privatstiftung Manner

14.4   Werte und Nachhaltigkeit

14.4.1 Beispiele für ein Nachhaltigkeitskonzept im Gleichklang mit Unternehmenswerten

Nachhaltigkeit ist für das Traditionshaus Manner mehr als nur ein zeitgemäßes Schlagwort – Manner lebt sie seit über 125 Jahren. Nachhaltigkeit und Verantwortung gehen für uns Hand in Hand. Selbst der Firmengründung 1890 lag ein gesellschaftlicher Aspekt zugrunde, als Josef Manner mit der Qualität der Schokolade nicht zufrieden war und den Gedanken hatte, sie selbst zu produzieren. Qualität war somit ein Eckpfeiler des Unternehmens, und daran hat sich bis heute nichts geändert. Manner ist stolz auf seine Originalrezepte und legt Wert auf ausgewählte, hochqualitative Zutaten. Die kontinuierliche Verbesserung unserer Qualitätsstandards gehört zu den Grundpfeilern unseres Unternehmenserfolgs. Manner ist nach dem besonders strengen Qualitätsstandard „IFS" (International Food Standard) zertifiziert.

Manner ist seit 2015 Mitglied bei respACT, der führenden Unternehmensplattform für Corporate Social Responsibility (CSR) und nachhaltige Entwicklung in Österreich, und unterstreicht so die Wichtigkeit des Themas in der Unternehmensleitung.

Auch kulturelles Sponsoring hat bei Manner – den Werten entsprechend – seit jeher Tradition. Seit über 40 Jahren übernimmt Manner etwa die Lohn- und Lohnnebenkosten für einen Steinmetz des Stephansdoms als Zeichen für die enge Verbindung zwischen dem historischen Bauwerk und der Kultmarke, die das Wiener Wahrzeichen seit 1889 als Schutzmarke führt.

Als kakaoverarbeitender Betrieb wollen wir auch in den Herkunftsländern des Kakaos Verantwortung übernehmen. Manner hat sich daher verpflichtet, bis 2020 seinen gesamten Bedarf an Kakao für alle Markenprodukte auf nachhaltigen Kakao umzustellen. An der Umsetzung dieses Ziels arbeiten wir mit UTZ Certified, einem Nachhaltigkeitsprogramm, unter anderem für Kakao und FAIRTRADE. Mehr als 70 % der Produkte wurden bereits 2017 mit nachhaltigen Kakao produziert. Aber auch soziale Belange sind gemäß den Manner-Werten Teil der Verantwortung. „Gemeinsam Kindern das Leben versüßen", so lautet das Motto der Kooperation von Manner mit dem SOS-Kinderdorf. Manner hat unter anderem ein Haus für eine Kinderdorf-Familie im SOS-Kinderdorf Abobo Gare an der Elfenbeinküste finanziert und übernimmt die jährlichen Kosten für die dort lebende Familie sowie die Ausbildung und Versorgung der Kinder seit 2013.

Verantwortung gemäß unseren Manner-Werten tragen wir auch in der Produktentwicklung im Haus. Gerade Zucker und die zunehmende Fettleibigkeit bei Kindern sind zentrale Themen, denen wir uns auf verschiedenen Ebenen stellen. Unsere grundsätzliche Einstellung hierbei ist, dass Manner ein Süßwarenhersteller ist und unsere Produkte mit Maß und Ziel als Genussmomente im Zuge eines bewussten Lebensstils gesehen werden sollen. Das kommunizieren wir auch. Manner setzt sich zum Beispiel im Sportsponsoring ein und wirbt so für einen aktiven Lebensstil mit Sport. Darüber hinaus werden in der Produktentwicklung Vollkornvarianten bzw. Varianten mit weniger Zucker kreiert. Beispiele dafür sind etwa die sehr erfolgreiche Manner-Vollkornschnitte oder das neue Manner-Müsli mit 30 % weniger Zucker.

14.4.2 Verantwortung für zukünftige Generationen: Ausbau des Werks in Wien

Verantwortung bei Manner heißt auch, schwierige Entscheidungen zu treffen. So wie 2011, als der zukunftsweisende Beschluss gefasst wurde, das Stammwerk in Wien Hernals auszubauen und etwa 40 Millionen Euro in dessen Modernisierung zu investieren. Damit legte Manner den Grundstein für weitere, nachhaltige Erfolge und setzte einen wichtigen Schritt in Richtung Wettbewerbsfähigkeit und Produktionseffizienz. Dieser Schritt ging aber auch einher mit der Schließung des Werks in Perg.

Im Rahmen des Umbaus wurden 2012 ein modernes Logistikzentrum sowie eine Verladezone errichtet. Auch eine WIPARK-Volksgarage entstand auf dem Manner-Areal. Ein neues Produktentwicklungszentrum mit angeschlossener Lehrlingsausbildung, ein neues Bürogebäude sowie ein Qualitätssicherheitsbereich mit angeschlossenem, modernstem Labor wurden ebenfalls im Zuge dieses Projekts in Betrieb genommen. Der Produktionsumbau ist zurzeit beendet, das Produktionsgebäude steht und die meisten Anlagen laufen. 2017 übersiedelte der weltgrößte Waffelofen von Perg nach Wien. Dann wurde auch die Produktion des wohl bekanntesten Erzeugnisses aus dem Hause Manner, die Manner-Original-Neapolitaner-Schnitte, nach Wien verlegt. Neu ist ein siebenstöckiges Produktionsgebäude. Durch den Neubau, der in einem der Manner-Höfe errichtet wurde, erreicht der Produktionsbetrieb etwa 30 % Flächenerweiterung. Neben einem Hochregallager gibt es Platz für Waffelöfen, Cremeerzeugung und Verpackungsmaschinen. Auch die gesamte Haustechnik wurde neu aufgesetzt. Der Fokus liegt hier darauf, möglichst energieautark zu agieren. Die Abwärme aus dem Backprozess wird in das lokale Fernwärmenetz auf einer Länge von 3,5 Kilometern eingespeist und für Heizung und Warmwasser verwendet. 600 Haushalte und Betriebe werden in unmittelbarer Nachbarschaft der Waffelproduktion in Hernals und Ottakring profitieren. Manner wandelt darüber hinaus die überschüssige Abwärme des Herstellungsprozesses in Kälte um und verwendet diese für Kühlzwecke.

Diese Beispiele zeigen die Auswirkungen des Wertesystems von Manner auf die Entscheidungen des Managements in den Bereichen Nachhaltigkeit und CSR. Die festgeschriebenen Werte und das Werteset von Dr. Manner sowie die stete Beschäftigung damit stärken das Unternehmen in der nachhaltigen Umsetzung unserer Geschäftsstrategie. Manner lebt die Werte seit über 125 Jahren und sichert diese für die nächsten 125 Jahre – immer auch in Hinblick auf das Gleichgewicht zwischen Tradition und Moderne.

Literatur

Czuray, M., & Scholz, M. (2015). *„Manner Werte", Report für Josef Manner & Comp. AG*. Wien: FHWien der WKW.

Gasler P. (1988). *Glasers heile Welt. Peter Glaser über Neues im Westen. „Die wahren Wappen Österreichs – Lieblingsheimatdinge"* (S. 61 ff.). Köln: Kiepenheuer & Witsch.

Mag. Albin Hahn ist seit 2007 Vorstand für Finanzen und Personal im Traditionssüßwarenhaus Josef Manner & Comp. AG und Stiftungsvorstand der Privatstiftung Manner. Die Themen wertebasierte Unternehmensführung, Sicherung der Unternehmenswerte und nachhaltiges Wirtschaften sind zentral in seinem Handeln bei Manner. Dabei ist das Wertevermächtnis von Dr. Carl Manner ein wesentliches Fundament. Weiterhin ist Mag. Hahn im Verwaltungsrat der Hörbiger Holding AG tätig.

Anspruch eines gesamtheitlichen Managementansatzes bei SIMACEK

15

Ursula Simacek und Ina Pfneiszl

Zusammenfassung

Inklusion und Diversity Management erfordern und fördern Geschäftsethik. Eine der größten täglichen Herausforderungen besteht darin, das Gleichgewicht zwischen den wirtschaftlichen und sozialen Anforderungen zu finden. Um erfolgreich zu sein, muss das Nachhaltigkeitsmanagement in das Kerngeschäft und somit in die Strategie des Unternehmens integriert werden. Als verantwortungsbewusstes Unternehmen engagiert sich die SIMACEK Facility Management Group für Diversity und Inklusion im Kontext von nachhaltigem Wirtschaften. Im Einklang mit dieser Strategie hat das Unternehmen in allen Arbeitsprozessen Corporate-Social-Responsibility(CSR)-Richtlinien festgelegt. Die ethische Integrität ist ein zentraler Wert für den österreichischen Leitbetrieb. Seit Ende 2013 ist SIMACEK nach der CSR-ÖNORM 192500 zertifiziert, die von der internationalen Handlungsempfehlung ISO 26000 abgeleitet ist, und orientiert sich im wirtschaftlichen Kontext auch an den Sustainable Development Goals.

15.1 Über das Unternehmen SIMACEK

SIMACEK ist der größte österreichische, familiengeführte Komplettanbieter für Gebäude-Infrastruktur-Management und infrastrukturelle Facility Services. Den Grundstein für den österreichischen Leitbetrieb legten die Firmengründer, Kommerzialrat Ladislaus Adalbert Simacek und Helene Simacek, bereits 1942. Heute führt KR Mag. Ursula Simacek den staatlich ausgezeichneten Betrieb in der dritten Generation.

U. Simacek (✉) · I. Pfneiszl
Simacek Facility Management Group GmbH, Wien, Österreich
E-Mail: u.simacek@simacek.at; i.pfneiszl@simacek.at

© Springer Fachmedien Wiesbaden GmbH, ein Teil von Springer Nature 2019
D. Ortiz et al. (Hrsg.), *Verantwortungsvolle Unternehmensführung im österreichischen Mittelstand*, Forschung und Praxis an der FHWien der WKW,
https://doi.org/10.1007/978-3-658-25328-8_15

Gestartet wurde mit der Schädlingsbekämpfung, heute zählt die Organisation zehn Geschäftsbereiche mit über 70 Spezialisierungen. Ursula Simacek setzt sich auch gemeinsam mit anderen Unternehmen für verantwortungsvolles Wirtschaften ein und fördert dadurch die nachhaltige Entwicklung in Österreich.

Die heute international tätige Gruppe mit Hauptsitz in Wien beschäftigt über 8000 Mitarbeiterinnen und Mitarbeiter in sechs Ländern und ist in über 40 Städten im Einsatz.

SIMACEK setzt in allen Bereichen auf Nachhaltigkeit, so sichert das hauseigene integrierte Managementsystem aufgrund der selbst auferlegten Standards und Richtlinien ein Höchstmaß an Qualität der für die Kunden und Kundinnen erbrachten Dienstleistungen. Das Unternehmen zeichnet sich durch eine Unternehmensführung aus, die konsequent den Weg des nachhaltigkeitsintegrierten Managementansatzes geht. Geschäftsführerin Ursula Simacek betont: „Diversität in allen Belangen ist bei uns ein betriebswirtschaftlich wichtiger Faktor".

Um Entwicklungen positiv voranzubringen und Arbeitsplätze nachhaltig zu sichern, übernimmt das Unternehmen ökonomische, ökologische und sozialgesellschaftliche Verantwortung. SIMACEK hat vor Jahren mit einzelnen Aktivitäten begonnen und zeitgleich daran gearbeitet, die Corporate-Social-Responsibility(CSR)-Indikatoren in das eigene integrierte Managementsystem einzubringen. Mit dem Erfolg, das Unternehmen gegenwarts- und zukunftsfit führen zu können. In der obersten Führung bei SIMACEK ist man der Meinung, dass international tätige Unternehmen um die Bedeutung der Verantwortung im CSR-Kontext wissen. Die nachhaltige Verantwortung ist in den Leitstrategien verankert. Der Anspruch ist, als Unternehmen einen wirtschaftlichen Wert zu generieren, aber auch einen ethischen, sozialen und ökologischen Wert zu schaffen. Ethik im Business ist für unsere Organisation auch ein Anspruch an alle Führungskräfte.

Seit Ende 2013 ist SIMACEK nach der CSR-ÖNORM 192500 zertifiziert, die von der internationalen Handlungsempfehlung ISO 26000 abgeleitet ist, und orientiert sich im wirtschaftlichen Kontext auch an den Sustainable Development Goals (SDG).

Zertifizierungen:	Partnerschaften:
• ONR 192500	• WKÖ (Wirtschaftskammer Österreich)
• ISO 9001	• Wirtschaftskammer Wien
• ISO 14001	• Industriellenvereinigung
• OHSAS 18001	• respACT
• EMAS	• Verein Wirtschaft für Integration
• ISO 10001	• ARGE ProEthik
• ISO 5001	• Charta der Vielfalt
• Ethikgütesiegel in Gold für	• UN Global Compact
Zukunftsfitness und Enkeltauglichkeit	• ÖGNI
des Ethikinstituts WEISS	• Caritas
	• Visioneducation
	• Atempo
	• Fair Plus Cleaning
StaatlicheAuszeichnungen:	
• NestorGold	
• Audit berufundfamilie	

Unternehmertum mit Ethik als Erfolgsfaktor: „Mit Werten in Führung gehen"

Mag.ª Martina Uster, Leiterin des Wirtschaftsethik Instituts WEISS, über CSR und verantwortungsvolle Unternehmensführung bei SIMACEK.

Die Firma SIMACEK beschäftigt sich bereits seit 2009 intensiv mit dem Themenbereich CSR und verantwortungsvolle Unternehmensführung. Im Zuge einer internen Führungskräfteklausur der SIMACEK Facility Management Group im September 2014 führten wir als Auditoren den integrativen CSR-&-Ethik-Check durch. In Folge wurde der SIMACEK Facility Management Group GmbH das Ethik Gütesiegel „ZukunftsFähig & EnkelTauglich" in Gold für eine ethisch sehr hochentwickelte Verantwortungskultur verliehen.

Woran erkennt man, dass ein Unternehmen ethisch korrekt handelt? Seit fünf Jahren erleichtert das Wirtschaftsethik Institut WEISS Konsumenten und Konsumentinnen die Beantwortung dieser immer wichtigeren Frage: mit dem Ethik Gütesiegel „ZukunftsFähig & EnkelTauglich". Das Siegel wird nach strenger Prüfung an Unternehmen vergeben, die verantwortungsvolle Unternehmensführung und ethisches Handeln mit wirtschaftlichem Erfolg verbinden. Der Integrative-Ethik-Check wurde vom Wirtschaftsethik Institut WEISS in Zusammenarbeit mit namhaften internationalen Ethikprofessoren und -professorinnen entwickelt und überprüft, ob eine Mindestanzahl an Kernkriterien einer ganzheitlichen Unternehmensführung erfüllt ist. Er behandelt nachfolgende Handlungsfelder: werteorientierte Unternehmensführung, humane Arbeitswelten, Umwelt und Natur, gesellschaftliche Verantwortung, Marktethik und Konsumentenanliegen, Fairness und Handschlagqualität.

Beim Unternehmen SIMACEK sind die Aktivitäten im Nachhaltigkeitsbereich und im Bereich einer ganzheitlichen, verantwortungsvollen und ethischen Unternehmensführung sehr hoch entwickelt und in den Managementstrukturen verankert. Ebenso konnte eine hochentwickelte Verantwortungskultur bei der Geschäftsführung und bei den leitenden Mitarbeitern und Mitarbeiterinnen identifiziert werden. Durch die sehr professionell und intelligent gesetzten Maßnahmen in den letzten Jahren hat sich das Unternehmen zu einem Vorzeigebetrieb im Bereich CSR und Nachhaltigkeit entwickelt. Dies war ausschlaggebend für die Verleihung des Gütesiegels in Gold.

Die Wirtschaftsethik Institut WEISS GmbH ist eine unabhängige Organisation, die mit renommierten und internationalen Wirtschafts- und Ethikprofessoren und -professorinnen Werte und Standards für die Wirtschaft entwickelt. Der Schwerpunkt liegt in der Ausbildung, Beratung und Schulung von Wirtschaftsethik und wertebasiertem Design Thinking für Führungskräfte.

Das ist die Sicht von außen auf unser Unternehmen.

15.2   Unsere Sicht auf unser Handeln

Wir von SIMACEK haben uns intern zu diesem CSR-&-Ethik-Check entschlossen, um auch mit dem Blick von außen auf unsere Prozesse und Handlungen schauen zu können und uns aus dieser Perspektive zu fragen:

Wie wir

* die Integration ganzheitlicher, ethischer und zukunftsorientierter Prinzipien ins Kerngeschäft schaffen;
* die Entwicklung des daraus entstehenden Innovationspotenzials nutzen;
* den Ansatz eines Stakeholderorientierten Wertemanagements umsetzen.

Wer Fragen stellt, erhält Antworten, so konnten wir das Feedback des Ethik-Check-Teams bereits während unserer Klausur sehr gut für unsere Leitstrategien nutzen. Und wir konnten unser Führungsleitbild erstmalig als Handlungsanweisung formulieren. Allen voran ist in unserem Führungsleitbild der Leitsatz verankert, dass die Führungsverantwortlichen eine Fürsorgepflicht für die ihnen anvertrauten Mitarbeiter und Mitarbeiterinnen haben. Dies ist oft Führungskräften so nicht bewusst.

Unserer Erfahrung nach gelangen wir mit normativen Prozessen zu einer strukturierten Unternehmensentwicklung. Die generellen jährlichen Audits im Rahmen des integrierten Managementsystems helfen uns dabei zu sehen, wo wir stehen, was wir geschafft haben und wo eine Intensivierung nötig ist, um die gesteckten Ziele zu erreichen.

So haben wir auch die Entwicklung unseres Verhaltenskodexes 2012 als partizipativen Prozess gestaltet, hier haben zehn Prozent der europaweiten Mitarbeiter und Mitarbeiterinnen an der Entwicklung unseres CoC (Compliance Code) mitgearbeitet. Es war spannend, den Entwicklungsweg über den gesamten Prozess hinweg zu erfahren und zu begleiten.

Beginnend mit der Identifikation, frei nach dem Motto „Wo SIMACEK draufsteht, ist SIMACEK drin" – nur was ist das alles? Von dieser Phase zeugt heute noch eine riesige Tafel im Foyer unseres Hauses in Wien. Nach der Identitätsklärung ging es nahtlos in die Wertediskussion über. Jeder hat Werte und unterschiedliche Wertesysteme, gerade in einem Unternehmen mit Menschen aus mehr als 40 Nationen. Wir haben uns auf fünf gemeinsame Werte geeinigt: **W**ertschätzung, **V**erantwortung, **K**undenorientierung, **I**ntegrität und **T**oleranz.

Eine Merkbrücke war durch einen internen Wettbewerb auch bald gefunden, und so stehen die Anfangsbuchstaben unserer gemeinsamen Unternehmenswerte für **W**ie, **V**iel, **K**ann, **I**ch, **T**un – eine treffende Interpretation und ein Appell an die Eigenverantwortung. Kommunikation nach außen ist scheinbar leichter, man gibt sich mit Panels zufrieden. Bei der internen Kommunikation ist es ganz anders. Hier liegt der Anspruch meist bei 100 % – wir arbeiten jedes Jahr an der Wertekommunikation und an der Messung, wie diese Werte gelebt werden.

Wertschätzung bedeutet für uns respektvolles Miteinander, basierend auf einer offenen Kommunikationsweise und Anerkennung unserer Leistung.

Verantwortung bedeutet für uns, selbstbestimmt zu handeln und nachhaltig mit allen Ressourcen umzugehen.

Kundenorientierung bedeutet für uns, flexibel auf Kundenwünsche einzugehen und durch innovative Lösungen die Entwicklung einer beidseitig vorteilhaften Beziehung zu sichern.

Integrität bedeutet für uns das bewusste Leben unserer Werte und Handschlagqualität als Beweis unserer Verlässlichkeit und Fairness.

Toleranz bedeutet für uns, unterschiedliche Meinungen zu akzeptieren und von den vielfältigen Individualitäten zu profitieren.

Diese Werte und Grundsätze gelten für die Geschäftsführung sowie für alle Führungskräfte, Mitarbeiter, Mitarbeiterinnen, Partner und Partnerinnen.

Leseleicht-Verhaltenskodex

Aufgrund der Vielfalt der Teilnehmer und Teilnehmerinnen wurde der auf den Werten aufbauende CoC – unser Regelwerk, das es in einer sogenannten Businessfassung gibt – auch in einer „Leicht Lese barrierefreien" Version verfasst (Abb. 15.1). Das bedeutet, dass die Texte in sehr einfach zu lesendes Deutsch übersetzt werden – hierzu gibt es den Capito-Standard. Die Leicht-Lese-Fassung wurde danach auch in weitere Muttersprachen übersetzt. Gemeinsam mit dem Beratungsunternehmen atempo wurde die Leicht-Lesen-Version unseres CoC nach dem Capito-Qualitätsstandard für barrierefreie Information (TÜV-zertifiziert) entworfen.

„Leicht Lesen" steht für Informationen, die alle Menschen leicht lesen und verstehen können. Dazu wird überlegt: Wie können wir Barrieren überwinden? Wenn jemand gar

Abb. 15.1 Den Verhaltenskodex (CoC) der Simacek Facility Management Group gibt es zusätzlich in einer Leicht-Lese-Version, die nach dem Capito-Qualitätsstandard für barrierefreie Information TÜV-zertifiziert wurde

nicht lesen kann, dann kann man die Information zum Hören anbieten. Wenn jemand schwere Texte nicht versteht, dann kann man die Information in einfacher Sprache anbieten. Wenn jemand eine Sehbehinderung hat, dann kann man die Information in kräftiger Farbe anbieten. So werden Barrieren überwunden.

Heute ist der CoC Bestandteil aller Dienstverträge.

15.3 Gesunde Führung

Weitere Praxisbeispiele sind unsere jährlichen Diversity-Trainings für das gesamte Führungsteam aus allen Geschäftsbereichen. Seit 2013 werden hier unterschiedliche Themen aufgearbeitet, sei es die Stärkung der interkulturellen Kompetenz oder Antidiskriminierung, Gender Equality, Generationenmanagement, Inklusion von Menschen mit Behinderung am Arbeitsplatz und Rahmenbedingungen für eine bessere Vereinbarkeit von Beruf und Familie. Alle Trainings sind mit aktiver Beteiligung gestaltet und dienen auch zur Festlegung der nächsten Schritte in diesen Segmenten.

Wie demografiefit sind wir?
Eine andere wichtige Frage war für uns, wie wir mit dem demografischen Wandel umgehen. Wir versuchen, unsere Zukunftsfähigkeit auch durch Demografiefitness zu erreichen. Aufgrund des demografischen Wandels werden Unternehmen immer häufiger mit zum Teil völlig neuen Situationen konfrontiert. Eine hohe Zahl von Beschäftigten im Alter von über 50 Jahren mit einem entsprechenden Lebensumfeld wie etwa pflegebedürftigen Eltern erfordert ein neues, sozialorientiertes Denken im Unternehmen.

Vor diesem Hintergrund hat sich SIMACEK für die Teilnahme bei NESTOR GOLD und die Erarbeitung konkreter Maßnahmen zur Alter(n)sgerechtigkeit entschieden. Zentrales Ziel ist die Vereinbarkeit der persönlichen Lebensumstände mit dem Beruf, die Gesunderhaltung der Mitarbeiterinnen und Mitarbeiter sowie der längere Verbleib der Arbeitnehmerinnen und Arbeitnehmer im Erwerbsleben. Zusätzlich soll das Engagement für alter(n)sgerechte Arbeit sowohl nach innen als auch nach außen sichtbar gemacht und damit auch unsere Attraktivität als Arbeitgeber erhöht werden (Abb. 15.2).

Gesellschaft und Soziales
Trotz der beachtlichen Unternehmensgröße ist SIMACEK der verantwortungsbewusste und vertraute Umgang mit den Mitarbeitern, Mitarbeiterinnen, Kunden, Kundinnen und Partnern sowie Partnerinnen geblieben, der für das Unternehmen seit jeher typisch ist. Dabei verfolgt SIMACEK unter anderem folgende soziale Ziele:

• Chancengleichheit und Gleichbehandlung
• Frauenförderung
• Mitarbeitergesundheitsschutz und -vorsorge
• Integrationsförderung
• Weiterbildung und Imagepflege des Berufsstands
• Mitarbeiterbindung

Maßnahmenpaket	
1	Entwicklungsplan für ArbeiterInnen, Angestellte & Lehrlinge
2	Schwerpunktschulungen (Bildungsinitiativen) alle Bereiche
3	Ausbau und Weiterentwicklung des arbeitspsychologischen Dienstes
4	Betriebliche Sozialarbeit
5	„Betriebsärztin unterwegs"
6	Info-Workshop für VorarbeiterInnen und ObjektmanagerInnen
7	Gesundheitspass

Abb. 15.2 Maßnahmen der SIMCEK Group für Demografiefitness

Die derzeitigen Schwerpunkte der Firma SIMACEK im Bereich soziale Nachhaltigkeit liegen auf Integrations- und Migrationsprojekten. Als größter Fortschritt im sozialen Bereich wird die hohe Teilnehmerzahl bei den Deutschkursen gewertet. Das SIMACEK-CSR-Sprachenprojekt wurde 2011 für den Österreichischen Integrationspreis nominiert.

15.4   Markt- und Konsumentenbelange

Wir haben ein faires, objektives Auswahlverfahren für Lieferanten und Lieferantinnen etabliert und legen Wert auf langfristige Beziehungen. Der Preis ist kein alleiniges Entscheidungskriterium. Ein nachhaltiges Wirtschaften und Regionalität eines Lieferanten bzw. einer Lieferantin werden in den Entscheidungsprozess ebenso eingebunden wie Qualität und Verlässlichkeit. Im Hinblick auf unser LieferantInnen-Managementsystem werden jährlich LieferantInnenbefragungen und -auswertungen nach einem internen System durchgeführt, die Kriterien sind Compliance und Menschenrechte, Prozesse und Zertifizierungen sowie ökologische Verhaltensweisen. Für jeden, der in unserem Auftrag arbeitet, ist unser CoC bindend.

Ökonomische Ziele
Ökonomische Ziele unseres Unternehmens sind unter anderem:

- Sicherung der Wachstumsraten durch Erweiterung der Dienstleistungspalette und große Kundenstreuung
- Sicherstellung langfristiger Stabilität
- Sicherung der Unabhängigkeit von Großkunden
- Fortschreitende Expansion im Ausland

Um den Marktanforderungen gerecht zu werden, wird kontinuierliches Lernen aktiv gefördert, das Unternehmen bedient sich eines passenden Prozessmodells. Um Risiken frühzeitig zu erkennen und ihnen entgegenwirken zu können, verfügt SIMACEK über ein institutionalisiertes Risikomanagement, das einen Teil des integrierten Managementsystems darstellt.

Unser Umgang mit Geschäftspartnern und Geschäftspartnerinnen

Als Dienstleistungsunternehmen agieren wir kundenorientiert. Wir pflegen den Dialog mit unseren Kunden und Kundinnen, um dadurch die besten Lösungen zu finden und gemeinsam leben zu können. Ziel ist es, mit unseren Kunden und Kundinnen langfristige Partnerschaften einzugehen, die auf Vertrauen, Respekt, gegenseitiger Wertschätzung und Fairness beruhen. Entscheidungen werden folglich im Sinne einer langfristigen Geschäftsbeziehung und nicht zur Optimierung eines kurzfristigen Gewinns getroffen. Dieselben Grundsätze gelten auch für unsere Lieferantenbeziehungen sowie für alle weiteren Partner und Partnerinnen im Rahmen unserer unternehmerischen Tätigkeit.

Wir begegnen all unseren Geschäftspartnern und -partnerinnen auf Augenhöhe und mit Handschlagqualität und setzen ein ebensolches Grundverständnis auch auf deren Seite voraus. Beim Wettbewerb auf dem freien Markt ist uns ein faires Verhalten gegenüber den Mitbewerbern bzw. Konkurrenten sehr wichtig. Deshalb leben wir das Prinzip eines fairen Wettbewerbs. Unser Unternehmen möchte durch Qualität und Leistung überzeugen. Etwaige Verstöße gegen gesetzliche Beschränkungen sowie gegen wettbewerbs- und kartellrechtliche Vorschriften sind strikt verboten.

Es ist den Mitarbeitern und Mitarbeiterinnen außerdem nicht erlaubt, schädigende Äußerungen über Wettbewerber und Wettbewerberinnen zu verbreiten sowie etwaige Absprachen über Preise, Lieferzeiten etc. mit Mitbewerbern und Mitbewerberinnen zu treffen. Dies trifft auf mündliche Absprachen sowie schriftliche Vereinbarungen zu. Da unsere Miteigentümerin auch für die Öffentlichkeitsarbeit der Sparte Reinigung verantwortlich ist, gibt es einige Kollaborationsprojekte wie „Fair Cleaning Plus" oder die gemeinsam entwickelte Sprachen-App für die gesamte Branche bzw. die Bewusstseinsschaffung für Tagesarbeitszeiten.

Unsere ökologische Verantwortung

Wir sehen uns mitverantwortlich für den Schutz der Natur und die Erhaltung der Umwelt für nachfolgende Generationen. Darum ist es für SIMACEK ein klar gesetztes Ziel, die Umweltleistung stetig zu verbessern und der Verantwortung für umweltrelevante Aspekte unserer Dienstleistungen nachzukommen. In diesem Zusammenhang wird die bereits bestehende EMAS-Zertifizierung am Standort Wien auch auf andere Standorte unseres Unternehmens ausgeweitet.

Nach der ISO 5001(Energiemanagement) sind nicht nur unsere Bürogebäude zertifiziert, wir bieten die Prozessbegleitung auch unseren Kunden und Kundinnen an.

Zertifiziert sind wir zudem nach der weltweit gültigen Norm ISO 14001, die vorgibt, was ein Umweltmanagement in Unternehmen und anderen Organisationen beinhalten und leisten soll.

Im Zuge der Implementierung der Nachhaltigkeitsstrategie werden folgende aus der Umwelterklärung abgeleiteten ökologischen Ziele verfolgt:

- Sparen von Energie
- Vermeidung von Emissionen
- Sparsame Verwendung umweltschonender Betriebsmittel
- Reduktion von Abfall

Als größter Fortschritt im Bereich ökologische Nachhaltigkeit wird die freiwillige Ermittlung des ökologischen Fußabdrucks betrachtet, dessen Überprüfbarkeit durch unabhängige Gutachter gewährleistet wird. Die SIMACEK Facility Management Group fühlt sich dem Umweltschutzgedanken schon lange verpflichtet, weshalb die ökologischen Maßnahmen bei SIMACEK stark ausgeprägt sind. Seit der Beschäftigung mit nachhaltiger Entwicklung wird versucht, eine gute Balance herzustellen und sich konsequent mit ökonomischen, ökologischen und sozialen Zielen auseinanderzusetzen.

Dabei wird die Meinung vertreten, dass sich die Beschäftigung mit Nachhaltigkeit positiv auf den finanziellen Geschäftserfolg auswirkt, denn: Zufriedene Mitarbeiter, Mitarbeiterinnen, Kunden und Kundinnen in einer sauberen Umwelt garantieren langfristige Stabilität und wachsende Wertschöpfung. Die guten Stakeholderbeziehungen werden als einer der bedeutsamsten Gründe dafür erachtet, dass das Unternehmen auf dem Markt so erfolgreich ist.

Wie wir Ethik im Management sonst erleben
Es braucht Mut, Ausdauer, Konsequenz und das Bekenntnis, eine lernende Organisation zu sein, um in einem Unternehmen mit 8000 Mitarbeiterinnen und Mitarbeitern aus über 40 Nationen den Weg einer nachhaltigen Entwicklung zu gehen.

Unverzichtbar war für uns bisher, dass wir uns Kenntnisse und Qualifikationen zu den Themen Nachhaltigkeit in der Unternehmensentwicklung angeeignet haben. In unserer ethischen Wahrnehmung geht es nicht einzig um Moral oder Unmoral und wenn, dann um ethische Integrität. Mehr noch geht es darum, wie wir uns geeinigt und darauf verständigt haben, nach welchen Werten und Grundsätzen im Hinblick auf Personal-, Markt- und Umweltpolitik und gesellschaftlicher Verantwortung wir führen und gestalten wollen. Wenn die Regeln klar sind, ist es zwar leichter, Entscheidungen zu treffen, aber bei Weitem nicht komfortabel, den dafür richtigen Weg zu gehen. Denn der Weg ist immer auch ein Weg des Dialogs und somit der Auseinandersetzung mit den Bedürfnissen der Anspruchsgruppen.

Für uns gilt es seit vielen Jahren, die werteorientierte Führungskultur weiter aufzubauen und weiterzuentwickeln. Das ist einerseits immer ein kollektiver Anspruch, andererseits braucht es immer einen Treiber, also jene Personen im Management, denen die nachhaltige Entwicklung der Menschen und der Unternehmung selbst am Herzen liegt. Unserem Unternehmen hat bis dato die systematische Nachhaltigkeitsorientierung geholfen, innovative und soziale Systeme zu entwickeln, die allesamt Lösungen für wirtschaftliche und gesellschaftliche Weiterentwicklungen sind. Insofern ist für uns Ethik im Management kein Widerspruch, sondern jene kompromisslose Bedingung und Grundlage für unsere Unternehmensentwicklung, damit Zukunftsfähigkeit möglich wird.

15.5   Ausblick

In der stetigen Auseinandersetzung mit dem Thema Unternehmensentwicklung steht bei SIMACEK für die nächsten eineinhalb Jahre die Entwicklung einer Ethik-Charta mit dem gesamten Team der Kundenbetreuung und unseren wichtigsten Stakeholdern auf dem Programm. Wir verfolgen damit das Ziel, unsere Kundeninformationsinhalte noch optimaler auszurichten. Durch den partizipativen Charakter soll auch das Bewusstsein zum Thema Integrität noch weiter geschärft werden. Da wir auch Kunden und Kundinnen zum Mitmachen einladen werden, erwarten wir, uns noch besser an den tatsächlichen Bedürfnissen orientieren zu können. Die Charta wird zusätzlich unseren zertifizierten Kundenzufriedenheitsprozess ergänzen.

KR Mag. Ursula Simacek ist seit 2006 CEO der SIMACEK Facility Management Group. Sie studierte Publizistik und Kommunikationswissenschaften und absolvierte weitere Meisterprüfungen. Im September 2012 wurde sie zur Vizepräsidentin der Industriellenvereinigung und 2013 zur Präsidentin von respACT austrian business council for sustainable development, der größten Wirtschaftsplattform für nachhaltiges Wirtschaften, gewählt. Ihr Engagement gilt der eigenen Unternehmensentwicklung und ihr politisches und gesellschaftspolitische Interesse gilt den Lösungen von wirtschaftlichen, sozialen und ökologischen Herausforderungen für die Wirtschaft. So wirkt sie neben der Betriebsführung als SDG- und CSR-Botschafterin und schafft als Netzwerkerin Beteiligung und Engagement für Themen, die den Wandel hin zu einer nachhaltigen Entwicklung gestalten.

Ina Pfneiszl ist akkreditierte CSR-Expertin, ausgezeichnet durch die Wirtschaftskammer Österreich, ECQA certified für CSR, und seit 2010 Leiterin der Stabsstelle CSR & Diversity Management im SIMACEK-Konzern. Unternehmensintern ist sie seit 2013 Audit- und Prozessverantwortliche für die Implementierung der ONR 192500 und Zertifizierung, Gestaltungs- und Entwicklungsspezialistin von sozial relevanten Programmen zur Steigerung der Chancengleichheit von erwerbstätigen Migranten und Migrantinnen im Kontext der Betriebswirtschaftlichkeit und hat soziale Innovationsprogramme wie die betriebliche Sozialberatung und mobile Sprachförderungsprogramme entwickelt. Seit 2015 ist die CSR-Expertin im Komitee 251 „CSR" des Österreichischen Normungsinstitutes und hält laufend Praxisvorträge zu den Themen CSR- und Diversitätsmanagement sowie Impact-Analyse.

Christian Fuchs

Zusammenfassung

Die Buchbinderei Fuchs steht neben Qualität, Innovation und Tradition für Nachhaltigkeit und Menschlichkeit, was im täglichen Firmenbetrieb und bei Sonderprojekten, wie der Generalsanierung des Firmengebäudes 2018, zum Tragen kommt. Christian Fuchs tüftelt fortwährend an Neuerungen und Speziallösungen, was unter anderem zur Entwicklung der Speisekarte mit Klemmrücken führte, auf die er Patent- und Markenrechte erhielt und durch die er zum Marktführer in der Produktion hochwertiger Speisekarten wurde. Seit 2012 ist die Firma Mitglied der Gemeinwohlökonomie und wurde mit zahlreichen Preisen für ihre Leistungen ausgezeichnet. Demnächst sind sieben Abteilungen im Fuchs-Bau vereint, wodurch sich die Buchbinderei in ihrem 30-jährigen Bestehen zum universalgrafischen Gewerkehaus entwickelt. In der neuesten Abteilung, der Druckwerkstatt der grafischen Künste, sollen analoge Druckverfahren, Papierschöpfen, Kalligrafie, analoge Fotografie und Buchbinden vermittelt werden.

Tradition, Qualität, Innovation, sinnliches Begreifen, respektvoller Umgang mit dem Material und Langlebigkeit der Produkte sind nur einige Schlagworte, mit denen sich die Werte des Handwerks umreißen lassen. Von Geschäftsführer Christian Fuchs über die Mitarbeiter und Mitarbeiterinnen bis hin zu den zufriedenen Kunden und Kundinnen, die ihr individuelles Produkt erhalten, werden diese Werte in der Buchbinderei Fuchs hochgehalten und sind im gesamten Fuchs-Bau spürbar. Qualität und Nachhaltigkeit sind nicht nur in der Fertigung hochwertiger Produkte geltende Maßstäbe, sondern auch bei Sonderprojekten,

C. Fuchs (✉)
Christian Fuch e. U. Buchbinderei, Saalfelden, Österreich
E-Mail: herzblueten@buchbindereifuchs.at

© Springer Fachmedien Wiesbaden GmbH, ein Teil von Springer Nature 2019   175
D. Ortiz et al. (Hrsg.), *Verantwortungsvolle Unternehmensführung im
österreichischen Mittelstand*, Forschung und Praxis an der FHWien der WKW,
https://doi.org/10.1007/978-3-658-25328-8_16

wie dem Firmenumbau 2018 mit einer Firmenerweiterung um zwei Etagen, der unter ökologischen Gesichtspunkten durchgeführt wird.

Altes Wissen um traditionelle Techniken wurde bisher an über 20 Lehrlinge weitergegeben. Darüber hinaus soll in Zukunft Interessierten die Möglichkeit geboten werden, in
der Druckwerkstatt der grafischen Künste, die im ersten Obergeschoß entsteht, im Ganz-
jahreskursprogramm alte Techniken und Verfahren rund um Schrift, Sprache, Papier und
Druck zu erleben und zu entdecken.

Ethische Werte stehen in der Buchbinderei Fuchs an erster Stelle. Kapital wird als Mittel
zum Zweck eines ethischen Wirtschaftens betrachtet und nicht als Zweck des Wirtschaftens
an sich. Nicht die Gewinnmaximierung, sondern eine Steigerung des Wohlbefindens aller
Beteiligten in sozialer und ökologischer Hinsicht ist Ziel und Zweck des wirtschaftlichen
Handelns. Dazu setzt Christian Fuchs immer wieder neue Impulse und Maßnahmen, so
zum Beispiel die Mitgliedschaft bei der Gemeinwohlökonomie, eine Reduktion des Ener-
gieverbrauchs um etwa 75 % durch die Sanierung, eine Kooperation mit „Lebenswelt.Be-
ruf" oder die Klimapartnerschaft mit 2050-Salzburg. Durch sein verantwortungsvolles
Handeln hat Christian Fuchs in dem traditionellen Handwerks- und Familienunternehmen
die Weichen in Richtung eines stabilen Fortbestehens des Betriebs, gesicherter Arbeitsplätze und einer insgesamten Aufwertung der Region Saalfelden/Saalachtal gestellt.

16.1 Geschichte der Buchbinderei Fuchs

In ihrem 30-jährigen Bestehen wuchs die Buchbinderei Fuchs von einer kleinen Werkstatt im
hauseigenen Keller zu einem universalgrafischen Gewerkehaus, das sich über vier Stockwerke erstreckt und einen prominenten Platz an Saalfeldens Hauptdurchzugsstraße einnimmt.
Dennoch ist Buchbindermeister Christian Fuchs, der die Firma seit 1999 leitet, dem traditionellen Handwerk stets treu geblieben und trat der Technisierung und dem damit einhergehenden wirtschaftlichen Verfall der Branche mit Qualität, Innovation und Kundenorientiertheit
entgegen. Werte wie Nachhaltigkeit, Regionalität und Menschlichkeit werden hochgehalten
und die Möglichkeiten eines alternativen Wirtschaftens aktiv gesucht und gefördert.

16.1.1 Firmengründung

Firmengründer Johann Fuchs wurde 1938 in Tirol geboren und lernte die Wichtigkeit
des Handwerks und den respektvollen Umgang mit Werkstoffen im bäuerlichen Umfeld früh kennen. Die Faszination für grafische Berufe entdeckte er im katholischen
Missionshaus in Mödling und begann dort 1952 die Buchbinderlehre, die er 1958 mit
der Meisterprüfung abschloss.

Aufgaben in Produktion, Außendienst, Kundenbetreuung und Lehrlingsausbildung
prägten sein Wissen über Produktionsabläufe, Auftragsbearbeitung sowie Kalkulation und
ebneten somit den Weg in die Selbstständigkeit. Mit 51 Jahren, wo andere schon an die

Pension denken, erkannte Johann Fuchs als Buchbindermeister mit lebenslanger Berufserfahrung die Gunst der Stunde, nutzte eine Marktnische im Bereich der Druckweiterverarbeitung und gründete 1989 die Buchbinderei Fuchs.

Von Anfang an dabei war sein Sohn Christian, der nach dem HTL-Abschluss mit einstieg. Nachdem die nötigen Maschinen angekauft waren, wurden ab 1989 im Keller zu
Hause hauptsächlich Kalender produziert. 1993 übersiedelte das Unternehmen an den
heutigen Standort, wo nicht zuletzt durch Christians Engagement neue Aufgabenbereiche
erschlossen wurden und neben der Druckweiterverarbeitung und Handbuchbinderei neue
Abteilungen entstanden.

Seit 1999 leitet Christan Fuchs die Buchbinderei und sorgt dabei als bekennender Hand-
werker und Querdenker für neue Herangehensweisen an innovative Produkte. Firmengründer Johann Fuchs findet seine neue Berufung im Sanjeevini-Verlag, einer der Abteilungen
im Unternehmen, in der spirituelle und menschliche Werte hochgehalten werden.

16.1.2 Christian Fuchs

Der grundsätzliche Zugang zum Handwerk wurde Christian Fuchs von seinen Eltern
buchstäblich in die Wiege gelegt. 1968 in Innsbruck geboren, wurde dem heutigen Geschäftsführer der Buchbinderei Fuchs von Anfang an der dienende Zugang zum Handwerk
vermittelt. Bereits als Kind verbrachte Christian in der kleinen hauseigenen Werkstatt viel
Zeit mit seinem Vater.

In der HTL Hochbau konnte er seine technischen und handwerklichen Fähigkeiten
noch zusätzlich durch die logische Herangehensweise an eine Aufgabenstellung erweitern. Nach der Matura entschloss sich der zweifache Familienvater, den Beruf des Buchbinders unter den Meisterhänden seines Vaters zu erlernen. Die Meisterprüfung erfolge im
Jahr 1998. Die Vorteile der HTL-Ausbildung wurden Christian Fuchs erst im beruflichen
Alltag bewusst. Von der systematischen Planung über die logische Auftragsbearbeitung
bis zur ästhetisch-künstlerischen Endverarbeitung vereint das Handwerk alle Schritte zum
Entstehen des Gesamt-(Kunst-)Werks Buch.

Christian Fuchs beobachtet den Markt genau, um neue Produkte, die mit dem Handwerk harmonieren, zu entwickeln. So entstanden Innovationen wie ClemmUp®, Clem-
mini®, padCase®, biblioCase® und andere, die teilweise durch Patent- und Markenrechte
geschützt sind.

16.1.3 Die Abteilungen

Alte Bücher, vielleicht schon etwas vergilbt und geschichtsträchtig, haben eine ganz ei-
genartige Faszination und den geheimnisvollen Charme einer kaum zu beziffernden Kost-
barkeit. Sie sind es wert, mit Respekt behandelt zu werden, wie eine Antiquität, die man
gern ansieht und vorsichtig in die Hand nimmt. In der *Handbuchbinderei* werden nach

alter Schule Einzelstücke und Kleinauflagen in Fadenheftung, Klebebindung und weiteren Techniken erstellt sowie beschädigte Bücher repariert und restauriert.

Größere Auflagen werden in der *Druckweiterverarbeitung* der Buchbinderei Fuchs maschinell finalisiert. Einen Schwerpunkt bildet dabei die Drahtkammbindung für die Kalenderproduktion.

In der *Speisekartenabteilung* entstehen hochwertige Einbände. Traditionelle Techniken in Verbindung mit modernen Materialien wie Plexiglas oder Aluminium sind unerlässlich für die Herstellung zeitgemäßer Produkte. Dank ihrer qualitativen und innovativen Arbeit ist die Buchbinderei Fuchs heute Marktführer für Speisekarten der gehobenen Gastronomie und über die Grenzen Österreichs hinaus gefragt.

Ein weiterer Zweig ist das *Bilder- und Rahmenatelier*, wo durch viel Erfahrung, Offenheit und Feingefühl gemeinsam mit dem Kunden bzw. der Kundin eine ideale Lösung erarbeitet wird, um Bilder, Fotos, Drucke oder Leinwände bestmöglich darzustellen. Der feine Umgang mit den Materialien und das Auge für Details entsprechen der Profession des Buchbinders.

Im digitalen Zeitalter bietet die *Gestaltungs- und Digitaldruckabteilung* eine optimale Schnittstelle zwischen Pixel und Papier. Druckwerke werden im Haus gestaltet und in Klein- bis Mittelauflagen gedruckt. Außerdem werden Entwürfe für die weitere Produktion angefertigt.

Seit 1. April 2019 gibt es eine weitere Abteilung: Die *Druckwerkstatt der grafischen Künste*, wo sich am Ganzjahreskurs- und -schulungsprogramm Interessierte in fast vergessenen Technikfeldern wie dem Hochdruck mit Holz- und Bleilettern sowie der Radierung und Lithografie auf jahrhundertealten Maschinen betätigen können.

In diesem Gefüge aus verschiedenen grafischen Spezialisierungen werden komplexe Aufgabenstellungen – weit über die klassische Buchbindetätigkeit hinaus – umgesetzt.

16.2   Umsetzung der nachhaltigen Orientierung

Schon Johann Fuchs lag der ressourcenschonende Umgang mit Rohstoffen am Herzen, was er früh an seinen Sohn Christian weitergab.

Als kleiner Handwerksfamilienbetrieb sind langfristige Handlungen und Entscheidungen nötig, um den Fortbestand des Unternehmens und der gesamten Branche zu sichern. Dabei setzt die Buchbinderei Fuchs auf regionale Partnerschaften wie etwa die Zusammenarbeit mit dem Museum Schloss Ritzen und etlichen Kultur- und Kunstinstitutionen. Das Bemühen, die Stadt Saalfelden durch unternehmerisches Handeln, die Förderung des Handwerks sowie Maßnahmen, um die Region für Meisterbetriebe attraktiver zu gestalten sowie um Angebote für Jugendliche oder auch touristische Gäste zu erweitern, wird durch die Präsenz und Mitwirkung auf Messen und Veranstaltungen ergänzt.

Doch auch die Auswahl der Lieferanten und Lieferantinnen spielt eine wesentliche Rolle im Unternehmenskonzept. Regionale, nachhaltige Rohstoffe, die auch den qualitativen Maßstäben gerecht werden, finden bevorzugt Verwendung. Nicht nur die Herkunft, sondern auch die Verarbeitung und die dabei verwendeten Zusatzstoffe werden berücksichtigt. Mit den meisten Lieferanten und Lieferantinnen besteht eine langjährige Zusammenarbeit.

Das Wohlergehen der Mitarbeiter und Mitarbeiterinnen ist ein weiterer Baustein in der Unternehmensphilosophie. Christian Fuchs beginnt seinen Tag üblicherweise mit einer Runde durch die Firma, um die Mitarbeiter und Mitarbeiterinnen zu begrüßen und als Ansprechperson präsent zu sein. Durch einen neuen Mitarbeiteraufenthaltsraum setzt er einen maßgeblichen Impuls, das kollegiale Gefühl zu stärken, durch Gemüseanbau und eine eigene Mitarbeiterküche motiviert er das Team zu einem gesunden und geselligen Beisammensein während der Pausen.

16.2.1 Umbau und Sanierung

Christian Fuchs erwarb 2017 nach dem Freiwerden die beiden oberen Stockwerke des Firmengebäudes und ließ das gesamte Gebäude nach ökologischen Gesichtspunkten generalsanieren. Im ersten Obergeschoss zog die Druckwerkstatt der grafischen Künste ein und unter dem Dach entstanden neue Büroräumen und ein einladender Universalkommunikationsraum.

Durch die Verwendung von nachwachsenden Rohstoffen, eine bessere Dämmung, den Umstieg von Öl- auf Pelletheizung, eine Photovoltaikanlage und LED-Licht-Umstellung wird nicht nur ein besseres Raum- und Arbeitsklima geschaffen, sondern auch der Energieverbrauch wird um etwa 75 % reduziert. Damit setzt die Buchbinderei Fuchs in ökologischer Hinsicht hohe Maßstäbe.

Vor dem Haus wurde eine Ladestation für E-Bikes und E-Autos aufgestellt und mit zusätzlicher Begrünung zur Attraktivität des Gebäudes, das an prominenter Stelle an der Hauptdurchzugsstraße Saalfeldens liegt, beigetragen. Außerdem sollen zwei E-Bikes für die Mitarbeiter und Mitarbeiterinnen angeschafft werden.

Der Lift wurde über alle vier Stockwerke saniert und das Gebäude somit barrierefrei zugänglich gemacht.

Im ersten Obergeschoss entstand ein neuer Mitarbeiteraufenthaltsraum mit angrenzender Dachterrasse und Gemüsebeeten für die Nutzung in der internen Mitarbeiterküche entstehen. Die Idee, einen regelmäßigen Mittagstisch mit selbstgekochten Mahlzeiten zu veranstalten, wird von den Mitarbeitern und Mitarbeiterinnen begrüßt.

16.2.2 Die Druckwerkstatt der grafischen Künste

Seit 15 Jahren sammelt Christan Fuchs analoge Druckgeräte und Zubehör. Nach der Erweiterung und dem Umbau des Geschäftsgebäudes entsteht aus den Beständen die Druckwerkstatt der grafischen Künste, wo neben analogen Druckverfahren unter anderem auch Papierschöpfen, Kalligrafie, Scherenschnitt, Buchbinden und analoge Fotografie mit

Abb. 16.1 Druckwerkstatt der grafischen Künste

Bildentwicklung vermittelt werden sollen. Alte Kniehebelpressen, Handtellertiegel, Radier-
und Lithografiepressen, Bleisätze und Holzplakatschriften warten auf ihren Einsatz
(Abb. 16.1).

Durch das umfassende Angebot in der neuen Druckwerkstätte soll das Buchbinderhandwerk von der Erzeugung des Papiers bis hin zum fertigen Buch sinnlich vermittelt
werden. Die Kursteilnehmer und -teilnehmerinnen erhalten die Möglichkeit erhalten,
Neues auszuprobieren und bestehendes Wissen zu vertiefen sowie Sprache und Schrift
auf einer neuen Ebene zu begreifen. So soll das Publikum für den kulturellen und künst-
lerischen Wert analoger Verfahren sensibilisiert werden. Schülerinnen und Schülern sowie Studierenden sollen neben dem spielerischen, kreativen Herangehen an die Materie
auch berufliche Weiterentwicklungsmöglichkeiten aufgezeigt werden. Touristische Gäste
können nicht nur außergewöhnliche Erlebnisse, sondern Selbstgemachtes mit nach

Hause nehmen. Künstler und Künstlerinnen sowie künstlerisch Schaffende haben die Möglichkeit, verschiedene Verfahren anzuwenden und nach neuen Herangehensweisen zu suchen.

So trägt die Buchbinderei Fuchs wesentlich zum Erhalt kultureller Errungenschaften und traditioneller Handwerkskenntnisse bei und bewahrt alte Maschinen und Geräte durch den fachmännischen Gebrauch vor dem Verfall. Die Einrichtung von Co-Working-Plätzen mit 3-D-Druck und Digitaldruck ermöglicht eine Verschmelzung von analog und digital. Die Kombination der unterschiedlichen Verfahren bietet einen genialen Nährboden für handwerkliche und künstlerische Ausdrucksformen.

Eingebettet in die bestehende Buchbinderei bildet die Druckwerkstatt den Schlussstein im Bogen der gesamtgrafischen Gewerke, die nach dem Umbau alle unter einem Dach vereint sind. Somit ergibt sich eine befruchtende Synergie aus 30-jähriger Buchbinderei-erfahrung mit bestehenden betriebswirtschaftlichen Strukturen und der zukünftigen künst-lerischen Druckwerkstatt, die wiederum neue Kundenschichten anspricht. Der gesamte Fuchsbau entwickelt sich zum gesamtgrafischen Gewerkehaus, wo spirituelle Begegnungen, Kunst und Handwerkskultur vom Lehrling bis zum Meister unter einem Dach Raum finden.

16.2.3 Gemeinwohlökonomie

Unter Gemeinwohlökonomie, kurz GWÖ, versteht man das Verhalten eines Unterneh-mens, einer Gemeinde oder Privatperson, das wirtschaftlich nicht primär auf die Steige-rung von finanziellem Gewinn ausgerichtet ist, sondern Geld als Mittel zum Zweck be-trachtet, das Wohl von Mensch und Umwelt zu fördern.

Die Buchbinderei Fuchs zählt zu den ersten Unternehmen in Österreich, die bereits 2013 eine freiwillige Gemeinwohlbilanz erstellt und veröffentlicht haben. Es handelt sich dabei um eine transparente Darstellung der Geschäftsgebarung auf ethischer, sozialer und ökologischer Ebene. Gemeinwohlbetriebe sind allein schon durch die Beschäftigung mit den Gemeinwohlbilanzthemen motiviert, nachhaltig zu wirtschaften und als Vorbild im-mer wieder neue, gemeinwohlorientierte Impulse zu setzen. So entstand auch in Koopera-tion mit den Energieberatern des Umweltservice Salzburg das Energieeffizienzkonzept für den Umbau des Betriebsgebäudes.

Die Rebilanzierung wurde im Frühjahr 2019 fertig gestellt. Dadurch lassen sich Fort-schritte oder ein weiterer Handlungsbedarf sehr genau ermitteln. In regelmäßigen, work-shopartigen Treffen mit der eigenen GWÖ-Beraterin wurde die Bilanz schrittweise aus-gearbeitet. In die Erarbeitung der Rebilanzierung wurden zwei neue Mitarbeiter und Mitarbeiterinnen integriert, die dadurch von Anfang an in das Firmengeschehen hinein-gewachsen sind und die Unternehmensphilosophie kennenlernen konnten.

Unter anderem spielt die Zufriedenheit der Mitarbeiter und Mitarbeiterinnen eine wich-tige Rolle in der GWÖ-Bilanzierung. Um einen Überblick über das momentane Betriebs-klima zu erhalten und etwaigen Handlungs- und Verbesserungsbedarf zu erkennen, wurde gemeinsam mit „Lebenswelt.Beruf" eine umfassende anonyme Umfrage durchgeführt, deren statistische Auswertung im Zuge eines Mitarbeiterausflugs dem Team präsentiert wurde. Die Auswertung floss auch in die Rebilanzierung mit ein.

Durch ein konkretes, erfahrbares Vorgehen, zum Beispiel die Umsetzung von Vorschlägen der Mitarbeiter und Mitarbeiterinnen, können diese mehr für die GWÖ-Thematik sensibilisiert werden und Eigenmotivation entwickeln, um sich näher damit zu beschäftigen.

16.2.4 Umwelt- und ressourcenschonendes Verhalten

Durch Anschaffung zweier E-Bikes wird nachhaltiges Verhalten auch auf Mitarbeiterebene gefördert. Christian Fuchs motiviert seine Mitarbeiter und Mitarbeiterinnen zur Nutzung öffentlicher Verkehrsmittel oder des Fahrrads oder dazu, zu Fuß zu gehen, um den Arbeitsplatz zu erreichen. Die Gründung von Fahrgemeinschaften wäre eine weitere Möglichkeit, ökologischer zu agieren. Dahingehend ist aber noch eine bessere Absprache bzw. Bereitschaft unter den Mitarbeitern und Mitarbeiterinnen nötig. Auch unterschiedliche Arbeitszeiten, zum Beispiel Teil- und Vollzeit, unterschiedliche Wohnorte oder familiäre Verpflichtungen machen das Organisieren von Fahrgemeinschaften schwierig.

Ein ressourcenschonender Umgang mit den Rohstoffen, das heißt mit möglichst wenig Verschnitt zu arbeiten, wird in der Buchbinderei Fuchs selbstverständlich praktiziert. Reste von hochwertigen Materialien werden an Schulen oder Kindergärten gespendet oder in der Druckwerkstatt künstlerisch weiter verwendet.

Um die hohe Qualität der Produkte zu gewährleisten, sind, wie eingangs schon erwähnt, die Ansprüche an die Lieferanten, Lieferantinnen sowie Produzenten und Produzentinnen dementsprechend streng. Die Rohstoffe werden nach Möglichkeit von regionalen Anbietern bezogen, die bestenfalls auch auf nachhaltiges Wirtschaften achten – schädliche Zusatzstoffe werden vermieden, auf ökologische Aspekte wird Wert gelegt, ebenfalls regionale Rohstoffe werden weiterverarbeitet (z. B. beim Leder). Mit vielen Lieferanten und Lieferantinnen hat die Buchbinderei Fuchs dadurch ein langjähriges Geschäftsverhältnis aufgebaut. Im Zuge der ersten GWÖ-Bilanzierung 2013 wurden die größten Zulieferer, von denen rund 80 % des Gesamteinkaufwerts zugekauft wird, zum Thema Nachhaltigkeit und faires Wirtschaften befragt und es wurde ein durchaus positiver Querschnitt verzeichnet.

Langlebigkeit und Reparierbarkeit sind wesentliche Qualitätsmerkmale der Werkstücke aus dem Hause Fuchs. Auf diese Weise hebt man sich nicht nur von Billiganbietern und Industriebuchbindereien und -druckereien ab, sondern setzt auch Impulse gegen eine unreflektierte Konsum- und Wegwerfgesellschaft und für einen bewussteren Umgang mit den Produkten. Christian Fuchs betrachtet seine Aufträge als Aufgabe und tüftelt für etwaige Sonderlösungen stets an neuen Innovationen.

Im Jahr 2016 wurde der Buchbinderei Fuchs das Umweltzeichen für ihr nachhaltiges und soziales Engagement verliehen. Im gleichen Jahr erhielt die Firma für die herausragende Präsentation des Weinangebots für das Restaurant Ikarus im Hangar-7 in Salzburg als Anerkennung den 26. Salzburger Handwerkerpreis.

16.2.5 Regionalität und Kooperation

Zurzeit ist eine Wiederbelebung des Handwerks spürbar – die Leute sehnen sich wieder verstärkt nach Qualität und Regionalität. Außerdem schafft die zunehmende Digitalisierung das Bedürfnis nach einem Ausgleich durch analoge Verfahren. Dennoch erlebt das Handwerk des Buchbinders, wie auch andere traditionelle Berufssparten, seit Jahren einen konstanten wirtschaftlichen Rücklauf. Durch technische Neuerungen mussten viele kleine Handwerksdruckereien und -buchbindereien schließen, da sie weder das Tempo noch die niedrigen Preise von Industriedruckereien erfüllen konnten und/oder die technische Umstellung nicht leistbar war. Die Buchbinderei Fuchs hat diese Entwicklung nicht zuletzt durch Christian Fuchs Einfallsreichtum und korrekte Einschätzung des Markts überstehen können.

Der Fortbestand der Branche hängt aber nicht nur von Innovationen, sondern vor allem auch von der Kooperation untereinander ab. Kunden und Kundinnen werden an Kolleginnen und Kollegen weiterempfohlen, sofern die eigenen Kapazitäten nicht ausreichen oder die gefragte Leistung nicht dem Produktspektrum entspricht. Auch Informationen und Auskünfte bei schwierigen Aufgabenstellungen werden untereinander ausgetauscht.

Die Buchbinderei Fuchs möchte darüber hinaus in Zukunft Räumlichkeiten zur Verfügung stellen, die als umfassendes kreatives Zentrum unterschiedlicher Gewerke ausgebaut werden. Andere Meisterbetriebe aus der Region werden zum fachlichen Austausch eingeladen, aber auch zur Präsentation ihrer kreativen handwerklichen Leistungen. Regelmäßig abgehaltene Vernissagen und Vorträge rund ums Thema Handwerk bieten viel Raum zur breitenwirksamen Ansprache und zur Kontaktaufnahme mit interessierten Zielgruppen. Damit wird ein zusätzlicher Wirtschaftsimpuls in der Region Saalfelden und Umgebung gesetzt.

Eine visionäre Idee ist die Entwicklung der Gemeinde Saalfelden zur Handwerksstadt. Leerstehende Geschäftsräume im Zentrum sollen durch traditionelle Handwerks-(Schau-) Betriebe wiederbelebt werden, die im ganzjährigen Handwerkskunstmarkt ihre Produkte anbieten können. Dadurch würde die Region einen touristischen Zulauf erleben und so wirtschaftlich weiter gestärkt werden. Die Buchbinderei Fuchs möchte durch die Erweiterung des Firmenkonzepts erste Weichen in diese Richtung stellen.

16.2.6 Lehrlingsausbildung

Kulturschöpfende Verfahren rund um Schrift, Papier und Druck bilden die Basis der modernen Zivilisation und wirkten durch die starken technologischen Entwicklungen der letzten 500 Jahre auch immer gesellschaftsprägend. Der Druck mit beweglichen Blei- und Holzlettern blieb jahrhundertelang faktisch unverändert. Als das führende Kommunikationsmittel musste bedrucktes Papier in den letzten Jahrzehnten jedoch immer mehr der Digitalisierung den Rang abtreten. Auch die kulturellen Errungenschaften wie Sprache, Schrift und Handwerkskenntnisse leiden oder verkümmern. In der Buchbinderei Fuchs wird jahrhundertealtes Kulturhandwerkswissen täglich praktiziert, gelebt und gelehrt und somit vor dem Verfall bewahrt.

Der Erhalt und die Weitergabe alten Wissens war bereits dem Firmengründer Johann Fuchs ein großes Anliegen. Bereits über 20 Lehrlinge wurden in den letzten 30 Jahren in der Buchbinderei Fuchs ausgebildet. Darüber hinaus werden die Mitarbeiter und Mitarbeiterinnen im Gesamtverband der Firma eingelernt, um auch abteilungsübergreifend eingesetzt werden zu können. Weitere Maßnahmen zur beruflichen und persönlichen Förderung der Mitarbeiter und Mitarbeiterinnen sind ebenfalls in Planung.

Christan Fuchs' Vision ist es, die klassische Lehre zum Buchbinder bzw. zur Buchbinderin, wie sie zurzeit praktiziert wird, in eine gesamtgrafische Ausbildung umzustrukturieren, die nicht nur das Buchbinderhandwerk, sondern auch Lehrinhalte aus den aussterbenden Berufen Schriftsetzer und Buchdrucker beinhalten soll. Dadurch bekämen junge Menschen ein breiteres Wissensspektrum, um besser am ohnehin schwierigen Markt bestehen zu können. Die Erweiterung um die Druckwerkstatt der grafischen Künste soll im Gesamtverband der verschiedenen Abteilungen ein erster Schritt in diese Richtung sein. Dadurch erfüllt die Druckwerkstatt nicht nur die Funktion eines Kursraums für Gäste von außen, sondern auch einer aktiv betriebenen Lehrwerkstatt für die eigenen Mitarbeiter und Mitarbeiterinnen.

16.3   Ausblick

Die Projekte, die für die Zukunft geplant sind, werden der Buchbinderei Fuchs weiteren Auftrieb verleihen, das gesamtgrafische Konzept abrunden und den Standort Saalfelden bereichern. Neue Arbeitsplätze und Möglichkeiten für Mitarbeiter und Mitarbeiterinnen, Gäste und Kunden und Kundinnen entstehen durch die Druckwerkstatt und den Ausbau des Dachgeschosses im Zuge der gesamten Firmenerweiterung.

Einige angedachte Zukunftsprojekte wurden im Laufe des Berichts schon angesprochen, etwa die Idee, die Entwicklung der Stadt Saalfelden durch die Ansiedlung von Handwerksmeisterbetrieben zur Handwerksstadt zu forcieren. Um die Attraktivität des Standorts zu steigern und als genereller Impuls für ethisches Handeln kann eine Mitgliedschaft der Stadt Saalfelden bei der GWÖ in Betracht gezogen werden. Im weiteren Verlauf könnten sich mehrere GWÖ-Gemeinden in der Region entwickeln, um als innovatives Beispiel voranzugehen und zur Gemeinwohlregion zusammenzuwachsen. Vergünstigungen (z. B. steuerliche) für Betriebe mit positiver GWÖ-Bilanz könnten im Zuge dessen beschlossen werden, was die Motivation, sich mit der Thematik auseinanderzusetzen, steigern und eine Ansiedlung für kleine bis mittlere Unternehmen interessant machen würde.

Durch die intensive Auseinandersetzung mit Themen rund um Nachhaltigkeit und Ökologie, soziale Anliegen, Fairness und Kollegialität werden neben den bestehenden Projekten und Partnerschaften diesbezüglich bestimmt noch weitere Möglichkeiten den Weg der Füchse kreuzen und behandelt werden. Damit verfolgt Christian Fuchs die eingeschlagene Richtung weiter, bleibt seinen Werten treu und repräsentiert sie weiterhin nach außen.

Man kann sich jedenfalls sicher sein, dass dem Visionär die Ideen nicht ausgehen werden. Durch seine Beharrlichkeit und Weitsicht wird er das universalgrafische Gewerkehaus in gewohnt offener und verantwortungsbewusster Art und Weise in die Zukunft führen.

Christian Fuchs leitet seit 1999 die Buchbinderei Fuchs in Saalfelden am Steinernen Meer, die 1989 von seinem Vater Johann Fuchs gegründet wurde. Nach seinem HTL-Abschluss stieg er direkt in den Familienbetrieb mit ein, lernte das Buchbinderhandwerk unter den Meisterhänden seines Vaters und absolvierte 1998 die Meisterprüfung. Durch seine Kreativität und seinen Innovationsgeist entwickelte sich der Betrieb von der Druckweiterverarbeitung mit Schwerpunkt auf Kalenderproduktion im hauseigenen Keller zum gesamtgrafischen Gewerkehaus, das heute auf vier Etagen sieben verschiedene Abteilungen unter seinem Dach vereint.

Biogena als verantwortungsvolles Unternehmen

Julia Ganglbauer

Zusammenfassung

Biogena kann durch seine Grundprämisse eines zu 100 Prozent österreichischen und inhabergeführten Familienunternehmens seiner Wertekultur unabhängig und selbstbestimmt folgen. Somit ist es für das Unternehmen möglich, eine Corporate-Social-Responsibility-orientierte Unternehmensführung mit einem klaren Commitment zum dritten nachhaltigen Entwicklungsziel der Vereinten Nationen, „Gesundheit und Wohlergehen", zu realisieren. Dies spiegelt sich unter anderem in der Mitarbeiterführung, in der Kundenorientierung, im Umweltmanagement, aber auch in der Auswahl der Lieferanten und Lieferantinnen nach strengen Kriterien, bezogen auf eine moralisch-ethische sowie ökologisch-soziale Wertekongruenz, wider. Biogena ist nach den Standards für Umwelt und Lebensmittelsicherheit in Form ISO 22000 als verantwortungsbewusstes Unternehmen zertifiziert und sieht Zertifizierungen und die Auseinandersetzung mit Gütesiegeln und Auditschleifen als wertvolles Instrument, um als lernendes und wachsendes Unternehmen von den Feedback- bzw. Forwardschleifen zu profitieren.

17.1 Die Biogena-Story

Biogena wurde 2006 von Dr. Albert Schmidbauer gegründet. Die Kundenzufriedenheit zeigt sich seitdem in überproportionalen Wachstumsraten von rund 20–30 % pro Jahr. Das Unternehmen setzt ausschließlich auf organisches Wachstum. Von anfangs drei hat sich die Mitarbeiterzahl der Biogena Unternehmensgruppe mittlerweile auf rund 300 erhöht.

J. Ganglbauer (✉)
Biogena Management Holding GmbH, Salzburg, Österreich
E-Mail: j.ganglbauer@biogena.com

© Springer Fachmedien Wiesbaden GmbH, ein Teil von Springer Nature 2019
D. Ortiz et al. (Hrsg.), *Verantwortungsvolle Unternehmensführung im österreichischen Mittelstand*, Forschung und Praxis an der FHWien der WKW,
https://doi.org/10.1007/978-3-658-25328-8_17

Mit über 120 Millionen Kapseln jährlich hat sich Biogena in den letzten Jahren zu einem bedeutenden Player im Bereich Gesundheit und Wohlbefinden entwickelt. Das Familienunternehmen zählt zu den Vorreitern in der Branche, gerade aufgrund seiner Corporate-Social-Responsibility(CSR)-orientierten Unternehmensführung, und bezeichnet sich selbst gern als 361-Grad-Health-Company, da das Team stets bemüht ist, auch die Extrameile zu gehen. Heute ist Biogena österreichischer Marktführer bei Mikronährstoffen nach dem Reinsubstanzenprinzip.

Biogena setzt auf „Made in Austria". Die hochwertigen Mikronährstoffpräparate werden im zur Biogena-Gruppe gehörenden Herstellungsbetrieb nahe Salzburg produziert. Die vorgelagerten Schritte wie Rohstoffeinkauf, Rezepturerstellung und Stabilitätstests erfolgen in der Biogena-Zentrale in Salzburg, in der Verantwortung des 20-köpfigen Wissenschaftsteams. Auch zukünftig werden aufgrund des Expansionskurses verstärkt Arbeitsplätze in Österreich, Deutschland, Italien und der Schweiz geschaffen, bald wagt das Unternehmen auch den Schritt über den großen Teich. Biogena verfügt heute über 200 eingetragene Marken und ein in 25 Staaten erteiltes Patent im Bereich Frauengesundheit.

Biogena orientiert sich strategisch am 2015 veröffentlichten dritten nachhaltigen Entwicklungsziel der Vereinten Nationen „Gesundheit und Wohlergehen". Das Unternehmen konzentriert sich auf alle Aspekte der Vergangenheit, der Gegenwart wie der Zukunft, die diesem Entwicklungsziel dienen. Konkret verfolgt Biogena die Vision, als international anerkannter Player mit vielfältigen Mehrwertangeboten einen wesentlichen Beitrag im Bereich Gesundheit und Wohlergehen zu leisten und somit möglichst vielen Menschen ein fantastisches Leben zu ermöglichen.

Das klare Commitment zum dritten Nachhaltigen Entwicklungsziel der Vereinten Nationen, „Gesundheit und Wohlergehen", umfasst die modernen Arbeitswelten, die Familienvereinbarkeit, die ausgeprägte Konsumentenorientierung mit hohem Qualitätsanspruch, das durch ein integriertes Managementsystem professionalisierte Umweltengagement, die gesellschaftliche Verantwortung sowie faire Betriebs- und Geschäftspraktiken. Werte- und Kulturmanagement bilden die Basis eines authentischen CSR-Managementansatzes. Die Biogena-Standards – unter anderem Transparenz, ethisches Verhalten, Achtung der Stakeholder-Interessen, der internationalen Verhaltensstandards sowie der Menschenrechte – entsprechen den Prinzipien der ISO 26000. Grundsätzlich pflegt Biogena offene, zielorientierte und wertschätzende Mitarbeiterbeziehungen, fördert flexible Arbeitszeit- und Arbeitsplatzmodelle, Fortbildungs- und Weiterentwicklungsmöglichkeiten, Potenzialentfaltung und Open Door Policy. Mit einem über 80 %igem Frauenanteil (auch auf Führungsebene) setzt Biogena den Megatrend Female Shift bereits in die Praxis um und setzt damit ein grundlegendes gesellschaftspolitisches Zeichen.

Die Unternehmenskultur als DNA des Unternehmens fußt auf der Persönlichkeit und der persönlichen Wertehaltung des Unternehmers Dr. Albert Schmidbauer. Die von Biogena selbst bezeichnete Werte- und Kulturklammer (als übergreifendes Commitment aller Unternehmensbestandteile) schenkt sowohl internen Stakeholdern wie Mitarbeiterinnen und Mitarbeitern als auch weiteren Stakeholdergruppen wie Konsumenten, Lieferanten und sonstigen Kooperationspartnern Orientierung und Klarheit in der Kooperation. Der Unternehmer bzw. die Unternehmerin, so die Biogena-Erfahrung, prägt das Unternehmen bzw. lädt die Unternehmens-DNA mit seinen/ihren Wertvorstellungen, seinem/ihrem beobachtbaren Verhalten sowie seinen/ihren Zielen und Intentionen auf. Die Unternehmenswerte sind klar in der Rolle des Eigentümers bzw. der Eigentümerin verankert (Glauner 2013).

17.2 Auswahl der Lieferanten und Lieferantinnen sowie Mitarbeiter und Mitarbeiterinnen

Biogena ist nach ISO 22000 zertifiziert und erfüllt damit die hohen Anforderungen an ein verantwortungsbewusstes Unternehmen hinsichtlich Lebensmittelsicherheit. Dieser hohe Qualitätsanspruch umfasst alle Schritte in der Biogena-Wertschöpfungskette. Es wird konsequent auf nachwachsende und bioverfügbare Rohstoffe geachtet. Die Lieferantenauswahl und -beziehungen von Biogena setzen eine moralisch-ethische sowie ökologisch-soziale Wertekongruenz voraus.

Biogena steht zum Prinzip der nachhaltigen Produktentwicklung und zur Lebenszyklusbetrachtung – also Berücksichtigung sämtlicher Phasen eines Produkts oder einer Dienstleistung – und ist bereit, mit allen Stakeholdern die ökologischen Aspekte offen zu kommunizieren. Das Unternehmen verschreibt sich der Prämisse, den Kunden und Kundinnen überdurchschnittliche Servicequalität anzubieten und sämtliche Aktivitäten umwelt- und klimaschonend auszurichten. Biogenas Antrieb ist es, seiner Vision konsequent zu folgen und das erforschte Wissen zugunsten der Umwelt wie der Gesellschaft, der Gesundheit und des Wohlergehens einzusetzen. Aus diesem Grund entstand auch die Biogena Akademie, die das erforschte Wissen bei über 300 zielgruppenspezifischen Vorträgen und Seminaren pro Jahr teilt.

Hinsichtlich der internationalen Rohstofflieferanten (z. B. Kaneka in Japan) bestehen enge Forschungs- und Entwicklungskooperationen. Biogena ist auf dem europäischen Markt das einzige Unternehmen in seinem Produktsegment mit einem eigenen Team aus hochqualifizierten Wissenschaftlern und Wissenschaftlerinnen, das den Rohstofflieferanten ständig Feedback zu den Anwendungsbeobachtungen zur Verfügung stellt. Dadurch zählt Biogena bei allen Rohstofflieferanten als wichtiger Partner in der Produkt-(Weiter-)Entwicklung.

Biogena lebt die CSR-orientierte Unternehmensführung, auch 360-Grad-Management genannt, in jeder Hinsicht: ökologisch, ökonomisch und gesellschaftlich. Generell wird versucht, die Bedürfnisse der Mitarbeiter und Mitarbeiterinnen, der Kundinnen und Kunden, der Umwelt, der Lieferanten, der Nachbarn und der weiteren Stakeholdergruppen ausgewogen zu balancieren. Die Kunden und Kundinnen kaufen mit Biogena symbolisch betrachtet mehr als ein Produkt oder einen Service: Der Kauf beinhaltet bestmögliche Produktqualität made in Austria von einem Unternehmen mit 361-Grad-Anspruch (moderne Arbeitswelten, Umweltschutz, faire Lieferantenbeziehungen und gesellschaftliches und kulturelles Engagement sowie die bei Biogena kompromisslos gegangene Extrameile, die durch das Extragrad zum Ausdruck kommt). Denn nur wenn wir uns selbst ändern, ändern sich die Dinge: Kulturelle Veränderungen beginnen aus der Sicht des Salzburger Unternehmens immer beim Menschen und dessen Bewusstsein, bei seiner Grundhaltung – somit hat jeder bei Biogena auch eine Vorbildwirkung im Sinne von „walk the talk".

Bereits im Recruitingprozess bei Biogena sucht das Unternehmen nach Persönlichkeiten, die sich mit den Unternehmenswerten identifizieren und zum Biogena-Team passen. Nach wie vor ist der Kulturcheck ein wesentliches Element und der Cultural Fit die Basis des erfolgreichen Onboarding-Prozesses, der in der Verantwortung der internen Human-Resources-Businesspartner und der jeweiligen Führungskräfte liegt.

Mit der Vorbildwirkung einhergehend wurden nach und nach Leitbild samt Vision und Mission verschriftlicht und kommuniziert. Die Forscher Felden und Hack erwähnen passend zu den Erfahrungswerten bei Biogena, dass generell eher wenige Familienunternehmen, speziell in der Gründungsphase, ihre Werthaltungen verschriftlicht haben. Obwohl das Management im Unternehmen eine vage bis konkrete Vorstellung von den Werthaltungen und Zielen des Unternehmens hat, spielen sich die Leitbilder noch in der unbewussten, nicht-verschriftlichten Bewusstseinssphäre ab. Sobald die niedergeschriebenen und finalisiert vorliegenden Werte, Vision und Mission an die entsprechenden Stakeholdergruppen kommuniziert werden, kann von einem normativen Management gesprochen werden (Felden und Hack 2014).

Wie bei vielen Gründerunternehmen hatte dieses auch bei Biogena seinen Ursprung in der Wertewelt und der Vision des Unternehmers Dr. Albert Schmidbauer. Nach wie vor ist er der identifizierbare Eigentümer, der eine aktive Rolle als geschäftsführender Gesellschafter einnimmt und als klarer Ansprechpartner für das Biogena-Management gilt (Goebel 2015). Durch seine Prinzipien und Werte, aber auch durch sein großes Commitment zu Biogena und die große emotionale Verbundenheit sorgt er als prägender Gestalter für Orientierung, Vertrauen und somit auch für Stabilität. Für einen Schub an Klarheit, bezogen auf stabile Eigentümer- und vor allem Managementstrukturen, aber auch für die Aufteilung von Ressorts hat ein mit Ende November 2015 umgesetzter Schritt, die Bestellung des Geschäftsführerteams, geführt. Dass den Geschäftsführern und Geschäftsführerinnen sowie Führungskräften – abgeleitet von der Bedeutung des Eigentümers – ebenso eine wesentliche Vorbildfunktion zukommt, beruht auf ihren Positionen und ihren Einflussnahmemöglichkeiten (Stichwort „leading by example"). Durch ihr werteorientiertes Verhalten setzen sie einen unabdingbaren Maßstab für die Organisation. Auch liegt es am gesamten Leitungs- und Führungsteam, die Lernfähigkeit der Unternehmung zu fördern. Nur ein zum Unternehmen passendes Zusammenspiel aus fachlichen, sozialen und persönlichen Kompetenzen baut eine einzigartige Werte- und Kulturklammer auf und stabilisiert sie (Homma et al. 2014) – aus Biogena-Sicht ist dies ein wichtiger Schlüssel zur Sicherung der Zukunftsfitness.

Im Hinblick auf die Zielsetzung des langfristigen Fortbestands und der Kontinuität kann Führung im gestaltenden Familienunternehmen mit dem Begriff des (der) Stewardship(-Theorie) in Verbindung gebracht werden. Das heißt, die Mitarbeiterinnen und Mitarbeiter verfolgen die Unternehmensziele intrinsisch-motiviert, ohne finanzielle Bonifikationen bei Zielerreichung. Sie definieren sich nach proorganisatorischen Verhaltensweisen, die der Unternehmensmission dienen. Dieser Zugang geht mit dem Menschenbild des „self-actualizing man" einher. Es definiert sich dadurch, dass das Individuum neben finanziellen Zielen auch nichtfinanzielle Größen wie zum Beispiel soziale Werte, eine altruistische Haltung und Selbstverwirklichung verfolgt und dadurch intrinsisch motiviert ist (Stietencron 2013).

17.3 Standards im Bereich Umwelt und Soziales

Weiterhin ist es die Zielsetzung der Biogena-Gruppe, alle unternehmerischen Herausforderungen unter dem gemeinsamen Dach der Biogena-Werte- und Kulturklammer, also unter konsequenter Berücksichtigung der Unternehmenswerte als sichere Orientierung bei allen Handlungen und Entscheidungen, zu bewältigen und durch eine ständige Weiterentwicklung in diesem Bereich überdurchschnittliche Standards zu erreichen bzw. einen eigenen Biogena-Standard zu kreieren.

Wenn die Unternehmenswerte zur Kultur werden und von allen Biogena-Mitarbeiterinnen und -Mitarbeitern verbindlich gelebt werden bzw. in die unternehmerische DNA übergegangen sind und sich dies bei eigenverantwortlichen Entscheidungen und Handlungen ohne Einfluss des Unternehmens zeigt, braucht das Unternehmen aus Biogena-Sicht weniger Regeln und Vorgaben. Grund für diese Annahme ist, dass jeder Mitarbeiterin und jedem Mitarbeiter die Normen und die gelebten Werte in jeder Situation und jederzeit bewusst sind, um im Sinne der Unternehmensstrategie handeln zu können und zu dürfen. Mit dieser selbstbewussten Haltung werden einerseits die Biogena-Gruppe, andererseits auch all ihre Mitglieder ihre Potenziale voll entfalten können. Denn genau darauf zielt Biogena mit der Kultivierung der Werte- und Kulturklammer ab: „Wir wollen wie selbstverständlich nach den Sternen greifen, das Unmögliche wagen und Außergewöhnliches erreichen – für eine Welt mit mehr Gesundheit und Wohlergehen", so Eigentümer Albert Schmidbauer.

Der gemeinsame Biogena-Wertekanon spiegelt sich zudem in der UN-Global-Compact-Mitgliedschaft wider: Biogena setzt sich für Menschenrechte, Arbeitsplatzbedingungen, Umweltschutz und Korruptionsbekämpfung ein. Genauso konkret positioniert sich das Unternehmen gegen menschenwidrige Bedingungen, gegen Tierquälerei, gegen Diskriminierung und gegen nationalsozialistische Überzeugungen. Jeder bei Biogena übernimmt Verantwortung für das eigene wertebasierte Tun, ganz im Bewusstsein, dass alles seine Konsequenzen hat.

Grundsätzlich ist es für Biogena wichtig, die Umwelt bzw. das Klima erst gar nicht zu belasten und die Prozesse so zu optimieren, dass sich eine Kompensation erübrigt (Vorsorgeprinzip). Alle nicht vermeidbaren Emissionen werden mithilfe von Klimaschutzprojekten wie dem Biogena-Forest kompensiert. Einer der größten Stellhebel liegt in der Verpackung der Mikronährstoffe: Mit der innovativen Öko-Dose hat Biogena einen bedeutenden Meilenstein gesetzt. Die Verpackung aus Green PE wird aus einem Nebenprodukt der Zuckerrohrverarbeitung hergestellt, wodurch allein Biogena 100 Tonnen

CO_2-Emissionen pro Jahr einspart. Zuckerrohr versteht es wie keine zweite Pflanze, CO_2 aus der Luft zu filtern und zu binden.

Das System Familie hat relevante Auswirkungen auf das System Unternehmen. In der Realisierung der umsetzbaren Familienvereinbarkeit bei Biogena liegt erneut ein gesellschaftspolitisches Anliegen. Einerseits legen die flexiblen Arbeitszeit- und Arbeitsplatzkonstellationen, so die Biogena-Erfahrung, den Grundstein für die Vereinbarkeit von Familie und Beruf, andererseits bedarf es auch einer offenen und toleranten Grundhaltung, die mit einer Reihe von visionären Maßnahmen einhergeht, um Privat- und Berufssphäre sinnvoll zu verbinden. Mit dieser Ansicht ist das Unternehmen seit 2013 auch Träger des staatlichen Gütezeichens „berufundfamilie" und wurde 2016 mit dem Vollzertifikat ausgezeichnet. Allgemein versucht Biogena mit hartnäckigem Engagement, die Belastung durch individuelle private und berufliche Anforderungen zu minimieren, dabei die Resilienz des Individuums zu erhöhen und zwei scheinbar getrennte Welten zu verbinden und in Balance zu bringen, sodass für Menschen aller Generationen Mehrwert entsteht. Diese Ansätze skizzieren das Biogena-Verständnis zum Megatrend Work-Life-Blending (Zukunftsinstitut 2015).

17.4 Die Rolle der Mitarbeiter und Mitarbeiterinnen in der verantwortungsvollen Unternehmensführung

Biogena sieht sich als gesellschaftlicher Mitgestalter und klar in der Verantwortung, Bildung, soziale Gerechtigkeit und Lebensqualität proaktiv zum Thema zu machen. Dabei setzt das Unternehmen auf eine CSR-orientierte Unternehmensführung, deren Werte- und Kulturklammer alle Gesellschaften der Biogena-Gruppe umfasst. Denn die Unternehmenswerte sollen sich in allen Gedanken, Aktivitäten und Entscheidungen des Unternehmens widerspiegeln und die Biogenas, wie die Mitarbeiter und Mitarbeiterinnen sowie Botschafter und Botschafterinnen der Biogena-Welt genannt werden, zu einer gegenwartsorientierten Lebenshaltung veranlassen. Die zukunftsweisende und familienfreundliche Personalpolitik von Biogena, die über 50 flexible Modelle der Arbeitszeit- und -platzgestaltung, betriebliche Gesundheitsförderung, die Vereinbarkeit von Familie, Freizeit und Beruf sowie Persönlichkeitsentwicklungsprogramme umfassen, ermutigt jeden einzelnen Mitarbeiter, sich je nach Talenten, Potenzialen und Lebenseinstellung individuell zu entfalten und dadurch fantastische Leistung zu erbringen.

Die persönlichen Wertvorstellungen des Unternehmers finden sich in der Kultur- und Werteklammer des Unternehmens wieder und bilden gewissermaßen den Kern der Orientierung, sind dabei jedoch nicht die einzige Quelle.

Auch nach Überzeugung von Biogena treiben Unternehmenswerte allgemein die Generierung von Zielsetzungen an und können als Basis für wirtschaftliches Handeln gesehen werden. Abb. 17.1 skizziert die Werteprägung durch den Unternehmer in der Frühphase sowie jene in der Reifephase des Unternehmenszyklus. Eine entsprechende Unternehmenskultur, definiert über das Unternehmensleitbild im Jahr 2014, ist somit ein Bindeglied zwischen dem Unternehmen und den Mitarbeitern und Mitarbeiterinnen, sorgt trotz

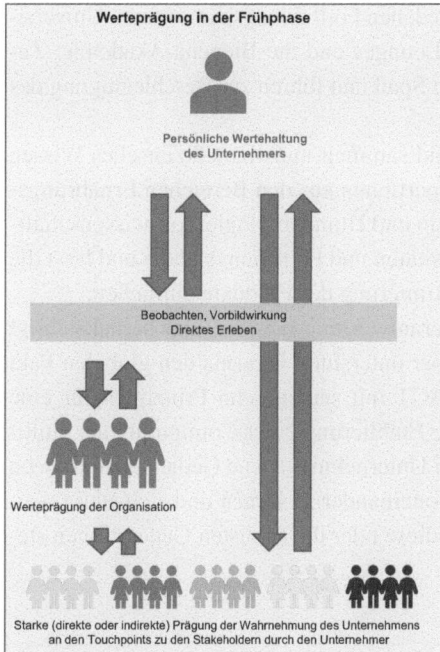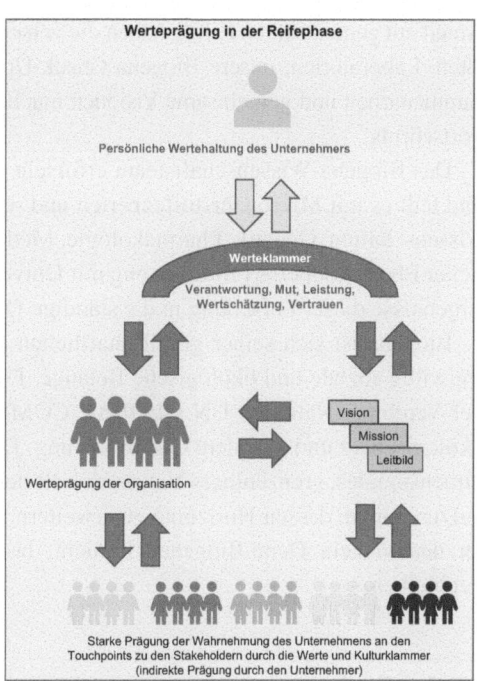

Abb. 17.1 Direkte vs. indirekte Werteprägung (Schmidbauer 2015)

natürlicher Fluktuation für interne Kontinuität und beflügelt gemeinsame Glaubenssätze und Verhaltensweisen (Felden und Hack 2014).

Moderne Arbeitswelten bei Biogena werden unter anderem mit einem Ja zur flexiblen Arbeitszeit- und -platzgestaltung, zu jeglichen Standards, die einen Arbeitsplatz der Zukunft ausmachen, zu individuellen Gestaltungsspielräumen und zur Stärkung der Eigenverantwortung unterstützt. In Zeiten von Fachkräftemangel und einer in der Gesellschaft wahrnehmbaren Tendenz des Vertrauensverlusts bilden neben den modernen Arbeitswelten die Faktoren der Werte- und Kulturklammer als Bindeglied einen wertvollen Benefit in Form der Stärkung der Reputation Biogenas als attraktivem Arbeitgeber (Employer Branding; Bartz und Schmutzer 2014) und vertrauensvollem Partner.

17.5 Biogena im Netzwerk

Im Zuge seiner Mission verfolgt Biogena das Ziel, sich nicht nur stetig weiterzuentwickeln, sondern auch zukunftsrelevante Firmengründungen und Start-ups zu fördern, die unser Wertefundament widerspiegeln. Dies umfasst umwelt- wie gesundheitsorientierte Ideen und Projekte, die wir zum Leben erwecken: Wir vernetzen alle, denen Gesundheit und Wohlbefinden genauso wichtig ist wie uns. In diesem Sinne vertrauen uns über 9000 Ärzte und Therapeuten, die mit uns und unseren Präparaten und Services arbeiten. Genauso großen

Anteil am gemeinsamen Erfolg haben die verschiedenen Fortbildungsplattformen, Universitäten, Laboratorien, unsere Biogena Check-Up Lounges und die Biogena-Akademie. Zusammenarbeit und gemeinsame Visionen machen Spaß und führen zur Beschleunigung des Fortschritts

Das Biogena-Wissenschaftsteam erforscht und sammelt nutritivmedizinisches Wissen und teilt es mit Mikronährstoffexperten und -expertinnen aus den Bereichen Ernährungswissenschaften, Genetik, Pharmakologie, Medizin und Humanbiologie. Auf wissenschaftlicher Ebene kooperiert Biogena eng mit Universitäten und Forschungslabors und lässt die Ergebnisse dieser Forschung in die ständige Optimierung der Produkte einfließen.

Biogena ist sich seiner gesellschaftlichen Verantwortung bewusst und berücksichtigt freiwillig soziale und ökologische Belange. Daher unterstützt Biogena den globalen Pakt der Vereinten Nationen UN GLOBAL COMPACT mit seinen zehn Prinzipien für eine ökologischere und sozialere Globalisierung. Die Etablierung einer Community als multidimensionales, grenzenloses Netzwerk hilft dem Unternehmen, neue Gedanken und Ideen aufzunehmen, dessen Horizonte zu erweitern, voneinander zu lernen und sich stetig weiterzuentwickeln. Denn Biogena will nicht, dass diese oder die nächsten Generationen stehenbleiben.

17.6   Fazit

Biogena zählt sich zu den die Zukunft aktiv gestaltenden (KMU Forschung Austria 2013) Familienunternehmen, charakterisiert durch eine positive Geschäftsentwicklung mit einem Umsatzwachstum von 20–30 % in den letzten sechs Jahren und einem Mitarbeiterwachstum von 85 Arbeitsplätzen in den Jahren 2011 bis 2016. Biogena kann durch seine Grundprämisse – zu 100 % österreichisches und inhabergeführtes Familienunternehmen – seiner Wertekultur unabhängig und selbstbestimmt folgen. Somit ist es für das Unternehmen möglich, eine CSR-orientierte, verantwortungsvolle Unternehmensführung mit einem klaren Commitment zum dritten nachhaltigen Entwicklungsziel der Vereinten Nationen, „Gesundheit und Wohlbefinden", zu realisieren. Dies spiegelt sich unter anderem in der Mitarbeiterführung, aber auch in der Auswahl der Lieferanten nach strengen Kriterien, bezogen auf eine moralisch-ethische sowie ökologisch-soziale Wertekongruenz, wider. Biogena ist nach den Standards für Umwelt und Lebensmittelsicherheit in Form von ISO 22000, ISO 14001 und EMAS als verantwortungsbewusstes Unternehmen zertifiziert und sieht Zertifizierungs- und Auditschleifen als wertvolle Instrumente, um als lernendes und wachsendes Unternehmen von den Feedback- bzw. Forwardschleifen der Zertifizierungen und Audits zu profitieren.

Zudem treffen die Eigenschaften Dynamik, Flexibilität, Agilität und Reagibilität klar auf die Biogena-Identität zu und zählen zu den Stellhebeln für die Zukunft. Biogena ist in seiner ökonomischen Haltung wachstumsorientiert und veränderungsbereit, ganz im Sinne einer lernenden Organisation. In einer CSR-orientierten Unternehmensführung, gepaart mit einer starken Werte- und Kulturklammer, sieht Biogena die größten Vorteile. Diese Klammer stellt sicher, dass sämtliche Mitarbeiter und Mitarbeiterinnen bei Biogena im Sinne derselben Vision agieren und dieselben Werte – Verantwortung, Vertrauen, Wertschätzung, Mut und Leistung – als Grundhaltung wie Entscheidungsunterstützung verinnerlichen. In weiterer Folge führen die Faktoren der modernen Arbeitswelten und der Werte- und Kulturklammer als Bindeglieder zu einer verbesserten Reputation und somit zu einem wertvollen Wettbewerbsvorteil. Biogena betreibt mit einem eigenen Wissenschaftsteam intensive Forschungen und schafft nutritivmedizinisches Wissen, das anschließend mit Mikronährstoffexperten und -expertinnen aus den Bereichen Ernährungswissenschaften, Genetik, Pharmakologie, Medizin und Humanbiologie geteilt wird. Dabei kooperiert Biogena eng mit Universitäten und Forschungslabors und nutzt die Ergebnisse für die ständige Optimierung der Produkte.

Um die Entwicklung und die Qualität von verantwortungsvoller Unternehmensführung auf breiter Fläche zu fördern, ist es notwendig, eine einheitliche und verpflichtende Berichterstattung bzw. entsprechend reagible Stakeholderkommunikation einzuführen, um eine vereinfachte Vergleichbarkeit zu gewährleisten und in weiterer Folge Handlungsbedarf besser identifizieren und umsetzen zu können. Ebenfalls notwendig ist aus Sicht von Biogena gerade in den momentanen gesellschaftlich volatilen Zeiten ein Schulterschluss von Unternehmen, Zivilgesellschaft und Politik. Unternehmen reagieren auf Erwartungen und Bedürfnisse, benötigen allerdings an die Realität und Praxiserfordernisse angepasste gesetzliche Rahmenbedingungen und sinnvolle Förderungsmechanismen, um wiederum die Politik als starken Lobbypartner und Sprachrohr der Gesellschaft unterstützen zu können. So wird aus einem Familienunternehmen ein Zukunfts- und Chancengenerator für die nächsten Generationen. Biogena vernetzt sich dahingehend aktiv mit wertebasierten Organisationen und Vereinen, führt Stakeholderdialoge und Do- wie Thinktanks durch, um hier auf ganzer Ebene den Schulterschluss anzugehen.

Stabile Beziehungen, Loyalität und strategische Unternehmensplanung (Leistungserbringung von finanziellen wie nichtfinanziellen Leistungsindikatoren) sowie rasche Entscheidungsfähigkeit und Umsetzungsorientierung sprechen für die Wettbewerbsfähigkeit des Familienunternehmens Biogena. Sowohl die Gewinnung neuer Kundengruppen, die Erschließung neuer Märkte als auch die konsequente Weiterentwicklung der Produkte und Services von Biogena unterstützen die Internationalisierungsstrategie im Zeitalter der Digitalisierung.

Literatur

Bartz, M., & Schmutzer, T. (2014). *New world of work. Warum kein Stein auf dem anderen bleibt. Trends – Erfahrungen – Lösungen.* Wien: Linde Verlag Ges.m.b.H.

Felden, B., & Hack, A. (2014). *Management von Familienunternehmen. Besonderheiten – Handlungsfelder – Instrumente.* Wiesbaden: Springer Fachmedien.

Friedel, R., & Spindler, E. (2016). *Zertifizierung als Erfolgsfaktor. Nachhaltiges Wirtschaften mit Vertrauen und Transparenz.* Wiesbaden: Springer Gabler.

Glauner, F. (2013). *CSR und Wertecockpits. Mess- und Steuerungssysteme der Unternehmenskultur.* Berlin/Heidelberg: Springer.

Goebel, L. (2015). Familienunternehmen – Ein krisenresistenteres und zukunftsfähigeres Modell? In G. Fahrenschon et al. (Hrsg.), *Mittelstand – Motor und Zukunft der deutschen Wirtschaft* (S. 45–52). Wiesbaden: Springer Fachmedien.

Homma, N., Bauschke, R., & Hofmann, L. (2014). *Einführung Unternehmenskultur. Grundlagen, Perspektiven, Konsequenzen.* Wiesbaden: Springer Gabler.

KMU Forschung Austria. (2013). Familienunternehmen in Österreich. Status Quo 2013. Auftraggeber: Wirtschaftskammer Österreich – Wirtschaftspolitische Abteilung. https://news.wko.at/news/oesterreich/Familienunternehmen_in_Oesterreich.pdf. Zugegriffen am 13.04.2018

Schmidbauer, A. (2015). *Corporate Social Responsibility und Unternehmenserfolg. Eine Bestandsaufnahme unter besonderer Berücksichtigung der österreichischen KMU.* Wien: LIT.

Stietencron, P. von (2013). *Zielorientierung deutscher Familienunternehmen. Der Zusammenhang zwischen Familieneinfluss, Zielorientierung und Unternehmenserfolg.* Wiesbaden: Springer Gabler.

Zukunftsinstitut. (2015). *Dokumentation Megatrend New Work.* Frankfurt a. M.: Zukunftsinstitut GmbH.

Julia Ganglbauer, MSc, hat im August 2015 die CSR-Agenden bei Biogena, dem österreichischen Marktführer im Bereich Mikronährstoffe, übernommen, leitete dann das Stabsstellen-Team „CSR, Qualität und Umwelt" innerhalb der Biogena Gruppe und ist seit 1. Februar 2017 in der Geschäftsführung der Biogena Stores Österreich und Deutschland, seit März 2018 als Geschäftsführerin bei Biogena International sowie der Wissenscompany Miracon Science in der Unternehmensgruppe und seit September 2019 im Management Board der Biogena-Gruppe. Parallel dazu bleibt sie ihrem Steckenpferd im Bereich CSR-, Werte- und Kulturmanagement innerhalb der Biogena-Gruppe treu. Die akademisch geprüfte CSR-Managerin war zuvor als internationale Sustainability Managerin im Palfinger-Konzern, wo sie die integrierte Berichterstattung federführend umsetzte, tätig.

Julia Ganglbauer blickt auf ein Masterstudium an der FH bfi (CSR und ethisches Management), eine Ausbildung zum Mentalcoach sowie mehrere Fortbildungen im Bereich Leadership, CSR-Reporting und Coaching zurück. Privat liebt sie alles in der Natur, guten Wein und Lesestoff zum Querdenken. Ihre persönlichen Kernwerte Begeisterungsfähigkeit, Verantwortung und Wertschätzung treiben ihren Weg stets an.

Verantwortungsvolle Unternehmensführung bei der S+B Gruppe – Aspekte der Personalführung

Christian Böhm und Julia Edelhauser

Zusammenfassung

Die S+B Gruppe ist ein stetig wachsendes Familienunternehmen, tätig in der Immobilienentwicklung mit regionalen Schwerpunkten in Wien, Prag, Bukarest und Warschau. Der Erfolg resultiert aus einer verantwortungsvollen Unternehmensführung, die mehr als eine Maximierung des Shareholder Value anstrebt. Die äußerst geringe Mitarbeiterfluktuation ist seit jeher einer der Erfolgsfaktoren. Mitarbeitern und Mitarbeiterinnen Flexibilität und Freiheiten zu gewähren und gleichzeitig vonseiten der Unternehmensführung klare Vorstellungen und Visionen zu kommunizieren, sind dafür essenziell. Erlangtes Know-how besteht somit über Generationen und sichert den nachhaltigen erfolgreichen Bestand der S+B Gruppe. Gut geführte Vielfalt ist eine der weiteren Stärken, demgemäß sind unter anderem Kompetenzen über alle Generationen, auf beide Geschlechter, mehrere Länder, unterschiedlichste Bildungshintergründe und Lebenssituationen verteilt. All die nach innen gerichteten Motivationsfaktoren werden optimal mit dem unerlässlichen Markt- und Kundenfokus kombiniert. Nicht umsonst hat die S+B Gruppe in der Vergangenheit bereits eine Vielzahl an Auszeichnungen für ihre innovativen Immobilienprojekte sowie auch als erfolgreichster Immobilienentwickler Österreichs erhalten, die noch hoffnungsvoller in die Zukunft blicken lassen.

C. Böhm (✉) · J. Edelhauser
S+B Gruppe AG, Wien, Österreich
E-Mail: christian.boehm@sb-gruppe.at; julia.edelhauser@sb-gruppe.at

© Springer Fachmedien Wiesbaden GmbH, ein Teil von Springer Nature 2019
D. Ortiz et al. (Hrsg.), *Verantwortungsvolle Unternehmensführung im österreichischen Mittelstand*, Forschung und Praxis an der FHWien der WKW, https://doi.org/10.1007/978-3-658-25328-8_18

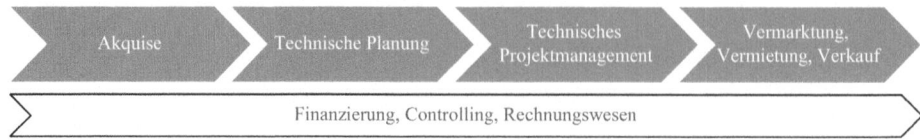

Abb. 18.1 Wertschöpfungsprozess der S+B Gruppe (eigene Darstellung)

18.1 Geschäftsmodell der S+B Gruppe

Die S+B Gruppe ist ein **Immobilienentwickler**, der aktuell an vier Standorten – Wien, Prag, Bukarest und Warschau – tätig ist. Gegründet wurde das Unternehmen 1986. Das Geschäft bezieht sich auf den An- und Verkauf von Immobilien, wobei die Wertschöpfung auf Folgendes abstellt (Abb. 18.1):

- die **Akquisition** interessanter, hochkomplexer Immobilien;
- das Erzielen der notwendigen **Genehmigungen**;
- die **technische** Grob- und Detail**planung**;
- das technische Bau- und **Projektmanagement**;
- die **Vermarktung und Vermietung** der Immobilien;
- den gewinnbringenden **Verkauf** der entwickelten Immobilien sowie
- alle **kaufmännischen Dienstleistungen** wie Finanzierung, Controlling und Rechnungswesen.

Kein vorrangiges Ziel ist es, die entwickelten Immobilien langfristig zu halten und zu verwalten.

18.2 Die S+B Gruppe – ein kleines/mittleres Unternehmen?!

Da sich der Beitrag auf österreichische kleine und mittlere Unternehmen (KMU) beschränken soll, ergibt sich eingangs die Definitionsfrage. Ist der Begriff österreichisch noch leicht zu definieren – die (Mutter-)Gesellschaft hat ihren Sitz in Österreich –, fällt die **Definition KMU** schon schwerer. In diversen Richtlinien zur Rechnungslegung und zu Förderungen werden diesbezügliche Kriterien genannt. Immer wieder fallen die Begriffe **Bilanzsumme, Umsatz, Mitarbeiterzahl**. Anhand der S+B Gruppe sei kurz illustriert, wie widersprüchlich dies sein kann. So weist die S+B Gruppe einerseits eine konsolidierte Bilanzsumme von etwa € 300 Mio. mit stark steigender Tendenz auf, die Holdinggesellschaft ist eine Aktiengesellschaft. Andererseits hat sie „nur" etwa 130 Mitarbeiter und Mitarbeiterinnen. Aus Sicht des Vermögens und der Unternehmensrechtsform handelt es sich daher um einen Großbetrieb, aus Sicht der **Personalstärke** sicher um einen **Mittelbetrieb**. Am Rande sei noch erwähnt, dass das formale Kriterium Dienstvertrag als

	MitarbeiterInnen	Bilanzsumme (€)	Eigenständigkeit
Kleinst-unternehmen	≤ 9	≤ 2 Mio.	Kapitalanteile oder Stimmrechte im Fremdbesitz < 25 %
Klein-unternehmen	10 – 49	≤ 10 Mio.	
Mittlere Unternehmen	50 – 249	≤ 50 Mio.	
Groß-unternehmen	≥ 250	≥ 50 Mio.	
S+B Gruppe	**130**	**300 Mio.**	**Kapitalanteile oder Stimmrechte im Fremdbesitz < 25 %**

Abb. 18.2 S+B Gruppe im Vergleich mit KMU (eigene Darstellung)

Maßstab für die Mitarbeiterzahl nicht greift. Werden langjährige Kollegen und Kolleginnen mittels anderer Vertragstypen langfristig an das Unternehmen gebunden, sind sie doch genauso zu berücksichtigen.

Aufgrund der wirtschaftlichen Potenz und der Finanzströme, die über die S+B Gruppe abgewickelt werden, müsste die Gruppe damit aus dem KMU-Bereich herausfallen. Auch aus Sicht des Finanzamts wird die S+B Gruppe von der Abteilung für Großbetriebsprüfungen überwacht. Nichtsdestotrotz ist, im Rahmen dieses Buchprojekts, die S+B Gruppe bei den KMU angemessen positioniert. Folgende Argumente stehen im Vordergrund (Abb. 18.2):

- 130 Mitarbeiter und Mitarbeiterinnen
- **Aktien** wirtschaftlich gesehen im **Eigentum** von sieben **mitarbeitenden Unternehmern und Unternehmerinnen**, keine Börsennotierung

Diese beiden Kriterien prägen die Unternehmenskultur und die Prozessabläufe der S+B Gruppe wesentlich stärker als Bilanzsummen und Projektgrößen. Dennoch lassen sich aus diesem Spannungsfeld sehr interessante kulturelle Aspekte ableiten, die in der Folge dargestellt werden.

In Zusammenhang mit einer verantwortungsvollen Unternehmensführung sind in KMU-Betrieben folgende Rahmenbedingungen zu beachten (Abb. 18.3):

- Die volkswirtschaftliche Bedeutung des einzelnen Unternehmens ist aufgrund vorwiegend **weniger Stakeholder** geringer als bei Großbetrieben; so konzentrieren sich bei der S+B Gruppe die wesentlichen externen Ansprechpartner und -partnerinnen auf Investoren, Banken und Behörden.
- Obige Aussage relativiert sich, wenn die Mitarbeiterzahl zwar gering ist, aber hohe Volumina bewegt werden und damit Beschäftigung bei Lieferanten bzw. **Subunternehmen** entsteht. Als Immobilienentwickler bearbeitet die S+B Gruppe gleichzeitig Projekte mit Volumina jenseits der 1-Milliarde-Euro-Grenze und hat trotzdem nur 130 Mitarbeiter und Mitarbeiterinnen.

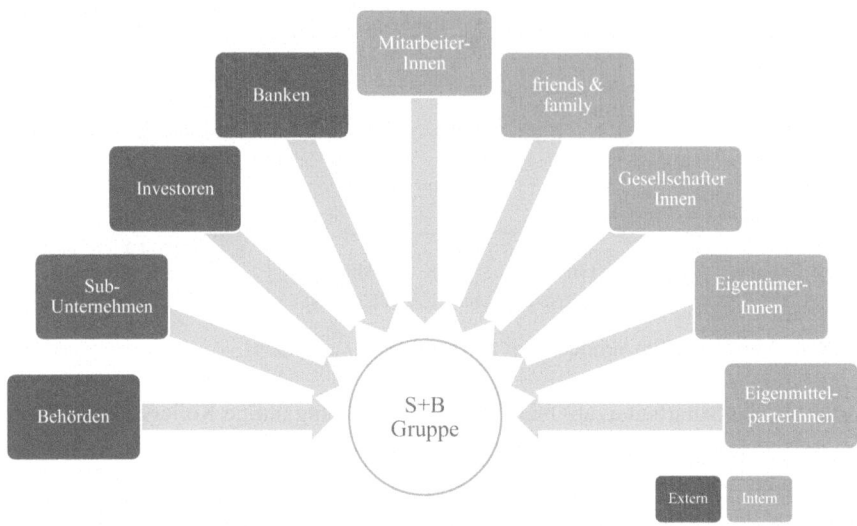

Abb. 18.3 Externe und interne Stakeholder der S+B Gruppe (eigene Darstellung)

- Ein wesentlicher Teil der Mitarbeiter und Mitarbeiterinnen und vor allem der Führungskräfte fallen in den Bereich **„friends & family"**. So ist der Vorstand der S+B Gruppe mit Gesellschaftern besetzt und etwa 10 % der Mitarbeiter und Mitarbeiterinnen sind dem Familienkreis zuzurechnen.
- Patriarchalische Strukturen führen bei Familienunternehmen zu **Nachfolge**problematiken. In der S+B Gruppe ist es gelungen, durch frühzeitiges Einbinden der Führungskräfte in die Gesellschafterstruktur diese Thematik zu vermeiden.
- Die fachliche **Qualifikation** der **Eigentümer** und Eigentümerinnen, die oft auch die Geschäftsleitung innehaben, ist durch eine marktbezogene oder technische Sichtweise geprägt. Der fachliche Hintergrund der Führungskräfte der S+B Gruppe fußt auf einer fundierten technischen Ausbildung in Kombination mit praktischen Markterfahrungen.
- Die Möglichkeiten, Kapital zu beschaffen, sind eingeschränkt bzw. werden oft gar nicht gewünscht, um ein Mitspracherecht von Dritten hintanzuhalten. So schließt die S+B Gruppe beispielsweise einen Börsengang aus, genauso wie die Aufnahme betriebsfremder Gesellschafter und Gesellschafterinnen.

18.3 Verantwortungsvolle Unternehmensführung

Der Begriff verantwortungsvoll kann nur im Kontext des Kulturkreises und der jeweils aktuellen Wirtschaftslage gesehen werden. So leben wir in der westlichen Hemisphäre in einem Umfeld, das von hoher Individualität geprägt ist, wohingegen zum Beispiel im fernöstlichen Raum das Individuum im Hintergrund steht.

Auch werden bei volkswirtschaftlich schwierigen Rahmenbedingungen, wie beispielsweise während einer Wirtschaftskrise, die Prioritäten anders gelagert sein.

Ergänzend stellt sich noch die Frage, wem gegenüber Verantwortung übernommen wird. Allgemein gesagt wohl gegenüber den oben genannten Stakeholdern. Neben diesen sind es natürlich die Mitarbeiter und Mitarbeiterinnen, die im Brennpunkt bzw. im intensiven Austausch mit der Unternehmensgruppe stehen. Als Immobilienentwickler könnte allenfalls die breite Öffentlichkeit ergänzend genannt werden. Großbauten um 200 Mio. Euro prägen das Stadtbild; Denkmal- und Umweltschutz sind präsent.

Ohne im Detail darauf einzugehen, sollen folgende Themen aus Sicht eines Projektentwicklers ergänzend erwähnt werden:

- Im Baumanagement wird auf nachhaltige Aspekte Rücksicht genommen, nicht nur auf die kurzfristige Minimierung der Baukosten. **Betriebskostenoptimierung**, die Berücksichtigung von Umweltthemen etc. sind ein essenzieller Erfolgsfaktor.
- Ebenso wird Mitverantwortung für ein harmonisches Stadtbild getragen und **architektonische Konzepte** werden darauf ausgerichtet.
- **Lieferanten** werden als Partner gesehen, der eine oder andere wurde auch bei Projekten schon zum Mitgesellschafter. Auch hier sind langjährige Beziehungen, die auf **Vertrauen** basieren, wichtiger als eine kurzfristige Kostenoptimierung.

18.4 SWOT-Analyse der S+B Gruppe

Im Sinne einer Stärken- und Schwächen- sowie Risiko- und Chancenbetrachtung ergeben sich für KMU-Betriebe im Allgemeinen die in Abb. 18.4 dargestellten Konsequenzen.

Die S+B Gruppe ist geprägt durch:

- **Kernkompetenzen**, die durch Mitarbeiter und Mitarbeiterinnen abgedeckt werden, die zumindest 15 Jahre im Unternehmen tätig sind bzw. bereits bei der Gründung 1986 an Bord waren;
- die Lösung der **Nachfolgeproblematik** mittels verstärkter Einbindung von Schlüsselmitarbeitern und -mitarbeiterinnen und Delegation von Verantwortlichkeiten an diese bzw. deren Familien;
- stetiges **Wachstum**, das aufgrund des wirtschaftlichen Erfolgs und einer vernünftigen **Ausschüttungspolitik** gemanagt werden konnte;
- den gelungenen **Risikoausgleich** über vier Standorte (Wien, Prag, Bukarest, Warschau) und ein Portefeuille an Nutzungsarten (Wohnungen, Büros, Geschäfte, Hotels, gemischte Nutzungen etc.).

Der visionäre Nährboden der S+B Gruppe besteht aus diversen Leitbildern, die sich bis hin zu Unternehmensentscheidungen auf höchster Ebene widerspiegeln. Allen voran können diese mit den in der Autobiografie Benjamin Franklins dargelegten Lebensregeln

STÄRKEN	SCHWÄCHEN
• **flexibles Agieren**, rasches Anpassen an Marktveränderungen, „die Schnellen dominieren die Langsamen" • individuelles Eingehen auf das Bedürfnis einzelner Mitarbeiter und Mitarbeiterinnen, **eingeschworenes und unternehmerisch denkendes Team** • **geringe Fixkosten**, da nicht produktive Tätigkeiten auf das notwendige Minimum beschränkt werden	• **Risikoausgleich** zwischen Produktbereichen **gelingt mangels Masse nicht** • Zugang zu **Kapital ist eingeschränkt**
CHANCEN	RISIKEN
• Anbieten einer **marktkonformen Produktpalette** • **persönlicher Kontakt** des Eigentümers zu Key Accounts • langfristiger Aufbau von **Know-how** aufgrund geringer Fluktuation	• Unternehmen werden mit **Ausscheiden des Gründers** veräußert oder liquidiert • **entgangene Geschäftschancen**, da Wachstum nicht finanzierbar

Abb. 18.4 SWOT-Analyse der S+B Gruppe (eigene Darstellung)

verglichen werden. Nicht umsonst wird in unzähligen Managementbüchern, sowohl von Franklin selbst als auch von anderen Autoren, auf diese Regeln verwiesen.

Bei genauerer Betrachtung kann der Eindruck gewonnen werden, dass die S+B Gruppe nahezu alle diese Regeln seit Jahrzehnten nicht nur umsetzt, sondern lebt. Im Folgenden werden „*Franklin's thirteen subjects*" aus der Autobiografie Benjamin Franklins im Einzelnen genannt und jeweils mit der S+B Gruppe in Beziehung gesetzt. Die Unternehmenskultur als essenzieller Erfolgsfaktor der S+B Gruppe, lässt sich maßgeblich in diesen Tugenden darstellen:

• **Besonnenheit:** „*Temperance* – Eat not to dullness; drink not to elevation"

Die S+B Gruppe fokussiert das Interesse und die Aktivitäten auf ausgewählte Projekte. Besondere Schnäppchen- bzw. Geschäftsideen, die manch einem zufliegen und die dazu verleiten, unbedingt sofort zugreifen zu müssen, erweisen sich später oft als Misserfolg. So ist der S+B Gruppe vor vielen Jahren die Errichtung einer Kette von Billigfachmärkten in einem Niedriglohnland angeboten worden. Tatsächlich wurde mit der Annahme dieses großen Auftrags vom Kerngeschäft der Entwicklung hochwertiger, hochkomplexer Immobilien in Innenstadtlagen abgewichen. Seinerzeit – bei einem Hoch des Konjunkturzyklus – erschienen Investitionen auch abseits der A-Lagen risikoarm und umso ertragreicher. Die durch die Lehmann-Pleite ausgelöste Krise im Jahr 2008, der Absturz der Aktienmärkte und der darauffolgende Fall der Immobilienpreise haben die Chancen des schnellen und einfachen Geldverdienens mithilfe solcher Projekte zunichtegemacht. In zentralen Lagen war in absehbarer Zeit eine Erholung des Immobilienmarkts absehbar, nicht jedoch an dezentralen Standorten. Dadurch hat die S+B Gruppe diese einst aussichtsreichen Projekte, die nach der Krise und auch aus heutiger Sicht mit erhöhtem Risiko einzustufen wären, nicht plangemäß realisieren können. Seither legt die S+B Gruppe den Fokus umso mehr auf Projekte, die das Kerngeschäft umfassen, um etwaigen Konjunkturschwankungen auszuweichen.

- **Ruhe:** „*Silence* – Speak not but what may benefit others or yourself avoid trifling conversation"

Die S+B Gruppe legt keinen Wert darauf, täglich in den Medien präsent zu sein. Der gute Ruf und die hervorragenden Geschäftsverbindungen, beispielsweise mit Projektpartnern und -partnerinnen, Subunternehmern und -unternehmerinnen oder finanzierenden Banken, stützen sich auf professionellen, ehrlichen Umgang sowie langjährig aufgebautes Vertrauen.

- **Ordnung:** „*Order* – Let all your things have their places; let each part of your business have its time"

In der S+B Gruppe wird einerseits natürlich die Ordnung der inneren Struktur hochgehalten. Jedoch wird für jeden einzelnen Teil der S+B Gruppe, sei dies in Bezug auf die Entwicklung von Mitarbeitern und Mitarbeiterinnen oder einer Projektentwicklung als Ganzes, die Möglichkeit zur Entfaltung geschaffen. So gelingt es beispielsweise durch Fortbildung oder die Übernahme von Verantwortungsbereichen den Mitarbeitern und Mitarbeiterinnen regelmäßig selbst, ohne Weisung der obersten Führungsebene, Strukturen zu verbessern sowie alte Strukturen aufzubrechen und somit Raum für neue zu schaffen. Ebenso hat Ordnung bei den Projektanforderungen unter anderem hinsichtlich Architektur und Ausführung höchste Priorität.

- **Entschiedenheit:** „*Resolution* – Resolve to perform what you ought; perform without fail what you resolve"

Wesentliche Entscheidungen werden bei der S+B Gruppe auf Basis von fundierten, ordentlich vorbereiteten Grundlagen getroffen. Hierfür haben sich, neben dem täglichen Austausch zwischen Aufsichtsrats-, Vorstands- und erweiterter operativer Führungsebene die quartalsmäßig abgehaltenen umfassenden, erweiterten Gesellschaftersitzungen etabliert, in denen nach Darlegung von Statusberichten und Zukunftsprognosen Entscheidungen betreffend den Gesamtkonzern bis hin zu einzelnen Projektvorhaben getroffen werden. Diese Vorhaben werden sodann von allen gemeinsam getragen und mit Begeisterung und Herzblut (wie in der S+B Gruppe gerne gesagt wird) umgesetzt.

- **Sparsamkeit:** „*Frugality* – Make no expense but to do good to others or yourself; i. e., waste nothing"

Das größte Sparpotenzial findet sich zwischen der ersten Projektidee und der Optimierung der Planung. Kostenbewusstsein und ressourcenschonendes Arbeiten sind bei der S+B Gruppe allgegenwärtig.

- *Fleiß: „Industry* – Lose no time, be always employ'd in something useful, cut off all unnecessary actions"

Die S+B Gruppe ist ständig auf der Suche nach neuen Projektideen, die zu ihrem Kerngeschäft passen. Die Pipeline ist seit vielen Jahren immer mit Projekten gefüllt, die genauestens geprüft und einer strengen Auslese unterzogen werden.

- *Ehrlichkeit: „Sincerity* – Use no hurtful deceit; think innocently and justly and, if you speak, speak accordingly"

Am Beispiel der S+B Gruppe lässt sich belegen, dass sich Ehrlichkeit lohnt. Dies spiegelt sich abermals im internen Bereich wider, im Umgang mit den Mitarbeitern und Mitarbeiterinnen und der daraus resultierenden Mitarbeiterzufriedenheit, aber auch in den oftmals aus großem Vertrauensvorschuss entstandenen langjährigen, erfolgreichen Geschäftsbeziehungen. Selbstverständlich ist in jedem erfolgreichen Unternehmertum ein gewisser Optimismus, ja manchmal sogar Hochmut zu erkennen. Dennoch werden Betrachtungen und Zukunftserwartungen in der S+B Gruppe stets anhand realistischer Ansatzpunkte, sozusagen auf dem Fundament der Ehrlichkeit erstellt.

- *Gerechtigkeit: „Justice* – Wrong none by doing injuries, or omitting the benefits that are your duty"

Die S+B Gruppe entwickelt und realisiert seit nunmehr drei Jahrzehnten erfolgreich Projekte in Österreich und dem CEE-Raum in Zusammenarbeit mit zahlreichen lokalen Subunternehmern, gelegentlich auch in Partnerschaften. Bei diversen Kooperationen hat es grundsätzlich (mit ganz wenigen Ausnahmen) keine Auseinandersetzungen gegeben, die einer gerichtlichen Entscheidung bedurften. Dies ist lediglich durch den ausnahmslos aufrichtigen Umgang mit Partnern sowie Subunternehmern möglich.

- *Mäßigung: „Moderation* – Avoid extremes; forbear resenting injuries so much as you think they deserve"

Siehe die Darstellungen zu Besonnenheit.

- *Sauberkeit: „Cleanliness* – Tolerate no uncleanliness in body, cloaths, or habitation"

Die Projekte der S+B Gruppe werden bekanntlich in präziser Sauberkeit und Genauigkeit geplant und ausgeführt, was einen enormen Wettbewerbsvorteil verschafft.

- *Gelassenheit: „Tranquility* – Be not disturbed at trifles, or at accidents common or unavoidable"

Die von der S+B Gruppe gesetzten Ziele sind zumeist groß, komplex und scheinen vorerst in weiter Ferne. Es mag dem einen oder anderen oft so vorkommen, als wären die einzelnen Schritte bis zum Erreichen des Ziels unüberwindbar. Doch glücklicherweise werken im

Hause der S+B Gruppe Menschen, die mit Herzblut alle an einem Strang ziehen und sogar etwaige Rückschläge in noch mehr Motivation und Begeisterung umwandeln können.

- **Keuschheit:** *„Chastity* – Rarely use venery but for health or offspring, never to dulness, weakness, or the injury of your own or another´s peace or reputation"

Die Leitung sowie die Mitarbeiter und Mitarbeiterinnen der S+B Gruppe sind für ihre langjährigen Zugehörigkeiten zum Unternehmen und ihre Erfolge bekannt, nicht aber für Exzesse und Ausschweifungen. Allerdings hat die S+B Crew durchaus auch den Ruf, zum Beispiel bei Messen wie der MIPIM in Cannes oder der Expo Real in München den Messestand (bzw. die Stand-Partys) als Letzte zu verlassen.

- **Bescheidenheit:** *„Humility* – Imitate Jesus and Socrates"

In vielerlei Hinsicht wird Bescheidenheit in der S+B Gruppe (vor)gelebt. Eine Vielzahl an Projekten wurde aus einem reinen Pro-Bono-Gedanken verfolgt sowie Sozialprojekte in osteuropäischen Schwellenländern unterstützt bzw. initiiert. (Anm.: Unter anderem ist ein Mitglied des Vorstandes der S+B Gruppe unaufhaltsam mit einem mehr als in die Jahre gekommenen VW-Bus, der mehr als 300.000 Kilometer auf dem Tacho hat, zu Außenstellen des Unternehmens unterwegs.)

18.5 Die S+B Familie – Das Unternehmen und seine Mitarbeiter und Mitarbeiterinnen

Im Speziellen seien nun noch einige Aspekte der Personalpolitik hervorgehoben. Der Unternehmensgruppe ist es seit der Gründung gelungen, praktisch mit einer Null-Fluktuation in den Schlüsselpositionen den Betrieb zu managen. Es ist dies vor allem auf den fairen und eben verantwortungsvollen Umgang mit allen Kollegen und Kolleginnen zurückzuführen. Was bedeutet das im Konkreten?

Obwohl aufgrund der Größe ein Betriebsrat vom Gesetzgeber angedacht wäre, gibt es einen solchen in der S+B Gruppe nicht. Bisher hat es keinerlei Initiativen aus Mitarbeiterkreisen gegeben einen Betriebsrat zu gründen, obwohl sich viele der Tatsache bewusst sind, dass das Recht dazu bestünde. Die Belange der Mitarbeiter und Mitarbeiterinnen werden nämlich ohnedies durch die Geschäftsleitung stets wahrgenommen und die Kompromissbereitschaft zwischen Arbeitgeber- und Arbeitnehmerinteressen allseits großgeschrieben.

Aus einer langfristigen Vogelperspektive betrachtet könnte sogar behauptet werden, dass es im Normalfall keinen Nährboden für Konflikte gibt. Die Erkenntnis, dass eine verantwortungsvolle Unternehmensführung ein Motivator ist, ist so einfach wie richtig. Wenn sich die Wege von Arbeitnehmer, Arbeitnehmerin und S+B Gruppe trennen, wird die Art, wie das Outplacement gemanagt wird, bei den Stakeholdern bekannt werden. Und zu den **Stakeholdern** gehören auch **potenzielle neue Mitarbeiter und Mitarbeiterinnen.**

ELEMENTE DER PERSONALPOLITIK der S+B Gruppe					
MitarbeiterInnen werden von Unternehmerseite aktiv auf ihre Rechte hingewiesen	Veranstaltungen und laufende finanzielle Unterstützung für die aktive sportliche Betätigung	zeitnahe Honorierung außergewöhnlicher Leistungen	Home-Office-Vereinbarungen	Delegation der Verantwortung	verstärkte Integration weiblicher Führungskräfte

Abb. 18.5 Elemente der Personalpolitik der S+B Gruppe (eigene Darstellung)

Im Detail beinhaltet die **Personalpolitik** der S+B Gruppe folgende Aspekte (Abb. 18.5):

- Wenn Mitarbeiter und Mitarbeiterinnen im **Arbeitsrecht** nicht versiert sind, werden sie von Unternehmerseite aktiv auf ihre Rechte sowie den Rahmen aller kollektivvertraglichen Vereinbarungen hingewiesen. Im Konkreten wurden z. B. bereits diverse **Alterszeitmodelle** für langjährigen Mitarbeiter und Mitarbeiterinnen so ausgestaltet, um auf die jeweiligen Bedürfnisse in großem Ausmaß einzugehen.
- Gesunde **Ernährung** und **Bewegung** sind wichtig. Das Unternehmen fördert durch jährliche Veranstaltungen sowie durch finanzielle Unterstützung die aktive sportliche Betätigung, und zwar in einem Umfang, der über das üblich leistbare Maß eines KMU-Betriebes hinausgeht. In der S+B Gruppe ist jedermann davon überzeugt, dass gesunde, fitte Mitarbeiter und Mitarbeiterinnen die Kernkompetenzen steigern.
- Das Unternehmen hat eine hohe Flexibilität bei der Honorierung von **außergewöhnlichen Leistungen**. Nicht ein Jahresbudget, das verbraucht sein könnte, sondern die zeitnahe Honorierung steht im Vordergrund. Entlohnung ist dabei gemäß der Zwei-Faktoren-Theorie nach Herzberg ein Hygienefaktor, der bei Missmanagement zu Unzufriedenheit führt.
- Dort, wo die Arbeit es ermöglicht, werden auf Wunsch auch **Home-Office**-Vereinbarungen getroffen bzw. Arbeitsplätze eingerichtet.
- Die **Delegation** diverser Führungsverantwortungen auf die zweite Ebene ist im Zuge des Wachstums unumgänglich geworden. Im Einzelnen ist es jedoch noch schwierig zu definieren, welche Entscheidungen auf welcher Ebene getroffen werden sollen (unter anderem hinsichtlich genehmigungspflichtiger Geschäfte durch den Aufsichtsrat).
- Auch die verstärkte Integration weiblicher Führungskräfte im Unternehmen ist ein Anliegen. Interessanterweise war der Anteil von Frauen im CEE-Bereich in den beiden letzten Jahrzehnten bereits hoch, in Österreich wurde dies im technischen Bereich erst vermehrt in den letzten fünf Jahren forciert. Noch nicht gelungen ist dies auf Vorstands- und Aufsichtsratsebene. Hier herrscht noch immer: „Old boy's network".

Auf Gesellschafterebene war es ein wesentliches Highlight der jüngsten Vergangenheit, dass einer der Firmengründer, mittlerweile 73-jährig und weiterhin aktiv zum Unternehmensgeschehen beitragend, ehest einem Modell zugestimmt hat, das es den führenden Mitarbeitern und Mitarbeiterinnen des Unternehmens ermöglicht, einen Teil seiner Anteile zu erwerben – kein leichtes Unterfangen, da der Unternehmenswert laut einem renommierten Wirtschaftsprüfungsunternehmen bei etwa 100 Mio. Euro angesiedelt werden kann.

Obig angeführte Maßnahmen können folgende Schwachstellen haben:

- Wer am lautesten schreit, bekommt Recht.
- Es entsteht ein Wildwuchs an individuellen Vereinbarungen, die auch als ungerecht empfunden werden könnten.
- Familienmitglieder werden bevorzugt.
- Home-Office kann zu einer permanenten Belastung und zu geringer Erholung bzw. mangelnde Präsenz zu Kommunikationsschwierigkeiten führen.
- Es kommt zu einer schwer isolierbaren privaten Nutzung von Firmenvermögen (z. B. im IT-Bereich).
- Antiautoritäre Führung kann auch als Führungsvakuum empfunden werden, vor allem in kritischen Situationen.

18.6 Fazit

Ein wachsender KMU-Betrieb muss einen sinnvollen Weg zwischen der Implementierung von **Richtlinien** (aufgrund von Gesetzen und Unternehmensgröße) und der Beibehaltung der ursprünglichen Flexibilität finden, einhergehend mit einem gewissen **Chaos-Management**, im positiven Sinne. Auf dem Weg dorthin sind einige unternehmenskulturelle Klippen zu umschiffen. Speziell in der Immobilienbranche wird eine gewisse Mindestgröße aufgrund der Kapitalintensität immer ein kritischer Punkt sein. Gleichzeitig sollte die Fixkostenstruktur nicht zu einer Belastung werden. Verantwortung gegenüber Mitarbeitern und Mitarbeiterinnen zu übernehmen und sich nicht nur um Hygienefaktoren, sondern auch um **Motivatoren** zu kümmern, wird wesentlicher Erfolgsfaktor bleiben und einen Wettbewerbsvorteil gegenüber den anderen Marktteilnehmern garantieren.

FH-Doz. Mag. Dr. Christian Böhm ist derzeit Gesellschafter und Generalsekretär in der S+B Gruppe AG. Im Rahmen dieser Firmengruppe war er auch Geschäftsführer und CFO. In einer früheren Tätigkeit war er in einem Industrieunternehmen Bereichsleiter für die zentrale Unternehmenssteuerung. Seit Ende 1990 ist er Referent für die führenden Seminaranbieter in Österreich wie ÖCI, IMH (vormals IIR) und ARS. Im Rahmen dessen wurde er von IIR mehrmals zum „Trainer oft the Year" gewählt. Themen sind Projektmanagement, Grundlagen der Betriebswirtschaftslehre, Sanierungsmanagement und Immobiliencontrolling. Von 1996 bis 2019 war er Lektor an der FHWien der WKW für die Themen Finanz- und Rechnungswesen und Controlling. Private Interessen betreffen Sport (vormals Leistungssport), Fernreisen, Rockmusik und Art House Movies. Sieben Jahre Engagement im Rahmen der Behindertenbetreuung runden das Bild ab.

Mag. iur. Julia Edelhauser ist seit 2013 in der Projektentwicklung der S+B Gruppe AG in den CEE-Ländern tätig. Nach dem Abschluss des Studiums der Rechtswissenschaften an der Universität Wien sowie der Absolvierung der Gerichtspraxis sammelte sie Erfahrung in einer der renommiertesten internationalen Rechtsanwaltskanzleien Wiens. In weiterer Folge studierte sie Architektur/Green Building an der FH Campus Wien und übernahm gleichzeitig die juristischen Belange der S+B Gruppe AG. Neben der Bewältigung der den exponentiell steigenden Regulativen und dem Wachstum des Unternehmens geschuldeten zunehmenden Anzahl rechtlicher Fragestellungen stellt, die für die erfolgreiche Projektentwicklung essenzielle Interdisziplinarität eine faszinierende Herausforderung dar. Sie ist ehemalige Österreichische Staatsmeisterin in Rhythmischer Gymnastik und Mutter einer Tochter.

Die Grenzen der verantwortungsvollen Unternehmensführung

Thomas Mach

Zusammenfassung

Verantwortungsvolle Unternehmensführung heißt, Geschäftsmodell und Unternehmensgrundsätze nach ökologisch nachhaltigen und ethisch einwandfreien Grundsätzen auszurichten und eine Unternehmenskultur zu schaffen, mit der sich Mitarbeiter und Mitarbeiterinnen, Kunden und Kundinnen sowie Lieferanten und Lieferantinnen identifizieren können. Den Unternehmern und Unternehmerinnen kommt dabei eine Schlüsselrolle als Visionären und Vorbildern zu. Ein solcherart aufgestelltes Unternehmen kann Nährboden für zukunftsweisende Ideen sein, die nicht nur den zukünftigen Bestand des Unternehmens sichern, sondern auch zur Lösung der drängendsten Probleme der Menschheit beitragen. Denn insbesondere der Fokus auf Innovationen, die einen konkreten Nutzen für das menschliche Gemeinwohl und/oder die Umwelt darstellen, ist ein Zeichen verantwortungsvoller Unternehmensführung. Viele Unternehmer und Unternehmerinnen sind gewillt, diesen Weg zu gehen, und stoßen dabei bald an die Grenzen, die das wachstumsorientierte, kompetitive Wirtschaftssystem ihnen setzt. Dieses Wirtschaftssystem sorgt dafür, dass an sich positive Initiativen in das Gegenteil verkehrt werden. Um einer von verantwortungsvoller Unternehmensführung getragenen Wirtschaft zum Durchbruch zu verhelfen, bedarf es grundlegender anderer Rahmenbedingungen.

T. Mach (✉)
Mach & Partner ZT-GmbH, Straßengel, Österreich
E-Mail: thomas.mach@mach-partner.at

© Springer Fachmedien Wiesbaden GmbH, ein Teil von Springer Nature 2019
D. Ortiz et al. (Hrsg.), *Verantwortungsvolle Unternehmensführung im österreichischen Mittelstand*, Forschung und Praxis an der FHWien der WKW,
https://doi.org/10.1007/978-3-658-25328-8_19

19.1   Verantwortungsvolle Unternehmensführung

19.1.1 Was mich antreibt

Meine Jugend- und Studentenzeit fiel zusammen mit dem Erwachen der Grün-Bewegung und deren Protesten gegen die Atomkraft und gegen die Zerstörung der Aulandschaften. Durch sauren Regen geschädigte Wälder und Smog in den Städten, insbesondere in meiner Heimatstadt Graz, waren die dominierenden Umweltthemen, und die Grenzen des Wachstums wurden uns nach 20 Jahren der Untätigkeit in ungebrochener Aktualität wieder vor Augen geführt. Da ich von Natur aus dazu neigte, die Dinge zu hinterfragen, tauchte ich bald tiefer in die Materie ein und war schnell der Überzeugung, dass diese Themen jeden Einzelnen von uns angingen. Damals war der drohende Eisberg auf den die Menschheit zusteuerte, bestenfalls mit dem Fernblick der Vorausdenkenden zu erkennen. Die meisten Menschen waren blind dafür und sahen keine Veranlassung zur Veränderung. Einem Schwarzmaler wie mir war somit der Spott der Fortschrittsgläubigen gewiss. Auch meine damalige Freundin sah keinen Sinn darin, mit einem, der behauptete „in spätestens 30 Jahren sind wir alle an unserem eigenen Dreck erstickt", eine Familie zu gründen.

Die Radikalität der Jugend hat sich mittlerweile gelegt, obwohl die Probleme nicht kleiner geworden sind. Mittlerweile ist der Eisberg schon für jedermann mit freiem Auge zu erkennen. Manche Menschen glauben, das sei nur eine Fata Morgana und habe nichts zu bedeuten. Die meisten Menschen glauben, dass menschliche Anpassungsfähigkeit und technischer Fortschritt uns einen Weg weisen werden, dieses Hindernis zu meistern. Immer mehr Menschen – und dazu zähle ich mich auch – sehen die vielfältigen Krisenherde – im Wesentlichen das wachstumsgetriebene Wirtschaftssystem und den damit verbundenen Ressourcenverbrauch, die Frage der zukünftigen Energieversorgung, die Auswirkungen der Umweltverschmutzung und die wachsende Ungleichheit – und plädieren für ein weitergehendes Umdenken, einen echten gesellschaftlichen Wandel. Diesen Wandel herbeizuführen, gegen die unzureichenden Bestrebungen, alles einfach auf „grün" umzustellen und weiterzumachen wie bisher, anzukämpfen, ist meine Motivation, sowohl als Privatperson als auch als Unternehmer.

Unternehmer zu werden war ursprünglich nicht meine Absicht. Als sich mir jedoch die Gelegenheit bot, musste ich nicht lange überlegen: Als Unternehmer konnte ich meinen Anspruch auf ein möglichst selbstbestimmtes Leben mit meinen Aktivitäten im Sinne eines positiven gesellschaftlichen Wandels optimal verbinden, also meine Verantwortung für Umwelt und Gesellschaft noch besser wahrnehmen.

Verantwortungsvolle Unternehmensführung im obigen Sinne beginnt damit, das Unternehmen so aufzustellen, dass Leitbild, Wertesystem, Geschäftsmodell, Stakeholderbeziehungen und Innovation im Zeichen eines ethischen, nachhaltigen Umgangs mit Mensch und Umwelt stehen. Und sie mündet in der Umsetzung dieser Grundsätze durch die eigene Vorbildfunktion und durch das Etablieren einer entsprechenden Unternehmenskultur.

Das eine ist das Fahrgestell, auf dem das Unternehmen in die Zukunft rollt, das andere ist der Motor, der es vorwärtstreibt. Gemeinsam bilden sie ein Vehikel, das in der Lage ist, zukünftige Herausforderungen durch seine Agilität zu meistern statt alles, was ihm im Wege steht, unter die Räder zu nehmen.

19.1.2 Die Rolle des Unternehmers

Die Aufgabe, das oben erwähnte Vehikel zu bauen, kommt dem Unternehmer, der Unternehmerin zu.

Die Grundlagen hierfür sind ein ethisches Geschäftsmodell und eine entsprechende, herausfordernde Vision. Manche Unternehmen starten mit einem Geschäftsmodell ohne Vision, manche mit einer Vision ohne Geschäftsmodell. Für ein erfolgreiches Unternehmen braucht es beides. Erst danach stellt sich die Frage des Wie, also des Rahmens für die Umsetzung des Geschäftsmodells, für das Erreichen der Vision, der aus den Unternehmenswerten gebildet wird. All diese Grundlagen sind vom Unternehmer bzw. von der Unternehmerin festzulegen.

Vielfach wird behauptet, es brauche eine gemeinsame Vision und gemeinsame Werte, die Unternehmer, Unternehmerin und Mitarbeiter sowie Mitarbeiterin verbinden sollen und die es gilt, gemeinsam zu entwickeln. Das sehe ich nicht so. Im Idealfall sind Vision und Werte die des Unternehmers bzw. die der Unternehmerin. Er/Sie sucht sich die Mitarbeiterinnen und Mitarbeiter, die sich damit identifizieren. Bei neu gegründeten Unternehmen läuft es in der Regel so ab. Zuerst ist da eine Vision, dann kommt eine Geschäftsidee und daraus entsteht ein Unternehmen. Problematisch kann es bei bestehenden Unternehmen werden, wo eine gemeinsam erarbeitete Vision unter Umständen ein Kompromiss ist, mit dem zwar alle leben können, der aber für keinen wirklich zugkräftig ist. Dies führt letztlich auch dazu, dass es völlig gleichgültig ist, ob neue Mitarbeiterinnen und Mitarbeiter die halbherzige Vision teilen oder nicht und diese somit immer weiter verwässert wird. Daher sollte auch hier der Unternehmer/die Unternehmerin *seine/ihre* Werte vorgeben und *seine/ihre* Vision entwickeln und dafür Sorge tragen, dass kompatible Mitarbeiterinnen und Mitarbeiter eingestellt werden und man sich von den nicht kompatiblen Mitarbeiterinnen und Mitarbeitern nach und nach verabschiedet. Nicht kompatibel bedeutet in diesem Zusammenhang, dass die ablehnende Haltung der jeweiligen Mitarbeiterinnen und Mitarbeiter gegenüber Vision oder Werten einen störenden Einfluss auf die gesamte Unternehmenskultur ausübt.

Zusammenfassend kann man daher sagen, dass man als Unternehmer bzw. Unternehmerin im Grunde vier Kernaufgaben hat, die nicht delegierbar sind:

- seine/ihre Vision und Werte in ein Leitbild zu gießen, das für die Mitarbeiterinnen und Mitarbeiter genauso motivierend ist wie für ihn/sie selbst;
- Vision und Werte als Mensch und Unternehmer bzw. Unternehmerin vorzuleben;

- eine Organisationsstruktur und Unternehmenskultur zu schaffen, die die Umsetzung des Leitbilds optimal unterstützt;
- die Mitarbeiterinnen und Mitarbeiter zu unterstützen, ihre Talente und Leidenschaften im Sinne des Leitbilds freizusetzen.

19.1.3 Innovation und gesellschaftliche Verantwortung

In einem derartigen Umfeld können auch viele kreative Ideen entstehen, die für die Entwicklung eines Unternehmens lebensnotwendig sind. Denn eines ist klar, die einzige Konstante ist der Wandel, und ein Unternehmen tut gut daran zu überlegen, wovon es morgen und übermorgen leben wird.

Gerade die zukünftigen Herausforderungen in den Bereichen Umwelt, Energie, Ressourcen und Gesellschaft bieten jede Menge Potenzial für neue Geschäftsfelder. Nicht nur das. In vielen Bereichen werden wir gute Ideen brauchen, um Probleme zu meistern oder deren Auswirkungen auf unsere Lebensqualität gering zu halten. Verantwortungsvolle Unternehmensführung heißt in diesem Zusammenhang nicht einfach nur keine negativen Auswirkungen zu verursachen, sondern positiv zur Lösung drängender Probleme der Menschheit beizutragen. Darauf sollte der Fokus liegen, wenn neue Produkte und Dienstleistungen entwickelt werden. Nicht darauf, noch mehr künstlichen Bedarf an unnötigen Dingen zu erzeugen, noch mehr menschliche Fähigkeiten sukzessive an Maschinen auszulagern, noch mehr Abhängigkeiten zu erzeugen, noch weitere Zwischenebenen einzuschalten oder weitere Mitbewerber aus dem Feld zu räumen.

Das sind die Auswüchse eines Wirtschaftssystems, die uns im Wesentlichen erst an diesen Punkt gebracht haben. Es zeigt sich hier auch, wie sehr versucht wird, die Zitrone bis zum letzten Tropfen auszupressen. Das ist das eine Problem mit Innovationen.

Das andere Problem ist der unerschütterliche Glaube an die Macht des Fortschritts und der Technologien, die unsere Probleme lösen werden, auf dass wir noch mehr Wohlstand erlangen. Hierhin gehören Zukunftsfantasien wie Carbon Capture and Storage (CCS), Geo-Engineering oder Flugzeuge mit Wasserstoffantrieb, die nicht annähernd serienreif sind, mit denen in zukünftigen Energie- und Klimaszenarien aber bereits eifrig kalkuliert wird. Aber auch die globalen Entwicklungsziele der Vereinten Nationen ordne ich hier ein, die über den Traum westlichen Wohlstands für alle Menschen mithilfe marktwirtschaftlicher Methoden die globale Ressourcen- und Umweltsituation gänzlich ignorieren und die bislang daher auch wirkungslos geblieben sind.

Zulasten unser aller Zukunft gehen dabei wertvolle Zeit und wertvolle Energie verloren, bis endlich die richtigen Dinge getan werden. Darin sehe ich die große Verantwortung der Unternehmen, dass Innovationen kein Selbstzweck sein dürfen. Sie müssen im Einklang mit der Vision und den Werten eines Unternehmens stehen und sie müssen einen konkreten Nutzen für das menschliche Gemeinwohl und/oder die Umwelt darstellen.

19.2   Mach & Partner und die Umsetzung verantwortungsvoller Unternehmensführung

Die Mach & Partner ZT-GmbH ist eine Ziviltechnikergesellschaft für Kulturtechnik und Wasserwirtschaft und für Wirtschaftsingenieurwesen im Bauwesen und beschäftigt derzeit rund 20 Mitarbeiter und Mitarbeiterinnen an zwei Standorten. Die Wurzeln des Unternehmens, das in seiner jetzigen Form durch die Zusammenführung dreier traditionsreicher steirischer Ziviltechnikerbüros entstanden ist, reichen bis in die 1960er-Jahre zurück. Die Dienstleitungen des Unternehmens beschäftigen sich alle mit der Frage, wie Wasserwirtschaft heute aussehen muss, damit auch künftigen Generationen noch Wasservorkommen in guter Menge und Qualität und intakte Versorgungsinfrastrukturen zur Verfügung stehen.

Mach & Partner nimmt für sich nicht in Anspruch, dass in puncto Nachhaltigkeit bereits Herausragendes geleistet wird. Vielmehr versuchen wir, die Dinge zu hinterfragen, im Rahmen unserer Möglichleiten zu ändern und dadurch möglichst viel zu einer positiven Veränderung beizutragen. Zweifellos kommt uns unser Geschäftsmodell in dieser Hinsicht sehr entgegen und es wurden auch schon viele Weichenstellungen vorgenommen. Um hier wirklich herausragend zu werden, steht uns noch ein langer Weg bevor.

Vision und Werte sind bei Mach & Partner in den Unternehmensgrundsätzen verankert. Zu den wichtigsten Werten zählen die sieben Grundsätze der ISO 26000 (Rechenschaftspflicht, Transparenz, ethisches Verhalten, Achtung der Interessen- und Anspruchsgruppen, Achtung der Rechtsstaatlichkeit, Achtung internationaler Verhaltensstandards, Achtung der Menschrechte) und die Prinzipien Ehrlichkeit, Offenheit, Kooperation, Fairness, Gleichberechtigung und Respekt, denen wir für unsere tägliche Arbeit besondere Bedeutung gegeben haben. Als Unternehmer versuchen wir diese Werte bestmöglich vorzuleben, was mir persönlich ohne Mühe gelingt, weil es eben „meine" Werte sind. Die Mitarbeiterinnen und Mitarbeiter von Mach & Partner kennen die Unternehmensgrundsätze. Sie sehen täglich, dass wir als Unternehmer Vision und Werte sehr ernst nehmen, und identifizieren sich dadurch selbst sehr stark damit. Die auf das Wohl zukünftiger Generationen ausgerichtete Vision ist sehr herausfordernd. Immer wieder werden Stimmen laut, ob wir es angesichts des kompetitiven Marktumfelds nicht billiger geben sollten. Hier zeigt sich, ob man sich seiner Vision sicher ist und seinen Weg unbeirrbar weitergeht oder eine fortschreitende Erosion der Vision zulässt.

Als Dienstleistungsunternehmen sind die direkten Umweltauswirkungen unseres Betriebs naturgemäß sehr gering und liegen diese in einer Größenordnung, die – bezogen auf den ökologischen Fußabdruck der Mitarbeiter und Mitarbeiterinnen – jener von Privatpersonen entspricht. Das ist auch bedingt durch die fast ausschließliche Tätigkeit im Inland, die ohne Flugreisen auskommt. Die weitaus größeren Umweltauswirkungen werden durch die Umsetzung der von uns geplanten Projekte verursacht. Dabei spielen Fragen wie Standort, Größe, Bauweise, Bauverfahren, Baumaterial, Energieeffizienz der Aggregate und die spätere Betriebsweise eine große Rolle. Indem wir sowohl vor der Planung als auch vor der Baudurchführung entsprechende Checklisten mit umweltverträglichen

Lösungen mit unseren Kunden durchgehen, versuchen wir diese Auswirkungen so gering wie möglich zu halten. Und weil es dabei nahezu immer um Projekte der Daseinsvorsorge geht, wie Wasserversorgungsanlagen oder Abwasserreinigungsanlagen, stellt sich die Frage des gesellschaftlichen Nutzens unseres Geschäftsmodells ohnehin nicht. Diesen gesellschaftlichen Nutzen haben wir bereits in unserer Unternehmensvision verankert, die auf die Erhaltung der Ressource Wasser für künftige Generationen abzielt. Die Vision beinhaltet, dass wir für das Thema Wasser nicht nur bei unseren Kunden und Kundinnen Bewusstseinsbildung betreiben, sondern auch in der Öffentlichkeit. Dieser Anspruch wird seit Mitte 2017 mit der Facebook-Seite „Wasser für Generationen" umgesetzt, wo wir mit wöchentlichen Postings Gedankenanstöße zu ausgesuchten Wasserthemen geben, um möglichst viele Menschen für das Thema zu sensibilisieren und mit ihnen darüber zu diskutieren. Damit wird für mich ein sehr wichtiger Aspekt verantwortungsvoller Unternehmensführung abgedeckt, nämlich die Einwirkung auf die Gesellschaft über das Kerngeschäft hinaus.

Für Mach & Partner gehören zum Kerngeschäft auch Umweltthemen, deren Innovationspotenzial wir ständig in unserem Blickfeld haben. Dabei geht es uns einerseits um technische Lösungen in den Bereichen Energieeffizienz und Energieoptimierung, bei der weitergehenden Abwasserreinigung und bei der alternativen Erzeugung von Energie. Als kleines Unternehmen arbeiten wir dabei im Forschungsbereich mit gleichgesinnten Kooperationspartnern zusammen. Dadurch können wir unsere Kräfte bündeln, über den unternehmerischen Tellerrand hinausblicken und sehr flexibel agieren.

Weiterhin denken wir intensiv darüber nach, wie der Wert bestehender wasserbaulicher Anlagen in effizienter Weise erhalten werden kann und wie wir insbesondere kleine Wasserversorger bei ihren täglichen Aufgaben des Anlagenbetriebs unterstützen können. Mit diversen Schulungsmaßnahmen bieten wir hier Hilfe zur Selbsthilfe an.

19.3   Chancen und Hürden

Von Unternehmen in einem wachstumsorientierten, kompetitiven Wirtschaftssystem zu verlangen, Rücksicht auf Umwelt und Gesellschaft zu nehmen, ist etwa so, als würde man von einem Wolf verlangen, mehr Salat zu essen. Es entspricht einfach nicht den erlernten Strategien und anerzogenen Verhaltensweisen und muss daher normiert und immer wieder eingefordert werden.

Selbst jenen Unternehmern und Unternehmerinnen, denen kooperatives und gemeinwohlorientiertes Verhalten in die Wiege gelegt wurde, fällt es schwer, unter allen Umständen Kurs zu halten. Und die Umstände sind teilweise als widrig zu bezeichnen. Denn abgesehen davon, dass in diesem Wirtschaftssystem ausschließlich Profit- und Konkurrenzdenken belohnt wird, benachteiligt man sich mit hohen moralisch-ethischen Ansprüchen oft selbst. Was in wirtschaftlich schweren Zeiten durchaus ein Problem sein kann. Umfassende Aktivitäten in Richtung Nachhaltigkeit bedingen daher – vor allem in der Startphase – ein wirtschaftlich stabiles Unternehmen. Erst wenn die nachhaltige Ausrichtung des Unternehmens ein vom Markt akzeptierter Bestandteil des Geschäftsmodells ist, kann man in wirtschaftlicher Hinsicht durchatmen und öffnet sich der Raum für weitere Geschäftsfelder. Soweit die Sicht aus der Unternehmerperspektive.

Aus globaler Sicht ist zunächst aufgrund des oben Gesagten festzustellen, dass das derzeitige Wirtschaftssystem die nachhaltige Ausrichtung von Unternehmen abhängig vom Marktumfeld mehr oder weniger stark einschränkt, sodass viele Unternehmen über einen gewissen Grad der nachhaltigen Ausrichtung nicht hinauskommen (wollen) und viele Unternehmen es erst gar nicht versuchen. Das führt vielfach dazu, dass neue Geschäftsfelder eröffnet werden, die vordergründig nachhaltig erscheinen, es mangels Berücksichtigung aller Auswirkungen oder mangels positiven Beitrags zu drängenden Problemen aber nicht sind. Dadurch wird lediglich das Wirtschaftswachstum mit all seinen negativen Begleiterscheinungen angekurbelt. Die vielbeschworene Entkopplung findet nicht statt und führt letztlich dazu, dass sich die globale Situation der Ungleichheit und des Energie- und Ressourcenverbrauchs trotz vielfacher Anstrengungen weiter verschlechtert. Die Last der Veränderung allein den Unternehmen und Privatpersonen umzuhängen, wird innerhalb des bestehenden Wirtschaftssystems daher nicht funktionieren.

Damit sich hier wirklich etwas ändern kann, braucht es ein Wirtschaftssystem, das einen ethischen und nachhaltigen Umgang mit Mensch und Umwelt fördert, also letztlich eine politische Weichenstellung hin zu gemeinwohlorientiertem Wirtschaften. Modelle dafür gibt es genug, man muss sie nur umsetzen wollen.

Literatur

Cimons, M. (2017). A dangerous plan to stop climate change. *Nexus Media*. https://nexusmedia-news.com/a-dangerous-plan-to-stop-climate-change-371349a2f2cf. Zugegriffen am 12.02.2019.

Covey, S., & Proß-Gill, I. (2006). *Der 8. Weg: Mit Effektivität zu wahrer Größe*. Offenbach a. M: Gabal.

Covey, S., & Roethe, A. (2005). *Die 7 Wege zur Effektivität: Prinzipien für persönlichen und beruflichen Erfolg*. Offenbach a. M: Gabal.

Felber, C. (2017). *Ethischer Welthandel: Alternativen zu TTIP, WTO & Co*. Wien: Deuticke.

Felber, C. (2018). *Gemeinwohl-Ökonomie*. München: Piper.

Greer, J. M. (2008). *The long descent: A user's guide to the end of the industrial age*. Gabriola Island: New Society Publishers.

Greer, J. M., & Dowd, M. (2017). *Dark age America: Climate change, cultural collapse, and the hard future ahead*. Gabriola Island: New Society Publishers.

Heinberg, R. (2011). *The end of growth: Adapting to our new economic reality*. Gabriola Island: New Society Publishers.

Heinberg, R. (2017). *There's no app for that: Technology and morality in the age of climate change, overpopulation, and biodiversity loss*. Corvallis: Post Carbon Institute.

Heinberg, R., & Fridley, D. (2016). *Our renewable future: Laying the path for one hundred percent clean energy*. Washington, DC: Island Press.

Hopkins, R. (2008). *The transition handbook, from oil dependency to local resilience*. Cambridge: Green Books.

Lerch, D., & Byrnes, S. (2017). *The community resilience reader: Essential resources for an era of upheaval*. Washington, DC: Island Press.

Linz, M. (2015). Suffizienz als politische Praxis, Ein Katalog. Wuppertal Institut für Klima, Umwelt, Energie GmbH. Zugegriffen am 12.02.2019.

Meadows, D., et al. (1972). *Die Grenzen des Wachstums*. München: Deutsche Verlags-Anstalt.

Meadows, D., et al. (1992). *Die neuen Grenzen des Wachstums*. München: Deutsche Verlags-Anstalt.

Orlov, D. (2013). *The five stages of collapse: Survivors' toolkit*. Gabriola Island: New Society Publishers.

Orlov, D. (2016). *Shrinking the technosphere: Getting a grip on technologies that limit our autonomy, self-sufficiency and freedom*. Gabriola Island: New Society Publishers.

Paech, N. (2012). *Befreiung vom Überfluss: Auf dem Weg in die Postwachstumsökonomie*. München: Oekom.

Senge, P. M. (2017). *Die fünfte Disziplin: Kunst und Praxis der lernenden Organisation* (Systemisches Management, Bd. 11). Stuttgart: Schäffer Poeschel.

Sommer, B., & Welzer, H. (2017). *Transformationsdesign: Wege in eine zukunftsfähige Moderne*. München: Oekom.

United Nations Development Programme „Sustainable Development Goals". (2019). http://www.undp.org/content/undp/en/home/sustainable-development-goals.html. Zugegriffen am 12.02.2019.

Vuuren van, D. P., et al. (2017). Energy, land-use and greenhouse gas emissions trajectories under a green growth paradigm. *Global Environmental Change, 42*, 237–250.

DI Thomas Mach ist Ingenieurkonsulent für Kulturtechnik und Wasserwirtschaft sowie geschäftsführender Gesellschafter der Mach & Partner ZT-GmbH mit Sitz in Gratwein-Straßengel. Seit über 20 Jahren beschäftigt er sich mit Beratungen und Planungen in den Bereichen Wasserversorgung, Siedlungsentwässerung, Abwasserreinigung, Hochwasserschutz und Wasserkraftnutzung. Ein persönliches Anliegen sind ihm die Werterhaltung und die Rehabilitation von Rohrleitungsnetzen; für diese Bereiche verfügt er über eine besondere Expertise. Gemeinsam mit dem Technischen Büro Blue Networks eU aus Leibnitz/Kaindorf wurde die Initiative SOS-Wasser ins Leben gerufen, die Informationsveranstaltungen und Schulungen zur Bewusstseinsbildung für den nachhaltigen Umgang mit Wasserressourcen und Wasserinfrastruktur durchführt.

Darüber hinaus engagiert sich Thomas Mach seit Jahren für nachhaltiges Wirtschaften. Er ist Förderer der Gemeinwohlökonomiebewegung und erstellt in seinem Unternehmen seit 2013 jährlich eine Gemeinwohlbilanz. Er unterstützt mit seiner Erfahrung die Wirtschaftsinitiative Smart Management bei der Ausbildung von Gründern und Gründerinnen, Jungunternehmern und -unternehmerinnen sowie Start-ups zu eigenständigen Unternehmern und hat in seinem Unternehmen selbst Smart Management eingeführt.

The manufacturer's authorised representative in the EU is Springer
Nature Customer Service Centre GmbH, Europaplatz 3, 69115 Heidelberg,
Germany. If you have any concerns regarding our products, please
contact ProductSafety@springernature.com

Printed and bound by CPI Group (UK) Ltd, Croydon, CR0 4YY

27/04/2026

02097616-0006